坛经 心经 金刚经

丁小平
导读 注译

古典名著普及文库

岳麓書社·长沙

The Sutra of Hui Neng
The Heart Sutra
The Diamond Sutra

出版说明

中国古典名著是中华优秀传统文化的重要载体，今天人们要学习传统文化，如果说有所谓捷径可寻，那恐怕就是直接阅读古典名著了。长期以来，为大众读者出版古典名著的普及读物一直是本社的重要使命。约三十年前，我们便出版了“古典名著普及文库”，收书五十余种，七十余册，蔚为大观。这套书命名为“普及”，首先是因为采用了简体字横排的排版方式。当时的古典名著图书，以未经整理的影印本和繁体竖排本居多，大众读者阅读有障碍，故本文库的推出，确有普及之效。其次，我们提出要让读者“以最少的钱买最好的书”，定价远低于当时同类型品种。基于此，这套“普及文库”迅速流向读者的书架，销量极大，功在普及不浅。

当年这套书，所收各书都是文言文全本，无注释，不翻译，对于今天的大众读者来说，已经很难起到普及作用了。而且，读者如果仅仅出于品鉴、入门的需要，也无需通读大部头的全本古籍。因而，我们推出这套全新的“古典名著普及文库”，在选目上广泛听取国内名校学者们的建议，收录经、史、子、集四部之中第一流的名著一百余种，邀请学有专攻的学者精心注释、翻译，并加以导读。篇幅大的经典，精选菁华，篇幅适中的出版全本，个别篇幅小的，则将主题相近的品种合刊为一册。

我们希望有更多的人能够买得起、读得懂中国的古典名著，接受中华优秀传统文化的滋养。这一套轻松好读又严谨可靠的普及文库，便是我们努力实践这一理念的结果。

岳麓书社大众图书编辑部

2018年春

序　言

中国佛教文化是中华文化的重要组成部分，灿烂的中国佛教文化为我们留下了许多宝贵的精神财富，弘扬传统优秀文化，建设适应时代发展的民族新文化，理应对中国佛教文化中有价值的东西认真地加以发掘、继承和发扬光大。

佛教作为一种宗教，它本身是由多种要素组合而成的。但不论是在何时何地流传的佛教，“佛”“法”“僧”三宝都是其最基本的三要素。佛，即觉悟了宇宙人生真谛的佛教创始人释迦牟尼，后来也泛指通过修行而觉悟的一切佛；法，即佛陀向人们宣说的各种教义教法，广义的佛法也包括后来发展起来的各种佛教义理；僧，即释迦牟尼所建立的僧团，后来泛指一切皈依佛门并继承、宣扬佛教教义的僧众。用佛教的话语来说，佛教就是由“佛”“法”“僧”三个要素构成的一个复杂的综合体。

佛教作为一种特殊的宗教文化现象，它包括教义学说、清规戒律、仪轨制度、僧众组织、情感体验以及教主或神灵崇拜等多方面的内容。一般而言，在佛教的各种要素中，最为重要的，也是起着主要作用的，是它的信仰。但佛教的信仰是建立在丰厚的理论基础之上的。为了论证其解脱的理想及解脱的必要性和可能性，佛教展开了其富有哲理思辨的理论和学说，并相应地提供了一整套的解脱途径和修行方法。意蕴丰富的名相术语、细密繁琐的逻辑推理和高度思辨的哲学论证，构成了佛教的一大特色，也是其理论学说的重要特征。

佛教的理论学说，内涵十分丰富，佛门中号称有“八万四千法门”，但大致可归为教、理、行、果四大类。教，即指佛教的全部典籍，包括经、律、论三藏；理，是指佛典中所阐明的佛法之义理，既包括佛陀所宣说的种种教法，也包括佛弟子及后世宗师、历代学者对佛之教法的阐述；行，指依佛理而修行，包括各种解脱人生痛苦的途径和方法；果，即修行圆满所证得的涅槃解脱之果。“因教显理，依理而行，由行而果”可谓十分形象地描述了教、理、行、果相互联系的逻辑递进关系。

以上提到的经、律、论三藏，即佛教的典籍，既是佛法义理的经典依据，也是底蕴丰厚的佛教文化的重要载体。两汉之际，伴随着佛教的传入，大量的佛典也先后译介至中国。魏晋以后，在佛典继续大量译出的同时，中国佛教学者也开始著述发挥佛教义理。到隋唐时，中国化佛教宗派相继建立，中国佛教思想家的理论创造成为中国佛教文化的重要成果。在众多的佛教典籍中，《金刚经》《心经》和《坛经》，都是中国佛教史上尤其是唐代之后最为流行的佛教经典，对中国佛教乃至整个中国思想文化都产生了极为深远的影响。

《金刚经》是《金刚般若波罗蜜经》的略称，也称《金刚般若经》，后秦鸠摩罗什译，一卷，属于《大般若经》的第九会。异译本主要有北魏菩提流支和南朝真谛的同名译本、唐玄奘译的《能断金刚般若波罗蜜多经》、唐义净译的《能断金刚般若波罗蜜多经》等。此经“也可看成是般若的一个略本，因为根本般若的重要思想它都有了”[①]。它主要通过佛陀与“解空第一”的弟子须菩提的问答来阐述“一切有为法，如梦幻泡影，如露亦如电，应作如是观”的般若性空的道理。其主旨在于破除人们的虚妄执著，强调世界万法皆虚幻不实，故对现实世界不应有任何执著或留恋：“凡所有相，皆是虚妄”，“是实相者，则是非相”，故“离一切诸相，即名诸佛”。《金刚经》虽然只有一卷，但言简意赅，内涵丰富，在汉地佛教中流传广泛，影响深远。例如禅宗六祖惠能就对此经十分推崇，认为“若欲入甚深法界、入般若三昧者，直修般若波罗蜜行，但持《金刚般若波罗蜜经》一卷，即得见性，入般若三昧”[②]。

《心经》为《般若波罗蜜多心经》的略称，一卷，仅二百多字，是般

---

① 吕澂：《印度佛学源流略讲》，上海人民出版社1979年版，第86—87页。

② 郭朋：《坛经校释》，敦煌本《坛经》第28节，中华书局1983年版，第54页。

若类经典中最短的一部经，但它在中土的影响却很大，共有七种汉译本，其中以《摩诃般若波罗蜜大明咒经》（该译本一说为后秦鸠摩罗什所译，一说译者不详）和唐玄奘所译的《般若波罗蜜多心经》最为有名。《心经》原出于大部《般若经》中有关舍利子的各品，围绕着佛与舍利子关于般若的意义和功德等问题的问答而展开。全经文句简练，但被认为总摄般若之大义，《心经》之"心"即喻核心、纲要和精华，意谓该经为《般若经》之心要。《心经》主要论述了四谛、五蕴、十二因缘皆空的道理，强调"色不异空，空不异色，色即是空，空即是色"，特别强调以般若之智，度一切苦厄，得究竟涅槃。由于《心经》短小意深，易于诵持，故在汉藏地区都十分流行。唐代以后为《心经》注疏的本子极多，从一个侧面反映了《心经》在中国佛教中的重要地位与影响。近现代以来，又有贡嘎仁波切和霍韬晦等先后翻译过此经。

《坛经》是《六祖坛经》的简称，不同版本的《坛经》往往名称也不完全一样。此书主要记载了禅宗六祖惠能的言行说教。据《坛经》记载，六祖惠能在黄梅得法后回到南方，曾住曹溪宝林寺，后应韶州刺史韦璩等人的邀请，到韶州大梵寺说法。门人法海将其说法的内容记录下来，汇编成《坛经》一书。由于惠能的弟子视惠能如佛，惠能的法语犹如佛语，惠能在法坛上说法，因而称《六祖坛经》。"经"在佛教中本来专指佛的说法，中国僧人的著作被奉为经的，唯此一种。《坛经》成为惠能南宗的代表性著作。

《坛经》形成后，随着惠能的名声日起，禅宗南宗门下各禅系在修订补充《坛经》的过程中，进一步抬高惠能或加入了有利于自己一系的东西，再加上古代的印刷业不发达，经书的流传往往靠心记手抄，这就难免出现笔误。因此，《坛经》在长期的流传过程中，逐渐出现了众多的版本，现存主要的有敦煌本、惠昕本、契嵩本和宗宝本等。它们出现于不同的年代，各版本之间在字数上也有差异。唐代的敦煌写本全名为《南宗顿教最上大乘摩诃般若波罗蜜经六祖惠能大师于韶州大梵寺施法坛经》，共一卷，约一万二千字，为现存最早的本子；北宋的惠昕本题为《六祖坛经》，共二卷十一门，一万四千字；契嵩本全称为《六祖大师法宝坛经曹溪原本》，一卷十品，二万余字；元代以来比较通行的宗宝本题为《六祖大师法宝坛经》，也是一卷十品，二万多字。可见，随着历史的发展，《坛经》的内容也在日益增多。

《坛经》的版本很多，但大致都由三个方面的内容组成：一是惠能自述生平，二是惠能讲法授戒说般若禅，三是惠能与弟子的问答等。前两部分的内容大体上是惠能在大梵寺讲法的记录，各本《坛经》的出入并不是很大，基本上反映了惠能出身贫苦、黄梅得法、南归传禅的生平事迹以及以空融有、直了心性、顿悟成佛的禅学思想和禅法特色。第三部分，即惠能平时与弟子的问答及临终嘱咐等，后出的本子在内容上增加了不少，但考之于禅宗史传中有关惠能弟子的记载，这部分内容基本上还是可信的。

各种版本的《坛经》虽然在文字及排版上有所不同，但基本上反映了惠能的思想，《坛经》及其流变是我们全面理解惠能思想及其流传的主要依据。惠能的思想大致由三部分组成：一是以空融有、空有相摄的心性理论；二是即心即佛、自在解脱的解脱论；三是识心见性、顿悟成佛的修行观。《坛经》奠定了南宗禅的主要理论基础。《坛经》的禅法思想，把佛性拉向了人们的当下人心，将累世修行缩短为刹那顿悟，为日后惠能南宗将禅修、悟境与日常生活结合起来提供了理论源泉。如果说《坛经》奠定了惠能南宗独具一格的理论与禅行之原则，那么惠能门下众多弟子的努力，则将这种原则贯彻到了禅宗的宗教实践中去，并在实际的禅行生活中促进了禅宗的进一步中国化。在这个过程中，惠能思想中的现实性格得到了进一步落实，惠能南宗将其禅修融于日常的生产和生活，使得讲求出世的佛教最终实实在在地立脚于小农经济这块现实的土地上，从而促成了“人间佛教”的形成和发展。惠能禅宗在惠能以后传遍了大江南北，成为流传时间最长，影响范围最广的中国佛教宗派，而承载惠能基本思想的《坛经》所起到的理论力量及其积淀传承作用是不能忽视的。

关于《坛经》的注疏，历来很多。比较重要的有契嵩的《法宝坛经赞》一卷、天柱的《注法宝坛经海水一滴》五卷、袁宏道的《法宝坛经节录》、李贽的《六祖法宝坛经解》、亘璇的《法宝坛经要解》、益淳的《法宝坛经肯窾》五卷、青峦的《法宝坛经讲义》一卷、丁福保的《六祖法宝坛经笺注》一册、无著道忠的《六祖坛经生苔帚》三卷等。其中丁福保的《坛经笺注》因20世纪60年代有重刊本而流传较广。近年来较为流行的则是中华书局1983年出版的郭朋的《坛经校释》和上海古籍出版社1993年出版的杨曾文的《敦煌新本六祖坛经》。本人也在前些年推出了《〈坛经〉注评》（凤凰出版社2010年12月版）。除了各种汉文版《坛经》之外，自20世纪30年代以来，《坛经》也已先后有多种外文版问世。

正如佛法的教、理、行、果是一个整体而密不可分一样，《金刚经》《心经》《坛经》看似三部不同的经典，其实也从不同的角度构成了一个整体。《心经》和《金刚经》是空宗经典，但其解释者和接受者后来注释《金刚经》《心经》时强调以有融空，而《坛经》的出现适逢这一潮流，以空融有，以空宗的般若空观，将晋宋以来流行的佛性妙有倾向日益融入人们当下的现实之心，从而实现了佛教发展的一大飞跃。这大概也是后来人们往往将此三部经典合在一起进行学习和传播的深层原因吧。从对经典理解的难易程度而言，《坛经》《心经》《金刚经》是逐步递增的，因而本书的编排上也采用了这一顺序，这是便于读者的处理。

岳麓书社推出"古典名著普及文库"，将此三经合为一册进行注、译、导读，这是现在国家弘扬优秀传统文化的大方向下，非常具有实际意义和价值的好事。对此三经进行注、译、导读的作者丁小平博士，是我的学生，他曾经在南京大学从事博士后研究两年。他在对《金刚经》《心经》进行注、译、导读的时候，还对历史上一些高僧的著作进行了整理，选编了《金刚经注释集》（附有《心经》注释）共十四篇，五十五万多字，由此可见他为注解工作下的功夫，这也使得其立论大体都有所依据，书写比较严谨。对《坛经》进行注、译、导读的时候，因为此经在历史上的注释相对较少，所以有许多是他自己的理解和发挥。他在2012年曾经对近代胡适以来学术界有关六祖惠能和《坛经》的研究成果进行了系统的研究，这对他今天的注解显然也起到了积极的作用。

在我本人的学术研究中，《坛经》和六祖惠能的思想研究是其中比较重要的一部分。现在见到丁小平博士的著作即将面世，深有随喜之感，故乐为之序。

洪修平

2016年5月22日于南京大学港龙园公寓

目　录

坛　经

心　经

金刚经

坛经

《六祖大师法宝坛经》，简称《坛经》，主要内容是由禅宗六祖惠能大师在广东韶州大梵寺讲堂所讲法要的记录。这是中国所有的僧人著述中唯一被尊称为“经”的著作，由此可见其地位之高，意义之重大。

因为《坛经》是六祖大师弟子们对大师言行的记录，而且记录的弟子不止法海一个，所以也许从一开始就有多个版本。又根据资料记载，《坛经》最初只在六祖的得法弟子之中秘传，并不公布于外，这个本子后来发展成为“传宗本”。同时，曹溪山还有古本传世，被称为“曹溪古本”，其篇幅较大，被形容为“文繁”，让“读者初忻后厌”，于是在后来的发展中又出现了以“传宗本”为底本，增补“曹溪古本”而形成的改本，惠昕本、契嵩本、宗宝本都是如此。最终所形成的是传宗本（敦煌本）、惠昕本、契嵩本、宗宝本四个系统，围绕这四个系统而出现三十个左右的版本。其中，宗宝本是元代僧人宗宝于至元二十八年（1291）依据惠昕本等三种版本，对《坛经》进行修订而成，并依据《景德传灯录》等书增补了部分内容，分为十品，具有品目齐整、语言流畅、通俗易懂、可读性强等特点，成了明代之后最为通行的版本。我们这里就是采用的这个本子，底本是台湾中华电子佛典协会（CBETA）所编修的《大正藏》本，笔者根据现代标点符号使用规范，对原标点进行了必要的改动，使之符合人们的阅读习惯。

《坛经》的主要内容，分为三个方面：六祖大师自述生平，大师开坛授无相戒，大师以机锋、三十六对等教化弟子和临终嘱咐等。这是任何一个版本都包含的三方面内容，宗宝本也不例外。根据印顺法师的考证，前两个部分的内容大体上是六祖在大梵寺讲法的实录，应在大师生前就已经形成，第三部分应是在大师去世后，由弟子们收集整理而成。

《坛经》的核心思想，可以“见性成佛”四字予以总括。“见”指如实知见，即现量正观，无自他、能所可得。“性”指真如，又称为心性、本性、空性、佛性、法性、不变异性、不虚妄性乃至法界、法住等，有数十个不同的名称，都是对于一切万法无实体性的本质概括。此经中则特别落实在自心本性（心性），其根本原因即在于，佛教往往以心来指一切万法，一切万法无非一心。因此，如实知见一切万法的真如本性，即是如实知见自心的真如本性；如实知见自心的真如本性，即是如实知见一切万法的真如本性——真如本性是具有普遍意义的真实性。“成佛”指的是成就法身佛。“佛”之一字，向来有三身之分，即法身佛、报身佛、化身佛，圆满的成佛是三身都成就，近代太虚大师认为其中最突出的是成就四智菩提之报身佛，而禅宗的特出之处则在于如实知见真如，成就一分法身佛，而并非三身圆满之成佛。从所证真如理体和所成就的一分法身佛来说，确实是无有差别可言的，所谓“不落阶级功勋”；但是，从用上来说，无差别即是差别，无阶级功勋即是有阶级功勋，因此，十信、十住、十行、十回向、十地、等觉、妙觉等五十二位，必定是历历分明，不可躐等，即智者大师所言的“六而常即，即而常六”，体不碍用，用不碍体，体用不二，不二而二。太虚大师认为，禅宗所谓“成佛”，仅仅是入了十信位中某一位，距离三身成就、圆满成佛，还有超过三大阿僧祇劫的距离。但是，证得一分法身，对于凡夫修行来说，有着至关重要的意义，此关不过，即是五祖大师所说“不识本心，修法无益”；此关一过，后面的修行都可以遵循所证自心本性如法而为。因此，“见性”虽然只是一分“成佛”，并非圆满“成佛”，但是它是圆满“成佛”之途中的灯塔、航向，只要能“见性”，那么漫漫生死长夜里、茫茫生死大海中，就睁开了眼，看清了方向，再也不会迷路，也不会失去信心。

《坛经》的流通，最初只在六祖的少数得法弟子中秘传，这是因为此经有着强烈的针对性，侧重在教、理、行、果的证法。如果学人根性不够，不是上根利机，往往很难得益，甚至会产生借圣人语言装点自己门面的增上慢心。也正是因为此经侧重于见性成佛这一核心、焦点，并非可以展开的佛法教理，也难以循之以按部就班地修行，所以历代的注释之作相对较少，与《金刚经》《心经》汗牛充栋的注释之作无法相提并论。因此，对此经的翻译和导读，我们大都根据佛法教理解释和发挥。这种解释和发挥，也许可以为理解《坛经》大意提供一些参考，但是显然并不能起到依托此经，彻底阐明佛法的教理乃至提供修行的方法和建议等作用。

可以说，禅宗宗门，主要是南宗顿悟禅，犹如象牙塔的塔尖一点，而教下的教理修养，闻思修慧的修行积累，就犹如象牙塔的塔身，二者构成完整的整体，缺一不可。禅宗宗门又如画龙高手最后的点睛之笔，妙手点睛则大龙破壁而飞，而教下的教理修养，闻思修慧的积累，就如同大龙的龙身，二者同样不可分离。如果没有象牙塔身，则塔尖是空中楼阁，无处安放；如果没有塔尖，则象牙塔缺少了高显突出的精神。如果没有龙身，则点睛之笔不仅不能有破壁龙飞的效果，甚至连涂鸦都算不上，而仅仅是两个黑点点在雪白的墙壁上污染环境；如果没有点睛之笔，则大龙只是一幅没有精气神的画，无法点睛而活，破壁而飞。宗门与教下，本来就是一个整体，不可二分；这对佛教的修行者是如此，对《坛经》的阅读理解者也是如此。六祖大师在《坛经》中所表现的智慧，处处都是点睛之笔，纵横捭阖，出神入化；从其说法的特点来说，则是通俗易懂，深入浅出。但读者如果没有对于佛教义理的足够修养，则大体上会望文而生义，随言而生执，无法依浅而入深、依俗而懂真，甚至会因“通俗”的形式将《坛经》给“庸俗”化，因“浅出”的形式将《坛经》给“肤浅”化。有人认为《坛经》乃至整个禅宗，是儒家化或道家化了的佛教，就是因为没有“象牙塔身”和“龙身”的修养基础，人为地割裂了教下与宗门，从而望文生义、随言生执，将《坛经》乃至禅宗给“庸俗”化和“肤浅”化的结果。

另外，六祖大师以不识字、无文化的形象示现于世，也许除了从因上要显示禅宗顿悟成佛与文字、文化无关的深意之外，还有从果上要显示其说法辩才自由无碍的特征，从而打破人们随言而生执、因言而争讼的惯习。其非常明显的表现即在于说法时智如泉涌，无有定法，随方解缚，契理契机；而在语言运用上，则没有系统的名词术语和严谨有序的论辩程式，而是根据说法的对象纵横捭阖、千变万化，显得极为自由。具体来说，以“性”“自性”“本性”为例，它们在《坛经》中出现的频率极高，罗时宪先生曾经撰文，搜集了经中五十五条例文，每一条都进行了分析，综合而言得出四条结论：“自性”多兼指真如和阿赖耶识，有时偏指真如或阿赖耶识；“本性”多指真如，有时也指阿赖耶识；“性”多指真如，有时指阿赖耶识；“自性”往往总含体用，也可偏指体或用，而“本性”“性”只偏指体或用，不总含体用。本书中，我们为了简便从事，所以将“性”“自性”“本性”大都译为“自心本性”，即总含体用，只在极少数地方，译为“自心”而指阿赖耶识（用），译为“本性”或“真如本性”而指真如（体）。我们的基本观点是，体用本来不二，绝大多数情况下，将二者合在一起，含义更为周足圆融。“性”“自性”“本性”之外，其他的众多名词、语言的运用，大体如此，自由活泼，千变万化，运用之妙，存乎一心，而要体会其妙，则须贯通佛法教理方得。

行由第一

第一章

导读

本章主旨在于，叙述六祖大师在广州法性寺，由印宗法师剃度出家受戒之后，从广州来到曹溪创建宝林寺，开堂传法，摄受徒众，名声渐广，影响日大。当时韶州刺史韦璩及其官属同僚都仰慕其人，前往宝林寺，请其出山到曲江城内大梵寺讲经说法。

六祖大师讲经说法的第一句，即是本品和整个《坛经》，及其毕生说法乃至整个禅宗的核心宗要“心性本净，顿悟成佛”。这个宗旨并非六祖大师独创，而是从释迦牟尼佛代代以心传心，历经大迦叶等人，传至六祖大师。而且，所传的这个宗旨，完全可见于众多的大乘佛法经典之中，例如《楞伽经》《金刚经》等大乘佛经，阐述的往往是这个道理。又例如天台、华严、密宗等宗主张“初发心即成佛果”“初发心即成正觉”，可谓此宗旨的另一种表述，文字有别，义理全同。其中，即使是倡导要历经三大阿僧祇劫修行方能成佛的唯识学，也并非与此宗旨相悖，不过是彼此对“成佛”的界定有所不同而已；如果将“成佛”的层次和定义予以厘清，就可以知道唯识学与禅宗所言毫无二致。其中的差别，从教、理、行、果的整体来看，禅宗侧重在证果，而唯识、三论、天台、华严等宗则侧重在开阐教理，律宗、净土等宗则侧重在修行而已。

原文

时，大师至宝林[1]。韶州韦刺史（名璩）与官僚[2]入山请师出，于城中大梵寺讲堂[3]为众开缘说法[4]。师升座次[5]，刺史、官僚三十余人，儒宗[6]、学士[7]三十余人，僧尼[8]、道俗[9]一千余人，同时作礼，愿闻法要。

大师告众曰："善知识[10]！菩提自性[11]，本来清净[12]，但用此心，直了[13]成佛。"

译文

当时，六祖大师到了宝林寺。韶州刺史韦璩与官属同僚进南华山礼请大师出来，到韶州城内大梵寺讲堂，广开法缘，为大众说法。大师登上师子座，刺史与官属同僚三十多人，教学儒家的老师与学生三十多人，比丘、比丘尼与其他出家、在家众一千多人，同时礼请大师，希望能听闻大师宣说佛法宗要。

大师对大众说道："善知识们！觉悟之自性，本性即清净无染，大众只应运用此心，直接了悟清净的菩提自性而圆满成佛。"

注释

1 **宝林**：宝林寺，在今广东省韶关市南，即后来的南华寺。

2 **官僚**：一同做官的僚属。

3 **大梵寺讲堂**：大梵寺中讲经说法的堂舍。"大梵寺"，在今韶关曲江区境内。

4 **开缘说法**：根据众生的因缘而讲经说法。

5 **座次**：所坐的处所，座位。

6 **儒宗**：当时从事儒家经典教学的教师。

7 **学士**：学习儒家经典的学生。

8 **僧尼**：佛教出家众中的比丘与比丘尼。

9 **道俗**：佛教的出家众和在家众。

10 **善知识**：教人止恶行善乃至觉悟成佛的良师益友，这里是六祖大师对于大众的尊称。"知识"，认识、熟悉的人，即熟人、朋友等。

11 **自性**：自心本性，这是无性之性，即空性、真如、实相等。要注意，这里的

"自性",与印度佛教中观学派中的"自性"一词极为不同,后者即是"实体",是所破斥、所否定的妄执。

12 **本来清净**:无始以来即不与烦恼相应。"本来",无始以来,或本性、体性。

13 **直了**:直接证悟自性,即顿悟。

第二章

导读

本章的主旨为六祖大师自叙生平,主要是讲如何机缘和合而闻经开悟,并得到资助而准备前往黄梅求法的过程。

这段文字中,非常值得注意的,主要有两个方面的问题。

首先是六祖大师的教育问题。从《坛经》的各种版本以及相关的禅史资料来看,都一致地记载六祖大师早年丧父,家境贫寒,不曾受过教育,是一字不识的。但是,现代一些学者却认为,大师是官门之后,应该有一定的产业和接受过一定的家庭教育,有相当的文化素养,否则能听懂《金刚经》《涅槃经》等,简直是不可想象的。但是,按照佛法的逻辑,这本来就不是一个问题,因为佛法所追求的般若智慧,与文化知识、学术研究之间并不存在着彼此对应的必然关系。在《增一阿含经》等佛经的记载中,释迦牟尼佛座前的优波离、尼提等弟子在出家之前,都是贱民,绝无文化,但是都证得了阿罗汉果,成就了尽智、无生智。又如周利槃特更是弱智者,不仅证得阿罗汉果,而且说法时滔滔不绝,俨然一位学识渊博的大法师。

另一方面,一些佛教徒则走向了另外一个极端,即全盘否定文化、识字的意义,主要是全盘否定学习佛经、闻思义理的意义。实际上《增一阿含经》中佛陀明确说明了周利槃特过去世是大法师,这才是周利槃特今生能证阿罗汉果的因。同样,六祖大师一听《金刚经》就开悟,是以其过去生长劫修行为清净因，配合此生听闻《金刚经》为清净缘，才会产生开悟之结果的。如果只从形式上去学周利槃特和六祖大师，那么，为什么那么多拿着扫帚清扫大街的清洁工没有像周利槃特一样证得阿罗汉果呢？为什么从古到今那么多人听闻过《金刚经》、读诵过《金刚经》，却没有像六祖大师一样开悟呢？

其次是六祖大师参礼五祖弘忍大师之前对母亲的安置问题。在四大系统的《坛经》版本中，虽然敦煌本中没有六祖大师如何安置母亲的记载，但在五代南唐僧人所编的《祖堂集》卷二中，却记载了当时买柴的客人姓安名道诚，是他给了六祖大师“一百两银子”（不是十两）安顿母亲，并鼓励六祖大师前往黄梅拜见五祖的。在小乘的《阿含经》《杂宝藏经》《本事经》和大乘的《大方便佛报恩经》《大乘本生心地观经》《地藏经》等上百种佛经中，有极其明确的内容：佛法不仅有报父母恩的孝道，更有视一切众生为父母，要度一切父母离苦得乐、圆满成佛的大孝道。由此可知敦煌本《坛经》中没有相关的记载，并不足以说明当时六祖大师就没有安置母亲，而仅仅是因为此本中没有记载而已。

原文

“善知识！且听惠能行由[1]，得法事意。

“惠能严父本贯范阳[2]，左降流于岭南[3]，作新州[4]百姓。此身不幸，父又早亡。老母孤遗[5]，移来南海[6]，艰辛贫乏，于市卖柴。

“时，有一客[7]买柴，

译文

“善知识们！请你们暂且听惠能[①]自叙生平，得悟佛法之事。

“惠能生父祖籍范阳，被降职流放到了岭南，成了新州的百姓。惠能生世不幸，父亲早早去世，年老的母亲带着惠能这丧父的遗孤，迁移来到南海，生活艰辛，贫穷匮乏，[靠惠能砍柴]到市场上去卖[为生]。

① 六祖大师自叙生平，自称法名，符合其出家人身份，所以下文都采用法名，而不采用第一人称“我”。

使令送至客店；客收去，惠能得钱，却[8]出门外，见一客诵经。

“惠能一闻经语，心即开悟[9]，遂问：‘客诵何经？’

“客曰：‘《金刚经》。’”

“一次，有一位客人买柴，让惠能送到其客店；客人收了柴火，惠能拿了钱，退身出来，到了门外，见到这位客人正在读诵佛经。

“惠能一听到经中的话，内心当即深有解悟，于是就问：‘你读诵的是什么经？’

“客人回答说：‘《金刚经》。’”

注释

1 **行由**：行状由来，即六祖大师的生平经历。

2 **本贯范阳**：本来籍贯在范阳。“贯”，籍贯。“范阳”，唐朝的郡名，在今北京大兴、宛平、昌平一带。

3 **左降流于岭南**：父亲被降职流放到岭南。“左降”，降职、贬谪。“流”，流放。“岭南”，五岭以南，即今广东。

4 **新州**：即今广东省新兴县。

5 **孤遗**：指六祖大师幼时丧父。

6 **南海**：今广东省佛山市南海区一带。

7 **一客**：一位客人。《祖堂集》卷二记载此位客人姓安名道诚，下文的“一客”都是指此人。

8 **却**：后退、往后走。

9 **开悟**：开解领悟，指对佛法大义有解悟。

原文

“复问：‘从何所来，持此经典？’

“客云：‘我从蕲州黄梅县东禅寺[1]来。其寺是五祖忍大师在彼主化[2]，门人一千有余；我到彼中礼

译文

“惠能又问：‘你是从哪里来，[如何]受持这经典的？’

“客人回答说：‘我从蕲州黄梅县东禅寺来。这座寺庙是禅宗五祖弘忍大师在那里主持教化，受教的门人有一千多人；我到那里礼拜恭敬弘忍大师，听闻受

拜，听受此经。大师常劝僧俗，但持《金刚经》，即自见性[3]，直了成佛。’

“惠能闻说，宿昔有缘，乃蒙一客取银十两与惠能，令充老母衣粮，教便往黄梅参礼[4]五祖。”

持此经。大师常常劝导出家、在家徒众，说只要领受、明记《金刚经》，就能明心见性，顿悟成佛。’

“惠能听说之后，[应该是]过去世有此法缘，就承蒙这位客人拿出十两银子给惠能，用作老母亲的衣食费用，以便惠能能前往黄梅进见礼敬五祖。”

注释

1 **蕲州黄梅县东禅寺**：“蕲州”，在今湖北省蕲春西北一带。“黄梅县”，在今湖北省黄梅县一带。“东禅寺”，又称东山寺、五祖寺，在黄梅县北。

2 **主化**：主持教化。

3 **见性**：明见心性，又称悟道。

4 **参礼**：进见、礼拜。“参”，晋谒、进见。

第三章

导读

本章的主旨在于，阐述惠能前往黄梅参礼五祖，以及五祖弘忍大师想要传付衣法给弟子，要求弟子作偈颂以显明智慧，上座神秀深孚众望而作偈颂，却没有得到五祖的允可。

惠能初参五祖，与五祖关于佛性有无的对话，在五祖来说，是根据惠能的来处（岭南）和目的（学佛）而做的勘验，不仅要一探惠能远道而来学佛的动机，更要一探惠能对于成佛的根本见地，可谓恰对其机，而且直截痛快，绝不迂回。在六祖大师来说，是其在听闻《金刚经》而开悟佛法心性的基础之上，内心已经产生了对佛法的决定见和清净信，所以根据五祖的勘验而做出的回答，句句答在问处，落在实处，直指佛法心要，绝无赘语。如此师徒初次见面，一语之下，机理相契，更无龃龉。五祖居高而就下，实巧而似拙，就理以见事，以事佛性相试；惠能站地而凌云，似拙而实巧，就事而显理，以理佛性相答。

五祖命令惠能随众作务，正是其智慧深沉而又顺众生根机，行事老练而能合佛法妙旨的表现。从胜义谛层面来说，六祖大师的福田与其对于佛性的见地，可谓一脉相承；之后入碓坊八个月，连禅堂也不知方向，系石而踏碓，为法而忘躯，其行事作风，可谓全摄胜义谛而全在世俗谛，正是菩萨行菩萨道的典范。

五祖吩咐门人呈偈明心，以寻找法脉继承人的时候，其上座神秀所作偈颂未曾入门。神秀上座呈上偈颂之前、之时、之后，其犹豫不决、瞻前顾后的情形，正是其未曾破执开悟的表现。其种种的犹疑，无不是围绕个体我执而产生，乃至走到禅堂之前想要呈上偈颂而不禁全身汗流，也是其以个体我执为基础的下意识的极度紧张所致。另一方面，其时时反思自身的起心动念，应该一心求法，而不可怀争夺祖师位的用心，说明其时时在心地上用功以削弱我执，戒、定、慧三学修养的成就确实不同寻常，这与他所作的偈颂"身是菩提树，心如明镜台，时时勤拂拭，莫使惹尘埃"可谓一致，也可以说其偈颂完全是其平常观心、净心功夫的写照。但是，神秀的修行功夫终究不脱五祖所批评的"终日只求福田"的范畴，而不是证得出世智慧，因此，也就无法承当继承禅宗法脉而为六祖的大任。

五祖对神秀偈颂的态度是让人焚香礼敬，并且要大众读诵而循之以修行，说能由此而达到明心见性的成果。这并非仅仅是为了随顺大众，更重要的是，倡导此渐修之法，是完全符顺大众根机的，即应首先从心地上用功夫，止恶行善，避免恶道苦果，不断进步，由此为增上缘而最终达到证得明心见性的佛果。

原文

“惠能安置母毕，即便辞违[1]。不经[2]三十余日，便至黄梅，礼拜五祖。

“祖问曰：‘汝何方人？欲求何物？’

“惠能对曰：‘弟子是岭南新州百姓，远来礼师，惟求作佛，不求余物。’

“祖言：‘汝是岭南人，又是獦獠[3]，若为[4]堪作佛？’

“惠能曰：‘人虽有南北，佛性本无南北；獦獠身与和尚[5]不同，佛性有何差别？’”

译文

“惠能安置好母亲之后，当即辞别离开［母亲］。经过三十多日的行程，就到达了黄梅，礼拜五祖。

“五祖问道：‘你是哪里人？［来到这里］想求什么？’

“惠能回答说：‘弟子是岭南新州的百姓，远道而来礼拜师父，只求成佛，不求其他。’

“五祖说：‘你是岭南人，又是獦獠，如何能够成佛？’

“惠能说：‘人虽然有南北之分，但是佛性却没有南北可言；獦獠的身体与和尚有所不同，但是佛性有什么差别呢？’”

注释

1 **辞违**：辞别、离开母亲。

2 **不经**：口语，即经过。

3 **獦獠**：以渔猎为生的蛮夷之人。

4 **若为**：如何，表反问。

5 **和尚**：对传授戒、定、慧学的亲教师的尊称。

原文

“五祖更欲与语，且见徒众总在左右，乃令随众作务。

“惠能曰：‘惠能启和

译文

“五祖想要继续与惠能交谈，但是看到徒众都在身边，于是让惠能跟随大众去干活。

“惠能说：‘惠能启禀和尚，弟子内心

尚，弟子自心，常生智慧，不离自性，即是福田[1]。未审和尚教作何务？'

"祖云：'这獦獠根性大利！汝更勿言，著槽厂[2]去。'"

常常生起智慧，不离自己心性，当下即是福田，不知和尚让弟子去干什么活［而种福田］？'

"五祖说：'你这獦獠根性非常猛利！你不要继续讲了，到后院碓坊干活去。'"

注释

1 **福田**：能够产生福报的对象。是一种比喻的说法，将三宝、父母、悲苦之人等比作田地，向他们布施可以获得大福报。

2 **著槽厂**：到后院碓坊去干活。"著"，表示安排、命令。"槽厂"，碓坊。

原文

"惠能退至后院，有一行者[1]差惠能破柴踏碓[2]，经八月余。

"祖一日忽见惠能，曰：'吾思汝之见可用，恐有恶人害汝，遂不与汝言。汝知之否？'

"惠能曰：'弟子亦知师意，不敢行至堂前，令人不觉[3]。'"

译文

"惠能于是退到后院，有一位行者差使惠能劈柴踏碓，如此过了八个多月。

"五祖有一日忽然来看惠能，说：'我看你的见解是可用的，担心有恶人会伤害你，于是不跟你交谈。你知道这一层用意　　吗？'

"惠能说：'弟子也知道师父的用意，所以不敢走到讲堂前面，以使别人无所察觉。'"

注释

1 **行者**：方丈的侍者，这里指管理寺院杂务的僧人。

2 **破柴踏碓**：用斧头劈柴，踏碓舂米。"碓"，古代乡村用来舂米的器具。

3 **不觉**：无所察觉，一是对六祖大师的特出智慧无所察觉，一是对五祖弘忍大师有传衣法于六祖大师的意图无所察觉。

原文

"祖一日唤诸门人总来:'吾向汝说,世人生死事大[1],汝等终日只求福田[2],不求出离生死苦海[3];自性若迷,福何可救?汝等各去,自看智慧,取自本心般若之性[4],各作一偈,来呈吾看。若悟大意[5],付汝衣法[6],为第六代祖。火急速去,不得迟滞,思量即不中用[7];见性之人,言下须见[8]。若如此者,轮刀上阵[9],亦得见之。'"

译文

"五祖一日叫所有的门人都来到跟前,说:'我给你们说,世间众生最重大的事情[就是要解决生死轮回的痛苦],你们每天只知道[持戒、修定]以求福报,不知道追求出离生死轮回之苦;如果不能顿悟自心本性,福报怎么能救人[出离痛苦]呢?你们都下去,各自反观自心智慧,要证得与自心相应、与般若相应的本性,都作一个偈颂,来呈给我看。如果谁顿悟了佛法宗旨,就传付与他袈裟和法脉的传承,成为第六代祖师。你们都快快地下去,不要迟疑,如果思维度量就没有用。明心见性之人,一言之下,当即顿悟。像这样的人,即使拿着刀枪上沙场,也能念念自见心性。'"

注释

1 **生死事大**:一切众生由于无明烦恼,执著于生死轮回而无法出离,承受无始无终的苦果;要破除无明烦恼,而转生死轮回为大般涅槃,这是一切众生最为重大的事情。

2 **只求福田**:五祖弘忍大师批评当时的僧人只知道持戒、修定,这些只是有漏福报,是生死轮回之因,是苦果之因。

3 **出离生死苦海**:超出和远离生死轮回无边无际的苦果。"苦海",将生死轮回之苦比喻为无边无际的大海。

4 **本心般若之性**:即心性真如,为般若智慧所如实知见。

5 **大意**:佛法的宗要、大旨、精义。

6 **衣法**:"衣"指达摩大师的袈裟,代代相传,以作为得法的凭信。"法"即佛法大意,以心传心的智慧。传付衣法,即是将佛法的智慧相传,将禅宗的祖师之位相传。

7 **思量即不中用**：一旦思维度量，就没有意义，与佛法大意不相干。“中用”，合宜、有用。

8 **言下须见**：在言语的点拨之下，当下超越言语而证得离言之般若智慧，如实知见心性。

9 **轮刀上阵**：挥舞着刀枪上沙场杀敌，以这种极端危急、紧张的情形，来说明一切情形、一切时候，都能如实知见心性。

原文

“众得处分[1]，退而递相谓曰：‘我等众人，不须澄心用意作偈，将呈[2]和尚，有何所益？神秀上座[3]，现为教授师[4]，必是他得。我辈谩[5]作偈颂，枉用心力。’余人闻语，总皆息心，咸言：‘我等已后依止[6]秀师，何烦作偈？’”

译文

“大众听了五祖的吩咐，退下之后相互商议说：‘我们这些人，没有必要静心思维去作偈颂，拿去呈给和尚。那样做有什么用呢？神秀上座现在是我们的教授师，[祖师之位]肯定是他得到。我们白白地作偈颂，徒劳地耗费心力。’大众听了这番议论，都止息了作偈颂的心，说：‘我们今后就皈依神秀上座为师，何必徒劳作偈颂呢？’”

注释

1 **处分**：安排、吩咐。

2 **将呈**：拿去呈给。“将”，拿。

3 **神秀上座**：“神秀”，五祖弘忍大师的弟子，俗姓李，后来被尊为北宗祖师。“上座”，寺庙中出家时间长，有德望，地位仅次于住持的僧人，为寺庙的领袖。

4 **教授师**：教导僧人们行、住、坐、卧等行止仪容的师父。

5 **谩**：白白地、徒劳地。

6 **依止**：依靠而住，即以神秀作为祖师而依靠。

原文

“神秀思惟：‘诸人不呈偈者，为我与他为教授师；我须作偈，将呈和尚，若不呈偈，和尚如何知我心中见解[1]深浅？我呈偈意，求法即善，觅祖即恶，却同凡心夺其圣位奚别[2]？若不呈偈，终不得法。大难！大难！’”

译文

“神秀想道：‘众人不作偈颂呈上的原因，在于我是他们的教授师；我应该作偈颂，拿去呈给和尚，如果不呈上偈颂，和尚怎么能知道我心中见地的深浅？我呈上偈颂的用意，如果是为了求法的话，就是良善的；如果是为了求祖师之位的话，就是罪恶的，那样跟以凡夫贪欲心争夺圣人之位有什么差别呢？如果不呈上偈颂，终究不能得到法脉的传承。太难了！太难了！’”

注释

1 **见解**：这里实指见地、智慧。

2 **却同凡心夺其圣位奚别**：那跟以凡夫的贪欲心去争夺圣人之位有什么差别呢？“奚”，什么。

原文

“五祖堂前，有步廊三间，拟请供奉卢珍[1]画《楞伽经》变相[2]及五祖血脉图[3]，流传[4]供养。神秀作偈成已，数度[5]欲呈，行至堂前，心中恍惚，遍身汗流，拟呈不得；前后经四日，一十三度呈偈不得。”

译文

“五祖的禅堂前面，有三间走廊，准备请供奉卢珍来画《楞伽经》的经文故事和要旨，以及禅宗初祖至五祖的传承偈颂、名字等图，以作流传和供养之用。神秀作成了偈颂之后，多次想要呈上五祖，而每次走到禅堂之前，总是心神恍惚，全身流汗，没能呈上，前前后后过了四天，十三次想呈上偈颂，终究没有成功。”

注释

1 **供奉卢珍**:“供奉”,官名。唐朝有技艺和特长的人在内廷得到供奉,即以此为官名。“卢珍”,身世不详。

2《**楞伽经**》**变相**:用绘画的形式,把《楞伽经》中的内容画在墙壁上。

3 **五祖血脉图**:从达摩大师到弘忍大师之间,传承佛法大意的偈颂、世系、名字等图画。

4 **流传**:传承流布。

5 **数度**:几次,多次。

原文

“秀乃思惟:‘不如向廊下书著,从他和尚看见,忽若道好,即出礼拜,云是秀作;若道不堪[1],枉向山中数年,受人礼拜,更修何道?’是夜三更,不使人知,自执灯,书偈于南廊壁间,呈心所见。偈曰:‘身是菩提树,心如明镜台,时时勤拂拭,勿使惹尘埃。’”

译文

“神秀于是想道:‘不如把偈颂写在走廊墙壁上,让和尚看见,如果和尚称好,即出来礼拜,承认是神秀所作;如果和尚说不好,那我白白地住在山中多年,接受他人礼拜,还修什么道?’这天半夜三更时分,神秀不让别人知道,自己拿着灯,在南边走廊墙壁上写上偈颂,呈明心中的见地。偈颂是:‘身是菩提树,心如明镜台,时时勤拂拭,勿使惹尘埃。’”

注释

1 **不堪**:不够,没有见性,不能传承衣法而为六祖。

原文

“秀书偈了,便却归房,人总不知。秀复思惟:‘五祖明日见偈欢喜,即

译文

“神秀写完偈颂之后,就退身回到房间,别人都不知道。神秀又想:‘五祖明天见到偈颂,如果欢喜,那就表明我与衣法

我与法有缘；若言不堪，自是我迷，宿业、障重[1]，不合得法。圣意难测。’房中思想，坐卧不安，直至五更。”

传承有缘；如果说偈颂不好，自然是因为我尚未悟道，过去的业障、烦恼障深重，不应该得到袈裟和法脉的传承。五祖的心意难以揣测啊。’神秀在房中思来想去，坐卧不安，一直到五更时分。”

注释

1 **宿业、障重**：业障和烦恼障都很重。“宿业”，指业障。“障”，指烦恼障。

原文

“祖已知神秀入门未得[1]，不见自性。天明，祖唤卢供奉来，向南廊壁间绘画图相，忽见其偈，报言：‘供奉却不用画，劳尔远来。经云：“凡所有相，皆是虚妄[2]。”但留此偈，与人诵持。依此偈修，免堕恶道；依此偈修，有大利益。’令门人炷香礼敬，‘尽诵此偈，即得见性[3]’。门人诵偈，皆叹善哉。

“祖三更唤秀入堂，问曰：‘偈是汝作否？’

“秀言：‘实是秀作。不敢妄求祖位，望和尚慈悲，看弟子有少智慧否？’”

译文

“五祖早已知道神秀尚未入门，没有明心见性。天亮之后，五祖叫卢供奉来，到南边走廊墙壁上绘画图像，忽然看见神秀的偈颂，就对卢供奉说：‘供奉暂且不用绘画了，有劳你这么远来白跑一趟。《金刚经》中说：“一切境相，都是虚妄分别所见。”只留存这个偈颂，让大众读诵受持。大众遵照这个偈颂修行，可以避免堕落到恶道；遵照这个偈颂修行，有极大的利益。’五祖又让门人在偈颂前焚香礼敬，对大众吩咐说‘都念诵这个偈颂，就能够明心见性’。门人纷纷念诵偈颂，都赞叹道好。

“五祖在夜里三更时叫神秀进入禅堂，问道：‘那个偈颂是你作的吗？’

“神秀说：‘确实是神秀所作。神秀不敢妄想求取祖师之位，只企望和尚慈悲，看看弟子是否有一点智慧？’”

注释

1 **入门未得**：指神秀对于顿悟心性尚未入门。

2 **凡所有相，皆是虚妄**：众生所认识的一切境相，都是虚妄分别所见。

3 **即得见性**：依据后文，可知这是五祖的权宜之说。

原文

“祖曰：‘汝作此偈，未见本性，只到门外，未入门内。如此见解，觅无上菩提，了不可得。无上菩提，须得言下识自本心，见自本性不生不灭；于一切时中，念念[1]自见，万法无滞，一真一切真，万境自如如[2]，如如之心，即是真实。若如是见，即是无上菩提之自性也。汝且去，一两日思惟，更作一偈，将来[3]吾看；汝偈若入得门，付汝衣法。’

“神秀作礼而出。又经数日，作偈不成，心中恍惚，神思不安，犹如梦中，行坐不乐。”

译文

“五祖说：‘你作的这个偈颂，[反映出]你未能见到自心本性，只到了门外，未能进入门内。用这样的见地，要去求得无上正觉，完全不可能的。无上正觉，必须于言语之外，当下知见自己的本心，知见自己的本性是不生不灭的；在任何时候，能每一刹那、每一念都如实知见，于一切事物上都能无碍[知见其不生不灭之本性]，自心与万法，无不[破除虚妄而]与真如相应。如此与真如相应之心，即是真实心。如果能如此地如实知见，就是无上正觉所证之自心本性。你暂且先下去，思维一两天，再作一个偈颂，拿来给我看；你的偈颂如果入得心性法门，就传付给你袈裟和法脉。’

“神秀礼拜之后，就出去了。又经过好些天，偈颂作不成功，心神恍惚，思虑难安，犹如在做梦一样，行住坐卧都不安乐。”

注释

1 **念念**：刹那刹那，每一念心。

2 **如如**：般若智所证的真如。

3 **将来**：拿来。

第四章

导读

本章的主旨在于，叙述六祖大师如何闻神秀偈而自己第一次作偈的过程。

六祖大师的偈与神秀偈的境界颇为不同。神秀偈强调观心、净心的有为修行功夫，其所追求的"清净佛性"，也是在"拂拭"之后才有的，是与"染污尘埃"相对的生灭法。六祖大师偈首先破除的是对身(菩提本无树)、心(明镜亦非台)的实体性执著，即身、心皆非实体、无可得。其次破除对"清净佛性"的实体性执著(本来无一物)，因此相对的"染污尘埃"也非实体、不真实、无可得(何处惹尘埃)。这种对实体性的破斥，可谓一破到底，身、心生命不可得，烦恼、佛性也不可得。

六祖大师偈还有另一个版本，即"本来无一物"一句改为"佛性常清净"，二者角度不同，内涵完全一致。"本来无一物"侧重破除种种实体执，"佛性常清净"同样是如此。首先，六祖大师偈中的"佛性常清净"是以前两句"菩提本无树，明镜亦非台"为前提的，其"清净"是以破除实体执为内涵的，即"清净"与"空""无一物"是同一内涵，都有"佛性本空"义。其次，此时的六祖大师并没有大悟、彻悟，还停留在大乘佛法破除二我执的偏空之智，所以偈中所言的"佛性"也是偏于空义，并非空有不二的中道佛性义。

原文

“复两日，有一童子于碓坊过，唱诵其偈；惠能一闻，便知此偈未见本性，虽未蒙教授，早识大意。遂问童子[1]曰：‘诵者何偈？’

“童子曰：‘尔[2]这獦獠不知，大师言“世人生死事大”，欲得传付衣法，令门人作偈来看。若悟大意，即付衣法为第六祖。神秀上座于南廊壁上书《无相偈》，大师令人皆诵，依此偈修，免堕恶道；依此偈修，有大利益。’”

译文

“又过了两天，有一个童子从碓坊经过，唱诵着神秀的偈颂；惠能一听，就知道这个偈颂[显示出]没有证得自心本性，虽然惠能还没有得到五祖的教导传授，但是早已明白佛法宗要。惠能于是问童子说：‘你唱诵的是什么偈？’

“童子说：‘你这个獦獠不知道，五祖大师说“世间众生以生死轮回之事最为重大”，想要传付衣法给弟子，就让所有门人作偈颂呈上给他看。如果有谁悟到了佛法的大意，就传付衣法给他，他就是第六代祖师。神秀上座在南边走廊墙壁上写了《无相偈》，大师让人们都读诵，说依照这个偈修行，可以不堕恶道；依照这个偈修行，有广大的利益。’”

注释

1 **童子**：寺庙中没有正式出家、未成年的青少年。

2 **尔**：你。

原文

“惠能曰：‘上人[1]！我此踏碓八个余月，未曾行到堂前，望上人引至偈前礼拜。’

“童子引至偈前礼拜。惠能曰：‘惠能不识字，请上

译文

“惠能说：‘上人！我在这里踏碓舂米八个多月了，从来没有到禅堂前去过，希望上人能带领我到偈颂前礼拜。’

“童子于是带领惠能到偈颂前礼拜。惠能说：‘惠能不认识字，请上人给

人为读。'

"时,有江州别驾[2]姓张名日用,便高声读。惠能闻已,遂言:'亦有一偈,望别驾为书。'

"别驾言:'汝亦作偈?其事希有。'

"惠能向别驾言:'欲学无上菩提,不得轻于初学[3]。下下人有上上智[4],上上人有没意智[5]。若轻人,即有无量无边罪。'"

我读一遍。'

"当时,有一位江州的别驾叫张日用的,于是就高声读诵了一遍。惠能听了,就说:'我也有一个偈颂,请别驾替我写上。'

"别驾说:'你也作偈颂?这种事情很稀罕。'

"惠能对别驾说:'想要学习无上智慧,不能轻视初学者。地位很低下的人往往有最上的智慧,地位很尊贵的人往往埋没了智慧。如果轻视他人,就有无量无边的罪过。'"

注释

1 **上人**:本来是对寺庙中年德俱尊者的尊称,后来泛指对出家人的尊称。

2 **江州别驾**:"江州",即后来的九江。"别驾",官名,即刺史的属吏。

3 **初学**:刚开始学佛,未能深入的人。

4 **上上智**:最上的智慧。

5 **没意智**:埋没了其智慧。

原文

"别驾言:'汝但诵偈,吾为汝书;汝若得法,先须度吾。勿忘此言!'

"惠能偈曰:'菩提本无树,明镜亦非台;本来无一物,何处惹尘埃?'

"书此偈已,徒众总惊,

译文

"别驾说:'你只须念诵偈颂,我给你写;你如果得到法脉传承,首先要来度我。请别忘记这句话!'

"惠能念偈道:'菩提本无树,明镜亦非台;本来无一物,何处惹尘埃?'

"别驾写了这个偈之后,大众都非常惊讶,没有不惊叹的,彼此相互说道:'真无不嗟讶[1],各相谓言:'奇哉!不得以貌取人!何得多时使他肉身菩萨[2]?'祖见众人惊怪,恐人损害,遂将鞋擦了偈,曰:'亦未见性。'众以为然。"

是奇特啊!我们不能以貌取人!我们怎么能这么长时间差使这肉身菩萨干活啊?'五祖看见大众都很惊异,害怕有人伤害惠能,于是拿鞋子把偈给擦掉,说:'这个偈颂[显示出]也没有明心见性。'大众听了,都信以为真。"

注释

1 **嗟讶**:惊叹,感到出人意料而又由衷地赞叹。

2 **肉身菩萨**:以父母生身而证得胜义菩萨位。

第五章

导读

本章的主旨在于,叙述六祖大师受得禅宗衣法传承的过程。

六祖大师第二次作偈,是在听闻了五祖弘忍大师讲解《金刚经》至"应无所住而生其心"之后所作,将空有不二的中道佛性统一于自心,自心即万法,万法即自心。自心之体性是为心性,心性破除了实体性,是自性之无性;心性随顺清净因缘而有无量功德之用,是无性之自性。具体来说,偈的第一句,可谓总体阐述心性的"不二中道之清净",即"何期自性本自清净";第二句侧重说"空"(本不生灭);第三句侧重说"有"(本自具足);第四句又侧重说"空"(本无动摇);第五句又侧重说"有"(能生万法)。如此"空""有"彻底一如,即是不二中道之清净心性,证得此心性,即是禅宗所言的成佛,即三身佛中的法身佛成就。

六祖大师得法之后,五祖交代他要"善自护念",即要时时入正观,提持不二中道之清净心，而转化一切杂染，这指的是悟后修行的诀要。五祖交代六祖要“广度有情，流布将来，无令断绝”，是自利与利他的统一。但要度化众生，还需要假以时日，不断修行而成就后得智，这是五祖交代“不宜速说，佛法难起”的原因之一，也是六祖隐伏十五年之后才出山度化众生的原因之一。

原文

“次日，祖潜至[1]碓坊，见能腰石[2]舂米，语曰：‘求道之人为法忘躯[3]，当如是乎！’乃问曰：‘米熟[4]也未？’

“惠能曰：‘米熟久矣，犹欠筛[5]在。’”

译文

“第二天，五祖悄悄地到了碓坊，看到惠能腰间绑了石头在舂米，就对惠能说：‘求道的人，为了佛法而舍身忘我，正应该如此啊！’然后问惠能说：‘米舂好了吗？’

“惠能回答说：‘米早已经舂好了，只是还没有筛过。’”

注释

1 **潜至**：偷偷地前往。

2 **腰石**：把石头绑在腰间，以增加重量。六祖大师身体瘦小，重量偏低，踏碓舂米不方便，所以有此做法。

3 **忘躯**：不顾身命。

4 **熟**：舂米舂好了。

5 **筛**：舂完米，用筛子把糠末分离掉。

原文

“祖以杖击碓三下而去。惠能即会祖意，三鼓[1]入室。祖以袈裟遮围[2]，不令人见，为说《金刚经》。至‘应无所住而生其心’，

译文

“五祖用拐杖在碓头上打了三下，就离开了。惠能当即领会五祖的意思，就在半夜三更进入五祖的方丈室。五祖用袈裟遮住窗户，不让别人看见，给惠能讲解《金刚经》。讲到‘应无所住而生其心’的时候，

惠能言下大悟[3]，一切万法，不离自性，遂启祖言：‘何期[4]自性本自清净，何期自性本不生灭，何期自性本自具足，何期自性本无动摇[5]，何期自性能生万法。’”

惠能于此言下大彻大悟，一切万法，都不离自心本性，于是就启禀五祖道：‘不曾想到自心本性本来清净无染，不曾想到自心本性本来不生不灭，不曾想到自心本性本来具足一切万法、一切功德，不曾想到自心本性本来无有动摇，不曾想到自心本性随因缘而生万法。’”

注释

1 **三鼓**：三更，即半夜十一时至翌晨一时。

2 **遮围**：遮盖窗户，以免有人看到。

3 **大悟**：彻悟心性，证得般若智慧。

4 **何期**：何曾料到，不曾想到，哪里想到。表示出乎意料。

5 **无动摇**：没有遇缘而产生烦恼。“动摇”，产生烦恼。

原文

“祖知悟本性，谓惠能曰：‘不识本心，学法无益；若识自本心，见自本性，即名丈夫、天人师、佛。’

“三更受法，人尽不知，便传顿教[1]及衣钵，云：‘汝为第六代祖，善自护念[2]，广度有情[3]，流布[4]将来，无令断绝。听吾偈曰：“有情来下种，因地果还生[5]，无情既无种，无性亦无生[6]。”’”

译文

“五祖知道惠能彻悟了自心本性，就对惠能说：‘如果没有如实知见自心，修学佛法就没有得到真正的利益；如果如实知见自心，如实知见本性，就成为大丈夫、天人师、佛。’

“惠能三更时分受得佛法心要，其他人都不知道，五祖就传付顿悟成佛之教以及衣钵［给惠能］，说：‘你现在是第六代祖师，好好地护持忆念自心本性，广度一切众生，将此法脉流传广布到将来，不要断绝了。你听我的偈：‘有情来下种，因地果还生，无情既无种，无性亦无生。”’”

注释

1 **顿教**:顿悟心性而成佛的教法。

2 **护念**:保护、忆念。

3 **有情**:有情识,即众生。

4 **流布**:流传、传布。

5 **有情来下种,因地果还生**:众生由听闻佛法等,积集清净无漏种子;一旦顿悟,即是清净无漏种子成为现行,从而证道成佛,这是从世俗谛、从事佛性上来说。

6 **无情既无种,无性亦无生**:一切众生非实体,清净无漏种子也非实体,见性、成佛同样也非实体,这是从胜义谛、从理佛性上来说。“无情”,是指没有实体性的“有情”,与“无生”是指没有实体的“生”一样,这里不是指与“有情”相对的“无情”世界。

原文

“祖复曰:‘昔达磨大师[1]初来此土,人未之信[2],故传此衣以为信体[3],代代相承;法则以心传心[4],皆令自悟自解[5]。自古佛佛惟传本体,师师密付本心[6];衣为争端,止汝勿传,若传此衣,命如悬丝。汝须速去,恐人害汝。’”

译文

“五祖又说道:‘昔日达磨大师刚刚来到汉土,人们对他并不信任,所以传付此袈裟作为凭信之物,一代一代传承不断;佛法则是以心传心,都是让弟子自己顿悟心性、明解自心。自古以来,前佛与后佛之间、前师与后师之间传付的即是对自心、对心性的证悟;至于袈裟,是名利争夺的因缘,传到你这里就不再往下传了;如果传付此袈裟,那么会危在旦夕、命若悬丝。你必须马上离开,我担心有人会害你。’”

注释

1 **达磨大师**:禅宗在印度的二十八祖,在中国的初祖。

2 **未之信**:正常语序是“未信之”,宾语前置句,即不信任他。

3 **信体**:凭信之物。

4 **以心传心**：指禅宗师徒相授的传承，即已经证道的禅师通过言语等方式，契合弟子的根机，使弟子证悟真如、证得般若智慧，并且予以验证，使大乘佛法契证心性的法脉不断延续。

5 **自悟自解**：指顿悟心性，归根结底是修行者自身的无漏种子成熟而为现行，一刹那破除二种我执，而如实知见真如，获得根本智和后得智。

6 **佛佛惟传本体，师师密付本心**：前佛与后佛之间，前祖师与后祖师之间，所传承、付托的只是契证真如的清净心，只是以清净心证得真如。"本体"，即真如。"本心"，即与真如相应之清净心。

原文

"惠能启曰：'向甚处去？'

"祖云：'逢怀[1]则止，遇会[2]则藏。'

"惠能三更领得衣钵，云：'能本是南中[3]人，素不知此山路，如何出得江口？'

"五祖言：'汝不须忧，吾自送汝。'

"祖相送直至九江驿[4]。祖令上船，五祖把橹自摇。

"惠能言：'请和尚坐，弟子合摇橹。'

"祖云：'合是吾渡汝。'"

译文

"惠能启禀道：'向什么地方去呢？'

"五祖说：'逢怀则安居，遇会则躲藏。'

"惠能三更时分领受了衣钵，说：'惠能原本是岭南人，向来不知道这里的山路，如何能走出山到达江边？'

"五祖说：'你不用担忧，我亲自送你下山。'

"五祖送惠能一直送到九江驿。五祖让惠能上船，自己拿起橹来摆渡。

"惠能说：'请和尚安坐，应该弟子来摇橹。'

"五祖说：'应该是我渡你。'"

注释

1 **怀**：即广东怀集县。

2 **会**：即广东四会市。

3 **南中**:岭南区域内。

4 **九江驿**:唐朝时的九江驿,位于湖北黄梅县内,即后来所说的"九江故城",与黄梅东禅寺相距大约20公里,不是指今江西九江市。

原文

"惠能云:'迷时师度,悟了自度[1];度名虽一,用处不同。惠能生在边方,语音不正,蒙师传法,今已得悟,只合自性自度[2]。'

"祖云:'如是,如是!以后佛法,由汝大行[3]。汝去三年,吾方逝世。汝今好去,努力向南。不宜速说,佛法难起。'"

译文

"惠能说:'未悟道时靠师父来度我,悟道之后自己度自己;度字虽然一样,但是使用之处却不一样。惠能出生在岭南边远地区,连说话的语音都不纯正,现在承蒙师父您传付佛法,我已经悟道,只应该自证心性而自度。'

"五祖说:'正是,正是!今后,佛法将会因为你而广泛传播。你离开三年之后,我才逝世。你现在好生离开,努力向南方去吧。你不要立即宣说[顿悟心性的佛法],这个法门的兴起是很不容易的。'"

注释

1 **迷时师度,悟了自度**:没有悟道的凡夫众生需要已经悟道的禅师作为增上缘,已经悟道之后则要自己精进修行不断破除种种无明烦恼,乃至彻证无上菩提,成就大般涅槃。

2 **自性自度**:证得自心本性,即是自度成佛。

3 **大行**:广泛地流行、传播。

第六章

导读

本章的主旨在于，叙述六祖大师得到禅宗的衣法传承而为六祖之后，一路逃亡，乃至隐姓埋名十五年的过程。

惠明年少出家，修道心切，在五祖弘忍大师前参访多年，没有悟道。因为听说六祖大师得到了禅宗传承，于是奋力追赶，在大庾岭追上六祖大师之后，受大师点拨而悟道，成为六祖大师实际意义上的第一位弟子。六祖大师对惠明的点拨，历来有两种解读。一种看法认为，“不思善，不思恶”的远离一切心理活动的空白心体，就是心性。实际上，这种心体仍然是心识的一种状态，是心相，是有为法，而不是心性，不是无为法，并非六祖大师所说的“本来面目”。这是将原文解读为判断句，读为“不思善，不思恶，正与么时，那个（便）是明上座本来面目！”另一种看法认为，六祖大师以“善恶”作为一组二元对立之法的代表，实际上包含了生灭、断常、一异、来出、自他、能所、染净、生死与涅槃、烦恼与菩提、无明与智慧等一切二元对立之法；要惠明“不思善，不思恶”，即是要远离这一切的二元对立之实体执，或当下彻见心性，或反观参究才能证得自心之体性。这是将原文解读为疑问句，读为“不思善，不思恶，正与么时，哪个（才）是明上座本来面目？”这两种解读中，以第二种为确当。

原文

“惠能辞违祖已，发足南行。两月中间，至大庾岭[1]（五祖归，数日不上堂。众疑，诣问曰：‘和尚少病少恼否？’曰：‘病即无。衣法已南矣。’问：‘谁人传授？’曰：‘能者得之。’众乃知焉）。

“逐后[2]数百人来，欲夺衣钵。一僧俗姓陈，名惠明，先是四品将军，性行粗慥，极意[3]参寻。为众人先，趁及[4]惠能。惠能掷下衣钵于石上，云：‘此衣表信[5]，可力争[6]耶？’能隐草莽[7]中。”

译文

“惠能辞别离开五祖之后，拔脚向南赶路。走了两个月，到了大庾岭（五祖从九江驿回去之后，几天都不上禅堂。大众心疑，就到禅堂问道：‘和尚有什么病痛吗？’五祖回答说：‘没有病痛。衣法传承已经传付到南方去了。’大众问：‘是谁得到了传承？’五祖说：‘能者（惠能）得到了。’大众这才知道）。

“几百人在后边追逐而来，想要夺取衣钵。一位俗姓陈，名叫惠明的僧人，出家之前是四品将军，品性心行粗糙，尽力追寻。他赶在众人之前，追上了惠能。惠能把袈裟和钵盂扔在一块大石头上，说：‘这件袈裟是用来表明法脉的凭信，怎么能够凭借武力而夺得走呢？’之后，惠能便隐藏到了草丛中。”

注释

1 **大庾岭**：今江西省大余县与广东省南雄市的交界处，又名台岭、庾岭。

2 **逐后**：在后面追逐的人。

3 **极意**：极力、尽力。

4 **趁及**：赶上、追上。

5 **表信**：表明凭信，即得法传宗的凭信、标志。

6 **力争**：以力相争，通过武力而夺取。

7 **草莽**：高深的茅草中。

原文

“惠明至，提掇[1]不动，乃唤云：‘行者[2]！行者！我为法来，不为衣来。’

“惠能遂出，坐盘石上。惠明作礼云：‘望行者为我说法。’

“惠能云：‘汝既为法而来，可屏息诸缘[3]，勿生一念[4]。吾为汝说。’

“明良久[5]。

“惠能云：‘不思善，不思恶[6]，正与么时[7]，那个[8]是明上座[9]本来面目[10]？’”

译文

“惠明到了，用力拿袈裟和钵盂，却拿不动，于是就大声叫喊道：‘行者！行者！我是为了佛法而来，不是为了袈裟而来。’

“惠能于是从草丛中出来，坐在大石头上。惠明行礼道：‘请行者给我宣说佛法。’

“惠能说：‘你既然是为了佛法而来，那么可以收摄心神，不要攀缘种种境相，不可产生一丝妄念。然后我就为你宣说佛法。’

“惠明如此收摄心神，过了好一阵子。

“惠能说：‘既不思量善，也不思量恶，此时此刻，哪个是惠明上座的本来面目？’”

注释

1 **提掇**：拾取、拿起。

2 **行者**：住在寺庙里，为寺庙干活，但没有落发出家的在家人。

3 **屏息诸缘**：使内心不向外攀缘各种境相，收摄内心。

4 **勿生一念**：不要产生一丝妄念。

5 **良久**：好一会儿。

6 **不思善，不思恶**：内心远离善恶等一切二法之思量。

7 **正与么时**：正在这个时候。

8 **那个**：哪个，什么。

9 **明上座**：对惠明的尊称。

10 **本来面目**：本来心性。

原文

"惠明言下大悟。复问云:'上来[1]密语密意[2]外,还更有密意否?'

"惠能云:'与汝说者,即非密也。汝若返照[3],密在汝边[4]。'

"明曰:'惠明虽在黄梅,实未省自己面目。今蒙指示,如人饮水,冷暖自知。今行者即惠明师也。'

"惠能曰:'汝若如是,吾与汝同师黄梅。善自护持!'"

"明又问:'惠明今后向甚处去?'

"惠能曰:'逢袁[5]则止,遇蒙[6]则居。'"

译文

"惠明在言语的点拨下,大彻大悟。之后又问道:'刚才所言的甚深言语[所指示的]甚深佛法之外,还有别的秘密佛法吗?'

"惠能说:'向你以言语宣说的佛法,本身就不是秘密。如果你返照正观[自心本性],秘密就在你那里。'

"惠明说:'惠明虽然在黄梅修行多年,实际上并未醒悟自己的本来心性。今天承蒙行者指教,如同喝水一样,冷暖自己知道。现在行者就是惠明的师父啊!'

"惠能说:'你果真如此,那么我和你共同以黄梅五祖为师。你要好好护念忆持[所证本来面目]!'

"惠明又问:'惠明今后往哪里去修行?'

"惠能说:'逢袁就停下来,遇蒙就安居。'"

注释

1 **上来**:刚才,之前。

2 **密语密意**:甚深难解的语言和佛法大意。

3 **返照**:反观自心。

4 **汝边**:你那里,你自心。

5 **袁**:江西袁州,即今江西省宜春市。

6 **蒙**:袁州蒙山。

原文

“明礼辞(明回至岭下,谓趁众曰:‘向陟崔嵬,竟无踪迹,当别道寻之。’趁众咸以为然。惠明后改道明,避师上字)。

“惠能后至曹溪[1],又被恶人寻逐。乃于四会,避难猎人队中,凡经一十五载,时与猎人随宜说法[2]。猎人常令守网,每见生命,尽放之。每至饭时,以菜寄煮肉锅。或问,则对曰:‘但吃肉边菜。’”

译文

“惠明行礼后就辞别了(惠明回到山岭下,对前来追赶的其他人说:‘刚才我爬上这高大的大庾岭,竟然毫无惠能的踪迹,你们应该走其他路去追。’追赶的人都相信了。惠明后来改名为道明,以避讳六祖大师的第一个字)。

“惠能后来到了曹溪,又被恶人找寻追赶。于是逃到四会,在猎人队里避难,一共经过十五年,其间时时根据猎人的机宜而宣说佛法。猎人经常让惠能看守猎网,惠能每每见到动物被网住,就全部放了。每次吃饭的时候,把蔬菜放在肉锅里煮。有人感到疑惑,就回答说:‘只吃肉边的菜。’”

注释

1 **曹溪**:今广东韶关市曲江区东南,长坪、木坪、大宝山三处流水到沙溪会合,流经曹侯村,被称为曹溪。

2 **随宜说法**:根据对象的机宜而方便说法。

第七章

导读

六祖大师准备出山，到了广州法性寺听印宗法师讲《涅槃经》，参与了一场争论，语惊四座，这才成就了出山传法的因缘。其争论是源于两位僧人执著于外境之相，各自偏执于“风动”“幡动”的二元对立现象之一端；六祖大师因材施教、对机说法，针对二位僧人的偏执，指出风、幡互为因缘，都无实体，而且动也好、静也罢，也都无实体，因此，说“风动”、说“幡动”，都是错误的。其错误的根本，在于他们不能如实知见诸法缘起性空的真实，即“心动”。既然如此，那么如何才不是虚妄分别呢？循六祖大师的逻辑，“也不是心动”或“心动也不可得”，就是题中应有之义。外境非真，内心也不实；风、幡是二元，境、心也是二元；“风动”“幡动”既然都不对，与境相对的“心动”也不对。如果破除了实体执，从具体的因缘去看其如幻之有，那么说“风动”也对，说“幡动”也对，说“心动”也对，说都动、都不动也对，说部分动、部分不动也对。这就是后来巴陵、雪宝、佛心才、普崇、临济等禅师对此“风幡之议”不断进行发挥，层出不穷地各出新义，而又彼此圆融无碍的原因之所在。

由此可知，人们从哲学的立场上去判断，说六祖大师的解释是唯心主义观点，这是因为不了解佛教思想而产生的误会。

原文

“一日思惟：‘时当弘法，不可终遁[1]。’遂出至广州法性寺[2]，值印宗法师讲《涅槃经》。时有风吹幡动，一僧曰：‘风动。’一僧曰：‘幡[3]动。’议论不已。惠能进曰：‘不是风动，不是幡动，仁者[4]心动。’一众[5]骇然。

“印宗延至上席[6]，征诘[7]奥义。见惠能言简理当，不由文字。宗云：‘行者定非常人。久闻黄梅衣法南来，莫是行者否？’

“惠能曰：‘不敢[8]。’”

译文

“惠能有一天想到：‘到了弘法的时候了，不能一直逃亡躲藏。’于是就出山到广州法性寺，正碰上印宗法师在讲《涅槃经》。当时，大风吹来，幡旗飘动，一位僧人说：‘是风在动。’一位僧人说：‘是幡旗在动。’两人争个不休。惠能上前说：‘不是风在动，也不是幡在动，而是仁者之心在动。’大众听了，都非常惊讶。

“印宗法师延请惠能坐上上座，探讨询问深奥的义理。看到惠能言辞简明，义理确当，不是通过学习经典文字[而获得的见解]。印宗说：‘行者一定不是寻常之人。我很早就听说黄梅五祖传付的袈裟和佛法传到了岭南，莫非行者就是六祖？’

“惠能说：‘不敢当。’”

注释

1 **终遁**：一直逃遁而不出山。

2 **法性寺**：即今广州光孝寺。

3 **幡**：指寺庙中长条形的旗帜。

4 **仁者**：对人的尊称。

5 **一众**：大众。

6 **延至上席**：延请惠能坐到上座。

7 **征诘**：探讨、询问。

8 **不敢**：谦虚的应承。

原文

“宗于是作礼，告请传来衣钵出示大众。宗复问曰：‘黄梅付嘱，如何指授[1]？’

“惠能曰：‘指授即无。惟论见性，不论禅定[2]、解脱[3]。’

“宗曰：‘何不论禅定、解脱？’

“能曰：‘为是二法[4]，不是佛法。佛法是不二之法[5]。’”

译文

“印宗于是行礼，启请把五祖传付的袈裟和钵盂拿出来给大众看。印宗又问道：‘黄梅五祖付嘱行者佛法，是如何指授的？’

“惠能说：‘没有指授。只讲见性成佛，不讲禅定、解脱。’

“印宗说：‘为什么不讲禅定、解脱？’

“惠能说：‘因为禅定、解脱是不离自他、能所的二法，不是成佛之法。成佛之法是远离自他、能所的不二法门。’”

注释

1 **指授**：扼要的教法。

2 **禅定**：禅那，思维修、静虑，即在凝定平衡的深沉心境中深细思维具体形象或佛法的甚深义理。

3 **解脱**：解除束缚而自由自在，即远离烦恼、业行的束缚而出离生死轮回，这里主要指小乘的思想。

4 **二法**：不离自他、能所等二元对立之法。

5 **不二之法**：远离自他、能所等二元对立之法。

原文

“宗又问：‘如何是佛法不二之法？’

“惠能曰：‘法师讲《涅槃经》，明佛性是佛法不二之法。如高贵德

译文

“印宗又问：‘如何是成佛之法的不二法门呢？’

“惠能说：‘法师讲《涅槃经》，所阐明的佛性即是成佛之法的不二法门。例如高贵德王菩萨呈白佛陀说：“违犯了四种根本

王菩萨白佛言："犯四重禁[1]，作五逆罪[2]，及一阐提[3]等，当断善根佛性否？"佛言："善根有二，一者常，二者无常，佛性非常非无常，是故不断，名为不二。一者善，二者不善，佛性非善非不善，是名不二。蕴之与界[4]，凡夫见二，智者了达[5]其性无二，无二之性即是佛性。"'"

戒，做了五种逆罪，以及一阐提等人，是不是断了善根佛性？"佛陀说："善根有两种，一种是恒常善根，一种是无常善根，佛性既不是恒常的，也不是无常的，因此无所谓断与不断，这就是不二法门。[一切诸法有两种，]一种是善法，一种是不善法，佛性既不是善法，也不是不善法[，因此无所谓断与不断]，这就是不二法门。五蕴乃至十八界，凡夫看它们都是[不离自他、能所的]二法，有智慧的人就能通达它们的体性是无有自他、能所的，这不二的体性就是佛性。"'"

注释

1 **四重禁**：四波罗夷，即破了杀、盗、淫、妄四种根本戒。

2 **五逆罪**：五种逆罪，即杀父、杀母、杀阿罗汉、恶心出佛身血、破和合僧。

3 **一阐提**：没有成佛的可能性的人，主要指对佛法没有信心乃至毁谤佛法的人。

4 **蕴之与界**：五蕴与十二入、十八界。

5 **了达**：通达、知见。

原文

"印宗闻说，欢喜合掌，言：'某甲[1]讲经，犹如瓦砾；仁者论义，犹如真金。'

"于是为惠能剃发[2]，愿事为师。惠能遂于菩提树下，开东山法门[3]。"

译文

"印宗听了，非常欢喜，合掌道：'我讲经，犹如瓦砾一般；仁者谈论义理，就犹如真金一般。'

"于是印宗就给惠能剃了发，并且希望拜惠能为师。惠能于是在菩提树下，开演[从五祖东禅寺传来的]东山顿悟法门。"

注释

1 **某甲**：自称。

2 **剃发**：落发出家。

3 **东山法门**：从东禅寺五祖弘忍大师处传来的顿悟法门。

原文

"惠能于东山得法，辛苦受尽，命似悬丝。今日得与使君[1]、官僚、僧尼、道俗同此一会，莫非[2]累劫[3]之缘，亦是过去生中供养诸佛，同种善根，方始得闻如上顿教、得法之因。教是先圣所传，不是惠能自智。愿闻先圣教者，各令净心[4]，闻了各自除疑，如先代圣人无别。"

一众闻法欢喜，作礼而退。

译文

"惠能从东山受得法脉，受尽了辛苦，命如悬丝一般危险。今天能够跟刺史以及官属同僚，比丘、比丘尼，还有其他出家、在家佛徒，一起参加佛法法会，无不是[因为我们过去]长劫以来所结的法缘，也是因为过去生中共同供养诸佛，一同种下善根，如此才能听闻以上顿悟之教，以及惠能受得法脉的因缘。顿悟之教是过去的圣人所传付而来，不是惠能凭自己的智慧所创。希望大家听了过去圣人传付的顿悟之教，各自都能清净自心，各自都能祛除疑惑，都如同过去的圣人一样无有差别。"

大众闻法之后，都非常欢喜，向六祖大师行礼而退。

注释

1 **使君**：这里指刺史。

2 **莫非**：无非、无不是、都是。

3 **累劫**：长劫、多劫，漫长的时间。

4 **净心**：自净其心，证悟自性清净心。

般若第二

第一章

导读

本章的主旨在于，解释“摩诃般若波罗蜜”的含义，以及破除一些望文生义的误会。

首先，般若智慧的证得，需要内因和外缘的和合。内因是一切众生的自心本性即是平等真如，外缘是大善知识的开示引导，包括对《金刚经》等般若经典的读诵。事佛性的生得和理佛性的显得，即是禅宗所说的见性成佛，这也是愚人与智者的分水岭。

其次，般若智慧的证得，是自心的实证，而不能停留于口头的读诵和讲说。口头的读诵和讲说，只是闻慧、思慧；禅定中的如理思维，则是修慧。闻、思、修三慧，都不是般若智慧，需要进一步提升而证得般若智慧。

再次，证得般若智慧，根本即是破除一切执著（人我执、法我执等），破除一切的二元对立，也就是证得无实体之空。换言之，般若智慧就是对“空”的如实知见，是在一切万法上明晰清楚地如实知见其因缘下的生灭，自由无碍地知见生死烦恼等一切万法无非心性之用，心性无非是生死烦恼等一切万法之体，如此则体用不二，一即一切，一切即一。

最后，“空”不是什么都没有、什么都不想，如果以什么都没有、什么都不想的“断灭见”修行，其最明显的特点就是昏沉、愚痴，最直接的现实效果就是越来越愚痴，最相应的未来果报就是堕落为愚痴的畜生。

原文

次日，韦使君请益[1]。师升座，告大众曰："总净心念'摩诃般若波罗蜜多'。"

复云："善知识！菩提般若之智，世人本自有之；只缘[2]心迷[3]，不能自悟，须假[4]大善知识示导[5]见性。当知愚人、智人，佛性本无差别，只缘迷、悟不同，所以有愚、有智。吾今为说摩诃般若波罗蜜法，使汝等各得智慧。志心[6]谛听！吾为汝说。"

译文

第二天，韦刺史请求六祖大师讲法。大师坐上师子座，告诉大众说："大家一起以清净心忆念'摩诃般若波罗蜜多'。"

然后大师又说："善知识！菩提般若之智慧，世人本来都具足；只是因为心中迷于境相，不能顿悟，必须借助大善知识的开示引导才能明心见性。要知道所谓愚人和智者，他们的佛性并无差别，只是因为迷惑、顿悟的不同，所以有愚人和智者的差别。我现在给大家宣说摩诃般若波罗蜜法，使你们都能获得智慧。你们专心地、认真地听讲！我给你们说。"

注释

1 **请益**：请教，请求讲法。

2 **缘**：由于，因为。

3 **心迷**：内心迷惑，没有觉悟。

4 **假**：借助。

5 **示导**：开示引导，使人进入正法。

6 **志心**：专心、专注。

原文

"善知识！世人终日口念般若[1]，不识自性般若[2]，犹如说食不

译文

"善知识！世人整天口头念诵般若经典，却不知道自心本性的般若智慧，就如同口头讲说食物[的色香味等]，却无法填饱肚

饱[3]。口但说空，万劫[4]不得见性，终无有益。”

子。光知道口头讲说无实体空，万劫之后也不能明心见性，终究是无有利益。”

注释

1 **口念般若**：口头念诵般若经典，例如念诵《金刚经》等。

2 **自性般若**：如实知见自心本性，即是般若。

3 **说食不饱**：口头上讲食物的色香味等，不能填饱肚子而消除饥渴。

4 **万劫**：形容极为漫长的时间。

原文

“善知识！‘摩诃般若波罗蜜’是梵语[1]，此言‘大智慧到彼岸’。此须心行[2]，不在口念。口念心不行，如幻、如化、如露、如电；口念心行，则心口相应[3]，本性是佛，离性无别[4]佛。何名摩诃？摩诃是大。心量广大[5]，犹如虚空[6]，无有边畔，亦无方圆大小，亦非青黄赤白，亦无上下长短，亦无瞋无喜，无是无非，无善无恶，无有头尾。诸佛刹土[7]，尽同虚空。世人妙性本空，无有一法可得。自性真空[8]，亦复如是。”

译文

“善知识！‘摩诃般若波罗蜜’是梵语，这里的话是‘大智慧到彼岸’。这个必须内心真实证得，而不在于口头念诵。口头念诵般若经典，而内心不能真实证得般若智慧，那就如同幻术、如同化人、如同露珠、如同闪电，都是有为法；口头念诵般若经典，内心真实证得般若智慧，那就是内心与口头契合一致，自心本性就是佛，离开了自心本性之外没有独存的佛。什么叫摩诃？摩诃就是大的意思。心性无有限量，称为广大，就如同虚空一样，没有边际，也没有方圆大小，也没有青黄赤白，也没有上下长短，也没有嗔怒没有欢喜，没有对没有错，没有善没有恶，没有头没有尾。一切诸佛的清净国土，也都如同虚空一样。世人的自心妙性本来就没有实体，没有任何实体性的事物可得。自心本性没有实体，也是如此。”

注释

1 **梵语**:印度的一种标准语言。古印度人认为自己的语言是秉承大梵天所说的语言,所以称为梵语。

2 **心行**:内心证得真如实相。

3 **心口相应**:口念般若经典与内心证得真如实相,二者完全契合。

4 **别**:独立、独存的,即离开心性的。

5 **心量广大**:指众生的心性真如是无有限量的无为法,是破除了一切度量限制的无量之量。

6 **虚空**:比喻心性无有形质,无有障碍。

7 **刹土**:国土。

8 **真空**:心性本空,是于一切万法没有实体性之空,而不是离开一切万法而独存的空。

原文

"善知识!莫闻吾说空,便即著空[1]。第一莫著空!若空心静坐[2],即著无记空[3]。

"善知识!世界[4]虚空,能含万物色像[5],日月星宿,山河大地,泉源溪涧,草木丛林,恶人善人,恶法善法,天堂地狱,一切大海,须弥诸山,总在空中。世人性空,亦复如是。"

译文

"善知识!不要听到我讲空,马上就执著有个空可得。第一不要执著空!如果内心空洞虚无地静坐,这就是执著了无记空。

"善知识!世界虚空,能包含一切万物种种形状相貌,日月星宿,山河大地,泉源溪涧,草木丛林,恶人善人,恶法善法,天堂地狱,一切大海,须弥等山,都在虚空之中。世人自心本性的空,也是如此[包含了一切万法,而不是空洞虚无的空]。"

注释

1 **著空**:把空性对象化为一种实体而产生执著。空,本来是对实体的破除,如果以"空"为实体,就是新的妄执。

2 **空心静坐**：内心不思善，不思恶，保持在一片空洞虚无的状态，以此而静坐入定。

3 **无记空**：即不思善、不思恶，而保持内心无有伦理属性的无记状态。“无记”，指非善非恶。

4 **世界**：国土。“世”，指时间；“界”，指空间。

5 **色像**：色泽和形状。

原文

“善知识！自性能含万法是大，万法在诸人性中。若见一切人——恶之与善，尽皆不取不舍，亦不染著，心如虚空，名之为大，故曰摩诃。

“善知识！迷人口说，智者心行。又有迷人，空心静坐，百无所思[1]，自称为大。此一辈人，不可与语，为邪见[2]故。”

译文

“善知识！自心本性能包含一切万法才是大，一切万法都在各人心性之中。如果见到一切人——恶人与善人，全部都无所取无所舍，也不产生染污执著，内心犹如虚空一样，这就称为大，所以被称为摩诃。

“善知识！迷惑之人只在口头讲说，智慧之人则在内心真实证得。又有一种迷惑之人，以空洞虚无心去静坐，什么都不想，自称是大般若。对这一类人，不要跟他们讲话，[以免见地受其误导、慧命受其伤害，]因为他们的见地是完全错误的。”

注释

1 **百无所思**：什么都不想。

2 **邪见**：错误的见地。这里是专指那种把什么都不想的空洞虚无状态当作大乘佛法的“空”，这是完全错误的见地。

第二章

导读

本章的主旨在于，阐明心心念念如实知见，即是证得心性真如的般若智慧。

彻底证得般若智慧，是自心对种种妄执的破除，对一切万法的如实知见，心心念念如实知见一切万法的缘起，而又没有能见之我、所见之法可得；没有能见之我、所见之法可得，而心心念念如实知见一切万法的缘起：这就是见性成佛。一念有自他、能所等妄执，当下就是凡夫；一念破除自他、能所等妄执，当下就是成佛。

见性成佛就是到彼岸。彼岸与此岸，即涅槃与生死，并非二元对立的两个事物，而是体用不二的关系：涅槃是体性，生死是现象。因为有种种执著，于是产生染污的烦恼、业行，有生死轮回之苦果；如果破除了种种执著，烦恼、业行都转化为清净的智慧、方便，那么生死就成了诸佛菩萨度化众生的无尽功德。简言之，有执著的生死就是此岸，无执著的生死就是彼岸。以比喻来说，有执著，如同河水因风起浪，波浪即是作用，是此岸；无执著，如同波浪当体就是河水的流动性，流动性是体性，是彼岸。离开波浪，没有流动性；离开流动性，没有波浪。离开生死轮回，没有涅槃；离开涅槃，没有生死轮回。彻底破除执著，就是证得生死之体性涅槃，就是在生死中实现涅槃。

原文

"善知识！心量广大，遍周法界[1]，用即了了[2]分明，应用便知一切，一切即一，一即一切[3]。去来自由，心体无滞，即是般若。

"善知识！一切般若智，皆从自性而生，不从外入，莫错用意！名为真性[4]自用，一真一切真。心量大事[5]，不行小道[6]。口莫终日说空，心中不修此行，恰似凡人[7]自称国王，终不可得，非吾弟子。"

译文

"善知识！心性超出一切限量，称为广大，普遍于一切万法，其作用即是清楚了知[一切诸法的般若智慧]，以此般若智慧而如实知见一切诸法，一切诸法的本性即是真如实相，真如实相随顺因缘而为一切诸法之现象。[如实知见一切诸法现象及其体性，]如实知见性相不二而无有障碍，这就是般若智慧。

"善知识！一切般若智慧，都以自心本性为所依而生得，不是从自心之外而有的，不要弄错了！般若智慧是自心本性的妙用，如实知见心性真如(一真)，就能依据这种智慧而如实知见一切万法(一切真)。心性无量，名为广大，不走种种[与心性不相应的]小道。不要整天口头上讲空说空，内心却不修相应之行，那就正像平常百姓自称是国王一样，终究是不可能的，这种人不是我的弟子！"

注释

1 **遍周法界**：普遍于一切万法而无所遗漏。

2 **了了**：明晰、清楚。

3 **一切即一，一即一切**：一切万法的本性即是真如实相，真如实相必然随缘而为一切万法。"一切"，一切万法。"一"，真如实相。

4 **真性**：即自心本性。

5 **大事**：指转迷成悟，成就般若智慧，是众生最重大的事情。

6 **小道**：与悟道不相应的其他修行。

7 **凡人**：普通人，平常百姓。

原文

“善知识！何名般若？般若者，唐言[1]智慧也。一切处所，一切时中，念念不愚，常行智慧，即是般若行。一念[2]愚即般若绝，一念智即般若生。世人愚迷，不见般若，口说般若，心中常愚，常自言‘我修般若’，念念说空，不识真空。般若无形相[3]，智慧心即是，若作如是解，即名般若智。”

译文

“善知识！什么叫般若呢？般若，用汉语说就是智慧。在一切处所，在一切时间，心心念念都不愚迷，恒续不断地生起智慧，这就是般若的妙行。心心念念愚迷，就是没有般若；心心念念产生智慧，就是般若产生。世人愚迷，内心没有证得般若，只是口头讲说般若，而内心恒续不断地愚迷，却常常自己说‘我在修般若行’，心心念念在说空，却不知道真正的空。般若没有形状、没有相貌，就是指的智慧之心，如果能如此地如实知见，就是般若智慧。”

注释

1 **唐言**：即汉语。当时是唐朝，即以“唐言”指汉语。

2 **一念**：心心念念，即一切处所、一切时间的心念。

3 **无形相**：没有具体的形状和相貌。

原文

“何名波罗蜜？此是西国[1]语，唐言到彼岸，解义[2]离生灭。著境生灭起，如水有波浪，即名为此岸；离境无生灭，如水常通流，即名为彼岸：故号波罗蜜。”

译文

“什么叫波罗蜜？这是印度话，汉语是到彼岸，解释其含义，就是远离生灭[而证得不生不灭的心性]。执著种种境相就生灭不息，如同河水[被风所吹动而]波浪不断，就叫作此岸；远离对境相的执著而证得不生不灭的心性，如同河水的本性即是自在无碍地流动，就叫作彼岸：所以叫作波罗蜜。”

注释

1 **西国**:这里指印度。

2 **解义**:解释其意义、含义。

第三章

导读

本章的主旨在于,强调要转无量烦恼为无量菩提,需要受持读诵《金刚经》等般若经典,乃至受大善知识的教化开导等外缘。

首先,凡夫与诸佛在自心本性上是完全平等的,心性作用的差别具体表现为,凡夫是烦恼现行,诸佛是菩提现行,而成佛即是将心性所体现的八万四千烦恼,转为于一切诸法的境相上都如实知见的八万四千智慧。

其次,般若智慧超越一切时间、空间,没有实体性的时间相、空间相。所谓"无念""无忆""无著",即是破除对过去、现在、未来的实体性执著,破除了一切不符顺真如本性的妄念(虚妄分别),而开显了因缘所成过去、现在、未来等如幻相的正念(如实知见)。其根本义理,即同于《金刚经》中的"应无所住而生其心",即破除了无明我执、虚妄分别,产生与真如本性相应的无我智慧、正分别、真知见,以此贯穿于六度万行。

最后,般若智慧的获得,需要闻、思、修慧的积累,读诵《金刚经》等般若经典,即是不断进行闻、思,乃至在禅定心中如理思维,即是修行修慧。闻、思、修慧虽然不是般若智慧,但其是般若智慧的正因缘,可以由此而胜进乃至证得般若智慧。这就是五祖、六祖不断提倡读诵《金刚经》的根本原因。

原文

“善知识！迷人口念，当念之时，有妄有非[1]。念念若行，是名真性。悟此法者，是般若法；修此行者，是般若行。不修即凡；一念修行，自身等佛。

“善知识！凡夫即佛，烦恼即菩提：前念迷即凡夫，后念悟即佛；前念著境即烦恼，后念离境[2]即菩提。

“善知识！摩诃般若波罗蜜，最尊、最上、最第一，无住、无往亦无来[3]，三世诸佛从中出。当用大智慧打破五蕴烦恼尘劳[4]，如此修行，定成佛道，变三毒为戒、定、慧。”

译文

“善知识！愚迷的人口头上念诵般若经典，就在念诵的时候，内心或者跟虚妄相应，或者跟错误相应。如果心心念念都能与真如相应，这才叫真正的证得真如本性。顿悟这个法门的，是在修般若法门；修行这种行门的，是在修般若行门。如果不修这种行门，那就是凡夫；如果心心念念修行这种行门，那么就与佛平等无别。

“善知识！凡夫就是佛，烦恼就是菩提：前一念愚迷就是凡夫，后一念顿悟就是佛；前一念执著境相就是烦恼，后一念不执著境相就是菩提。

“善知识！摩诃般若波罗蜜，是最尊贵、最无上、最第一的，没有现在、过去和未来可得，而过去、现在、未来的诸佛从这里产生。应当运用这大智慧把以五蕴身心为自我的身见，以及烦恼尘劳都打破，这样修行，决定成就佛果，将贪、嗔、痴三毒转化为戒、定、慧三学功德。”

注释

1 **有妄有非**：有虚妄，有错误，即不符顺真实。

2 **离境**：远离对境相的执著。

3 **无住、无往亦无来**：没有现在、过去和未来等三世可得，即超越现在、过去、未来的时间。“无住”，没有现在世；“无往”，没有过去世；“无来”，没有未来世。

4 **尘劳**：烦恼的异名，因为烦恼能染污真性，扰乱身心，故名。

原文

"善知识！我此法门，从一般若生八万四千智慧[1]。何以故？为世人有八万四千尘劳。若无尘劳，智慧常现，不离自性。悟此法者，即是无念[2]、无忆[3]、无著[4]，不起诳妄。用自真如性，以智慧观照，于一切法不取不舍，即是见性成佛道。

"善知识！若欲入甚深法界[5]及般若三昧[6]者，须修般若行，持诵《金刚般若经》，即得见性。当知此经功德无量无边，经中分明赞叹，莫能具说[7]。"

译文

"善知识！我传的这个法门，从根本般若中生出八万四千的后得智慧。为什么呢？因为世人有八万四千的烦恼。如果打破了这八万四千尘劳，就有八万四千的智慧恒续不断地现起，都是不离自心本性而有的。顿悟了这个法门的人，就没有[对现在一切万法的]我执妄念，[而有观万法犹如闪电的正念了了分明；]没有[对过去一切万法的]忆念（随念）分别，[而有观万法犹如梦境的正念了了分明；]没有[对未来一切万法的]种种执著，[而有观万法犹如浮云的正念了了分明：]如此不产生一切的虚妄分别。依据自心的真如本性，用智慧进行观照，对于[过去、现在、未来]一切万法都无所取、无所舍，就是见性成佛。

"善知识！如果想要证入甚深法界和般若三昧，必须修般若行，受持读诵《金刚般若经》，就能见性成佛。要知道此经的功德无量无边，经中佛陀清楚明白地反复赞叹，功德之大无法全部说完。"

注释

1 **从一般若生八万四千智慧**：依据根本智而生出无量的后得智。"般若"，指根本智。"八万四千"，泛指数目很多、很大，不是确数。"智慧"，指后得智。

2 **无念**：没有不与真如相应的妄念，而有与真如相应的正念，即如实知见一切万法，了了分明的正念。

3 **无忆**:没有忆念留恋。

4 **无著**:没有实体性的执著。

5 **甚深法界**:甚深法性、空性,即一切万法的体性。

6 **般若三昧**:与般若智慧相应的禅定。

7 **具说**:全部、完整地宣说。

第四章

导读

本章的主旨在于,强调要转无量烦恼为无量菩提,需要内在自肯自证之内因以及与外缘的相应结合。

首先,修行者无明烦恼等障碍的深浅,决定了其根性的利钝、根机的大小。因此,修行般若法门之时,就成就不同的三乘菩提,小根性者成就声闻菩提;中根性者成就缘觉菩提;上根性者成就无上菩提;而障碍深重的无根性者则听闻般若妙法而不信,乃至毁谤佛法,无有因缘成就菩提,犹如根基浅露的草木,被暴风雨吹打,即会折断一样。

需要注意的是,"一切众生皆有佛性,都能成佛",是立足于众生自心本性即理性佛(真如)而言的,一切众生与佛并无不同,三世诸佛及一切佛法都完全具备于一切众生自心本性。因为一切众生都没有实体性,只要能如实知见这一点,破除实体性执著,证得真如实相,就能成佛,所以说一切众生都有成佛的可能性。但是,因为无明烦恼障碍的深浅不同,乃至一部分众生不信佛法、毁谤佛法,所以"部分众生才有佛性,才能成佛",另外一部分众生则成就声闻菩提、缘觉菩提,乃至无法成就菩提,这是从事佛性(因缘,无漏种子)上来说的。不能成佛的众生,只有破除无明烦恼障碍,放弃对佛法的不信甚至毁谤,向大智慧人学习佛法,积集无漏种子,乃至一念顿悟自心本性,即可成佛;否则,即无法成佛。

可以说,在《坛经》中,理佛性角度的“众生皆可成佛”,与事佛性角度的“部分众生才可成佛”,是体用不二、彼此统一的。

其次,即使是能够成佛的众生,根机仍然有利钝之别,利根之人能够自己顿悟自心本性而成佛,钝根之人则需要读诵《金刚经》等般若经典,以及寻求大善知识的教化开导,才能逐渐悟道成佛。如果没有如实知见自心本性的一切功德,那么事实上的功德显现就与诸佛天地悬隔、不可同日而语,从而必须要在长劫的修行过程中,由无量诸佛、大善知识的教化开导,逐渐破除无明烦恼之障碍,最终如实知见自心本性,才能做到事实上的功德显现也与诸佛平等无别,即是成就圆满佛果。六祖大师随顺中国人重视现实、现世的习惯,所以特别强调今生的证悟,强调自肯自证和善知识的化导,但是,这并不意味着对三世修行的否定,更不意味着可以偏执一面而忽视其余!

原文

“此法门是最上乘,为大智人[1]说,为上根人[2]说。小根、小智人闻,心生不信。何以故?譬如大龙下雨于阎浮提[3],城邑、聚落悉皆漂流,如漂枣叶。若雨大海,不增不减。若大乘人,若最上乘人,闻说《金刚经》,心开悟解。故知本性自有般若之智,自用智慧,常观照故,不假文字。譬如雨水,不从天有,元是龙

译文

“这个般若法门是超过小乘的最上大乘,是给智慧广大的人而说,为善根猛利的人而说。善根劣钝、智慧浅狭的人听了,心中怀疑不信。为什么呢?譬如大龙王在阎浮提下大雨,城市和村落都被大水漂浮流走,就如同漂浮流走枣叶一样。如果在大海上下雨,[大海能全部容纳而]无所增减。如果是大乘人,是最上乘人,听闻《金刚经》,就能内心开解而悟道。因此,可知众生自心本性本来具有般若智慧,[大乘人和最上乘人能]运用其般若智慧,[对一切万法的本性]恒续不断地进行观照,而不是借助于文字。譬如雨水,不是从天上下来

能兴致，令一切众生、一切草木、有情、无情悉皆蒙润，百川众流却入大海合为一体。众生本性般若之智，亦复如是。”

的，原本是大龙王以其神通功德生起的，让一切众生、一切草木、有情生命、物质世界都能蒙受雨水的滋润，雨水流入大小河流，最终汇入大海成为一体。众生自心本性的般若智慧，也是如此。”

注释

1 **大智人**：有广大的智慧，通达一切事理的人。

2 **上根人**：信、勤、念、定、慧等根性猛利的人。

3 **阎浮提**：南赡部洲，一般指我们人类的住处。

原文

“善知识！小根之人，闻此顿教，犹如草木根性小者，若被大雨，悉皆自倒，不能增长。小根之人亦复如是，元有般若之智，与大智人更无差别，因何闻法不自开悟？缘邪见障重、烦恼根深。犹如大云覆盖于日，不得风吹，日光不现。般若之智亦无大小，为一切众生自心迷悟不同，迷心外见，修行觅佛，未悟自性，即是小根；若开悟顿教，不执外修，但于自心常起正见[1]，烦

译文

“善知识！善根劣钝的人，听闻了这顿悟教法，就如同根基浅露的草木，如果遭遇暴雨，全部都折断倒地，不能［因为雨水的滋润而］快速生长。善根劣钝的人也是这样，原本具有般若智慧，与智慧广大的人并没有差别，为什么听闻顿悟教法而不能心开悟道？那是因为他们邪见之障碍深重、烦恼之根深厚。就如同厚重的乌云遮盖了太阳，如果没有大风吹散乌云，那么阳光就无法显现。般若智慧也是如此，本来没有大小的分别，因为一切众生自心的愚迷和觉悟各各不同，如果以愚迷之心向外执著，向外修行来追求佛果，没有向内顿悟自心本性，那就是善根钝劣之人；如果能心开顿悟这顿教法门，不执著于向外修行，而是对于自心恒续不断地生起如实

恼尘劳常不能染，即是见性。”

知见，使烦恼尘劳不能污染自心，就是见性成佛。”

注释

1 **正见**：与自心本性相应的见地。

原文

“善知识！内外不住，去来自由[1]，能除执心[2]，通达[3]无碍——能修此行，与般若经本无差别。

“善知识！一切修多罗及诸文字，大小二乘，十二部经[4]，皆因人置[5]，因智慧性，方能建立。若无世人，一切万法本自不有，故知万法本自人兴；一切经书，因人说有。缘其人中有愚有智，愚为小人，智为大人，愚者问于智人，智者与愚人说法，愚人忽然悟解心开，即与智人无别。”

译文

“善知识！不执著于内心外境，生来死去都自在无碍，能破除执著之心，[对一切万法]通透了达而无有障碍，如果能如此修行，[这样的人]就与般若经无有差别。

“善知识！一切佛经以及经中的文字，大乘佛法和小乘佛法，十二部经典，都是根据众生的根机而方便施设的，根据[众生本具]般若智慧的特性，才能建立。如果没有世人，那么一切万法本来就没有，所以可知一切万法本来就依据于世人而有；一切佛经，也依据世人而有。因为世人中有愚迷和智慧之别，愚迷的就是善根钝劣的人，智慧的就是善根猛利的人。愚迷的人向智慧的人求教，智慧的人给愚迷的人说法，愚迷的人忽然悟道心开，就与智慧的人没有差别。”

注释

1 **去来自由**：生死自在，即获得寿命的自由，根据智慧和慈悲等因缘而随愿生死。

2 **执心**：执著之心。

3 **通达**：对事理都能透彻明白。

4 **十二部经**：佛经分为十二种体裁，这里指全部佛经。

5 **皆因人置**：都是根据众生的根机而建立、施设的。

原文

“善知识！不悟，即佛是众生；一念悟时，众生是佛：故知万法尽在自心。何不从自心中，顿见真如本性？《菩萨戒经》云：‘我本元自性清净，若识自心见性，皆成佛道。’《净名经》云：‘即时豁然，还得本心。’

“善知识！我于忍和尚处，一闻言下便悟，顿见真如本性，是以将此教法流行，令学道者顿悟菩提，各自观心，自见本性。若自不悟，须觅大善知识、解最上乘法者，直示正路。是善知识有大因缘，所谓化导[1]令得见性。一切善法，因善知识能发起故，三世诸佛、十二部经，在人性中本自具有，不能自悟，须求善知识指

译文

“善知识！悟道之前，佛也就是凡夫；一念悟道之后，凡夫就成了佛：因此可知凡圣等一切万法都在于自心[是自心的差别相]。为何不从自心中，去顿悟直见真如本性呢？《菩萨戒经》说：‘我的自心本性本来清净，如果众生能明心见性，就都能成佛。’《净名经》说：‘比丘当时就豁然心开，重新证得其大乘菩提心。’

“善知识！我在五祖弘忍大师那里，听[大师讲解了]一遍《金刚经》就透过经文而悟道，当下彻见真如本性，因此将这顿悟教法流通传播，让修学佛道的人能顿悟菩提，各自观照自心，彻见自心本性。如果自己修行没能悟道，就必须寻求大善知识、悟解最上乘佛法的人，直接开示正见之道。这种大善知识是极大的因缘，可以教化开导而使人明心见性。一切善法，都要依靠善知识才能发起，过去、现在、未来的一切诸佛以及十二部经典，在世人心性中本来就全部具有，如果不能自己悟道，必须寻求参访善知识，由善知识指导开示才能彻见[一切诸佛以及十二部经典]；如

示方见；若自悟者，不假外求。”

果是自己悟道的，就不需要向外寻求［大善知识的教化开导］。”

注释

1 **化导**：教化开导。

原文

“若一向[1]执谓须他善知识方得解脱者，无有是处。何以故？自心内有知识自悟。若起邪迷、妄念、颠倒，外善知识虽有教授，救不可得[2]。若起正真般若观照，一刹那间，妄念俱灭，若识自性，一悟即至佛地。”

译文

“如果一味地执著认为必须大善知识的教化开导才能悟道解脱，那是完全错误的。为什么呢？因为自心内有大善知识，可自己悟道。如果产生邪见迷执、虚妄分别、种种颠倒，外在的大善知识虽然有言语的教授，但是也无法挽救［而使之悟道］。如果生起与真如相应的观照般若，一刹那间，一切虚妄分别完全灭除，如实知见自心本性，顿悟即可成佛。”

注释

1 **一向**：一味地、片面地。

2 **救不可得**：无法挽救其邪迷颠倒。

第五章

导读

本章的主旨在于,再次阐述和强调无念法门的核心特征、义理精髓,以及传付这种顿悟成佛法门的对机问题。

首先,无念法门就是般若三昧,是一切《般若经》的核心,在《大般若经》中反复出现,所谓无念,即在于观诸法性空无所有,所以没有能念、所念等可得,如此无念而念、念而无念,不可名状,强名之曰无念。

无念法门有三个最重要的特征:一、如实知见一切万法的性相;二、在如实知见的当下,不对一切万法产生贪爱执著;三、具体的心相是视觉、听觉、嗅觉、味觉、触觉及意识的活动了了分明,远离自他、能所、染净等二元对立之相(二相)。

"无念"往往被人望文生义地理解为"没有念头""什么都不想""不起心动念"等,所以这里反复强调说这种误解是法执,是对智慧的障碍,是执著于"空无"的"断灭见"。"无念"既不是"有念头",也不是"没有念头",而是远离"有念头"和"没有念头"的两个极端,是思维无法达到、语言无法描述,只有圣人才能亲证到的般若智慧,强名之曰"无念"。

其次,正是因为无念法门的殊胜,所以六祖大师交代要将这个法门传续下去,使佛种不断,但是又一定要传付给根机相应之人,否则会轻则无益,重则导致其诽谤佛法,自断佛种,成为一阐提,在漫长的时间内与佛法无缘。这大概是《坛经》早期只秘传于得法弟子之间,犹如密宗的师徒口耳相传,绝不轻易外传的最重要的原因。

最后,无念法门的运用,是对世间生死、烦恼予以如实知见,当下无所执著,以此超越、洒脱、自由、无碍的智慧面对和转化生死与烦恼,并非如同小乘佛教那样要断除生死、烦恼。在世间生死、烦恼中觉悟成佛,而不是离开世间寻求单独存在的觉悟成佛(不离世间觉),用经典中的术语表述即是“无住涅槃”,而侧重在其“智不住生死”的方面。因为六祖大师的语言富于自由、活泼的气质,富于生活化、通俗化的气息,所以流传久远,对中国文化影响深远,实际上所说的就是大乘佛法的“无住涅槃”。

原文

“善知识!智慧观照,内外明彻,识自本心;若识本心,即本解脱;若得解脱,即是般若三昧,即是无念。何名无念?若见一切法,心不染著[1],是为无念。用即遍一切处[2],亦不著一切处[3]。但净本心,使六识出六门[4],于六尘[5]中无染无杂[6],来去自由,通用无滞,即是般若三昧、自在解脱,名无念行。若百物不思,当令念绝[7],即是法缚[8],即名边见[9]。

“善知识!悟无念法者,万法尽通;悟无念法者,见诸佛境界;悟无念法者,至佛地位。”

译文

“善知识!用智慧观照身心以及外境等内外一切万法至于明白透彻,即明见自己本心;如果明见自己本心,即成就本来的解脱;如果成就解脱,这即是般若三昧,即是无念。什么叫无念?如果在认识一切万法的当下,自心不产生贪爱执著,这就是无念。这样就以智慧普遍一切处所,而不执著一切处所。只要自净其心,依凭眼根、耳根、鼻根、舌根、身根、意根等六根,产生眼识、耳识、鼻识、舌识、身识、意识,对于色、声、香、味、触、法等六境没有执著、没有杂乱,自在知见一切万法的生灭因缘,通达符顺其因缘而无碍圆融,不受任何障碍,这就是般若三昧、自在解脱,这就叫无念行。如果以为无念就是什么都不想,要屏息心念而使之断绝,这就是法执,是修行佛道的障碍,是执著于“空无”之边的错误见地。

“善知识!彻悟无念法门的人,能完全通达万法;彻悟无念法门的人,能知见诸佛的智慧境界;彻悟无念法门的人,当下即到达成佛的果位。”

注释

1 **心不染著**:内心对所见的一切法不产生贪爱、执著,即破除了相缚,成就了无相智。

2 **遍一切处**:普遍于一切万法,一切处所。

3 **不著一切处**:内心于一切万法、一切事物都不贪爱、执著。

4 **六识出六门**:眼识、耳识、鼻识、舌识、身识、意识,依据眼根、耳根、鼻根、舌根、身根、意根的门户,而产生相应的认识。

5 **六尘**:即色、声、香、味、触、法等六境。

6 **无染无杂**:没有贪爱、执著,没有杂乱,而了了分明。

7 **念绝**:心念断绝。

8 **法缚**:即法执,执著于一切万法,障碍对万法的如实知见。

9 **边见**:执著于"断灭空"边的错误见地,违背佛法的不二中道。

原文

"善知识!后代得吾法者,将此顿教法门,于同见[1]、同行[2],发愿受持,如事佛故,终身而不退者,定入圣位[3]。然须传授从上以来默传、分付[4],不得匿其正法。若不同见、同行,在别法[5]中,不得传付,损彼前人[6],究竟无益,恐愚人不解,谤此法门,百劫千生[7],断佛种性[8]。

"善知识!吾有一无相颂,各须诵取,在

译文

"善知识!后世悟得我这个法门的人,要把这顿悟成佛的法门,给持相同见地、修相同顿悟行的人,发成佛之愿而领受行持,如同现前侍奉佛陀一般,终其一生而不退转的,一定会证入圣人之果位。然而必须是传承授受从历代祖师以来以心传心、付嘱而来的法脉,不能隐匿此正法。如果不是持相同见地、修相同行愿,而是在其他法门中修行的人,那就不能传承、付嘱,否则就会损害这类修行人,不仅终究无法得益,而且还恐怕这类人不能理解,反而诽谤此顿悟成佛的法门,导致百劫千生的漫长时间里,中断佛性,中断成佛的可能。

"善知识!我有一个无相颂,你们各自要

家、出家但依此修。若不自修，惟记吾言，亦无有益。”

念诵记住，在家、出家的人，都要依照此颂修行。如果不如此修行，仅仅是记住我的话，那也没有益处。”

注释

1 **同见**：有共同的正见。

2 **同行**：共同发了菩提心而修行佛道。

3 **圣位**：圣人之果位。

4 **默传、分付**：以心传心而承续、嘱托法脉。

5 **别法**：禅宗之外的法门。

6 **前人**：传付的对象，修学其他法门的人。

7 **百劫千生**：“百劫”，一百个大劫。“千生”，投生一千次。

8 **断佛种性**：中断了事佛性，没有了成佛的可能性。

原文

“听吾颂曰：‘说通及心通[1]，如日处虚空，唯传见性法，出世破邪宗[2]。法即无顿渐[3]，迷悟有迟疾，只此见性门，愚人不可悉[4]。说即虽万般，合理[5]还归一，烦恼暗宅中，常须生慧日。邪来烦恼至，正来烦恼除，邪正俱不用[6]，清净至无余[7]。菩提本自性[8]，起心[9]即是妄，净心在妄中[10]，但正无三障[11]。’”

译文

“你们听我的偈颂：‘说通及心通，如日处虚空，唯传见性法，出世破邪宗。法即无顿渐，迷悟有迟疾，只此见性门，愚人不可悉。说即虽万般，合理还归一，烦恼暗宅中，常须生慧日。邪来烦恼至，正来烦恼除，邪正俱不用，清净至无余。菩提本自性，起心即是妄，净心在妄中，但正无三障。’”

注释

1 **说通及心通**：“说通”，通达教理，能契理、契机地宣说教法。“心通”，彻悟心性真如，成就般若智慧。

2 **出世破邪宗**：出现在世间而破除一切见地不正的邪魔外道。“出世”，出现于世。

3 **顿渐**：顿悟成佛之道与渐修成佛之道，即顿教与渐教。

4 **悉**：了知、了悟。

5 **合理**：“合”，符顺、相应。“理”，真如理体、自心本性。

6 **邪正俱不用**：邪念和正念都是因缘而起，都不是真实相，因此须远离邪念与正念的二元对立，而行非邪非正而即邪即正的不二中道。

7 **清净至无余**：以与自心本性相应的清净念而达到无余涅槃。“无余”，无余涅槃。

8 **菩提本自性**：菩提即是众生的自心本性。

9 **起心**：生起种种希求、执著之心。

10 **净心在妄中**：清净心并非独存于众生的妄心之外。

11 **三障**：即烦恼障、业障和报障。

原文

“‘世人若修道，一切尽不妨[1]，常自见己过，与道即相当[2]。色类自有道[3]，各不相妨恼，离道别觅道[4]，终身不见道。波波[5]度一生，到头还自懊。欲得见真道，行正即是道，自若无道心[6]，暗行[7]不见道。若真修道人，不见世间过[8]，若见他人非，自非却是左[9]。他非我不非[10]，我非自有过[11]。但自却非心[12]，打除烦恼破，憎爱不关心[13]，长伸两脚卧[14]。’”

译文

“‘世人若修道，一切尽不妨，常自见己过，与道即相当。色类自有道，各不相妨恼，离道别觅道，终身不见道。波波度一生，到头还自懊，欲得见真道，行正即是道。自若无道心，暗行不见道，若真修道人，不见世间过。若见他人非，自非却是左，他非我不非，我非自有过。但自却非心，打除烦恼破，憎爱不关心，长伸两脚卧。’”

注释

1 **一切尽不妨**:只要有修道的信心,烦恼障、业障、报障等都不能障碍住修道,任何地方乃至三障当下都是道场。

2 **与道即相当**:即能与真如本性相应。"相当",相应。

3 **色类自有道**:一切种类的众生都以真如为其自心本性。"色",指具有色身的欲界、色界等众生。"类"指胎、卵、湿、化等众生。

4 **离道别觅道**:远离真如本性,另外去寻觅佛道。

5 **波波**:形容奔波忙碌的样子。

6 **无道心**:没有菩提心,没有成佛的志向。

7 **暗行**:愚暗地修行,与智慧相悖。

8 **不见世间过**:不去看他人的过错。"世间",这里指众生世间。

9 **自非却是左**:计较他人的过错,这正是自己的过错。"左",不正确。

10 **他非我不非**:他人的过错,我不计较。"不非",不以之为非。

11 **我非自有过**:如果我计较他人的过错,正显出了自己的过错。

12 **但自却非心**:只应该自己消除这种计较之心。

13 **憎爱不关心**:见到一切是非之境乃至一切万法,不起爱憎等烦恼执著心。"不关心",不产生执著心。

14 **长伸两脚卧**:形容修行到息灭一切虚妄分别,自在无碍的智慧境界。

原文

"'欲拟化他人,自须有方便,勿令彼有疑[1],即是自性现[2]。佛法在世间,不离世间觉[3],离世觅菩提,恰如求兔角[4]。正见名出世[5],邪见是世间[6],邪正尽打却[7],菩提性宛然[8]。此颂是顿教,亦名大法船[9],迷闻经累劫,悟则刹那间。'"

译文

"'欲拟化他人,自须有方便,勿令彼有疑,即是自性现。佛法在世间,不离世间觉,离世觅菩提,恰如求兔角。正见名出世,邪见是世间,邪正尽打却,菩提性宛然。此颂是顿教,亦名大法船,迷闻经累劫,悟则刹那间。'"

注释

1 **勿令彼有疑**:度化众生时,要以方便破除众生疑情。

2 **即是自性现**:使众生于言语点拨之下,自心本性现前,顿悟成佛。

3 **不离世间觉**:于世间烦恼、生死等一切万法,直见其本性真如,烦恼、生死等一切万法当下即是佛法,众生当体见性即成佛。

4 **兔角**:兔子是没有角的,兔角即形容绝无此事、绝无可能。

5 **正见名出世**:如实见到世间没有实体可得,这就是出离世间。"出世",出离世间生死轮回。

6 **邪见是世间**:不能如实见到世间本空,就在世间生死流转不息。

7 **邪正尽打却**:如果有二元对立的邪见、正见可得,则仍然是邪,必须全体破除,扫净而无余。

8 **菩提性宛然**:即邪正而无邪正之可得,此不二中道智慧即是菩提。"宛然",了了分明。

9 **大法船**:比喻为度人出生死轮回之海的智慧之船。

原文

师复曰:"今于大梵寺说此顿教,普愿法界众生,言下见性成佛。"

时韦使君与官僚道俗,闻师所说,无不省悟。一时作礼,皆叹:"善哉!何期岭南有佛出世[1]!"

译文

六祖大师又说:"今天在大梵寺宣说这个顿悟成佛的教法,普愿法界一切众生,都能言下而见性成佛。"

当时,韦刺史与官属同僚,以及出家人、在家人,听了大师所说的话,没有不省悟的。大家一起行礼,都赞叹道:"好啊!没想到岭南有佛出现于世啊!"

注释

1 **出世**:出现于世。

疑问第三

第一章

导读

本章的主旨为六祖大师解答关于功德的疑问。

韦刺史的困惑,非常有代表性,是古往今来将佛教民俗化、工具化的人的通病,他们以为布施了钱财等就有功德,将功德庸俗化为利益的交换。

达磨大师的回答,以及六祖大师对于功德的阐释,其义理在大乘经典中很常见。功德的本质,在于破除我执,以无我的智慧贯穿布施、持戒、忍辱、精进、禅定等五度中,如此修行才能成佛。反之,福德的本质,则是没有破除我执,以自我的目的贯穿在布施等一切行为中,仅仅是生死轮回之因。

功德的相用是无我慈悲、平等利他。所谓慈悲,因为没有了我执,刹那都与无我智慧相应,所以才有无条件的、绝对真实的慈悲;所谓平等,因为没有自他、能所的二元对立,刹那刹那都能视一切众生乃至山河大地为自己,视自己为一切众生乃至山河大地,其中绝无二相可得,所以才有无条件的、绝对真实的平等。

有没有证得自心本性,有没有成就般若智慧,是福德与功德的分水岭。如果证得了自心本性,成就了般若智慧,那么梁武帝所作的布施钱财等行为便是真实的功德,乃至接受别人的捐款以成就他人的善行,也是真实的功德。否则,即使牺牲自己的生命去救国救民,也都不是真实的功德,而仅仅是人天福德。

原文

一日，韦刺史为师设大会斋[1]。斋讫，刺史请师升座，同官僚、士庶[2]肃容再拜，问曰："弟子闻和尚说法，实不可思议。今有少疑，愿大慈悲，特为解说。"

师曰："有疑即问，吾当为说。"

韦公曰："和尚所说，可不是[3]达磨大师宗旨[4]乎？"

师曰："是。"

译文

一天，韦刺史为六祖大师营办了大法会和斋饭。斋饭之后，刺史请大师坐上师子座，与官属同僚、士人百姓一起郑重地拜了两次，然后请问道："弟子听和尚说法，实在是不可思议。现在有一些疑问，希望大师大慈大悲，专门给我们解说一下。"

大师说："有疑问就问吧，我会给你解说的。"

韦刺史说："和尚所说的，岂不是达磨大师所传来的佛法宗要？"

大师说："是的。"

注释

1 **大会斋**：大法会之前供养僧人斋饭。"大会"，大法会。"斋"，指中午之前的饭食，过了中午就不可吃饭，即过午不食。

2 **士庶**：有地位的士人和普通百姓。

3 **可不是**：岂不是，不正是，表反问语气。

4 **宗旨**：正确的意旨。

原文

公曰："弟子闻达磨初化梁武帝，帝问云：'朕一生造寺、度僧[1]、布施、设斋，有何功德？'达磨言：'实无功德。'弟子未达此理，愿和尚为说。"

译文

韦刺史说："弟子听说达磨大师当初教化梁武帝，梁武帝问道：'我一生建造寺庙、度人出家、布施三宝、营办斋饭，有什么样的功德？'达磨大师说：'实际上没有功德。'弟子不能明白其中的道理，希望和尚能为我解说。"

师曰："实无功德，勿疑先圣之言。武帝心邪，不知正法。造寺、度僧、布施、设斋，名为求福。不可将福便为功德，功德在法身中，不在修福。"

大师说："确实没有功德，你不要怀疑达磨大师的话。梁武帝内心没有正见，不知道真正的成佛之法。他建造寺庙、度人出家、布施三宝、营办斋饭，只是为了求人天福报。不能把福德当作功德，功德在法性身中，而不在修造福德。"

注释

1 **度僧**：度人出家，举行一定的仪式，让俗人出家修行。

原文

师又曰："见性是功，平等是德。念念无滞，常见本性，真实妙用，名为功德。内心谦下是功，外行于礼是德。自性建立万法是功，心体离念是德。不离自性是功，应用无染是德。若觅功德法身，但依此作，是真功德。若修功德之人，心即不轻，常行普敬[1]。心常轻人，吾我不断，即自无功；自性虚妄不实，即自无德，为吾我自大，常轻一切故。

"善知识！念念无

译文

大师又说："明心见性是功，［没有自他差别而］平等看待一切众生是德。心心念念都没有滞碍，恒续不断地正观自心本性，［依据自心本性而］开显无量的智慧妙用，这就叫作功德。内心谦下无我是功，向外礼敬一切众生是德。自心本性随顺因缘而有一切万法是功，自心破除一切妄念执著是德。一切万法不离自心本性是功，如实知见一切万法而不沾染贪爱执著是德。如果想要证得功德法身，只要依照这个道理去做，就是真实的功德。如果是真实修行功德的人，内心不会轻视任何众生，而会恒续不断地普遍礼敬一切众生。如果内心总是轻慢他人，那就是其我执不断，正是自己没有功；没有证得自心本性而处于虚妄分别之中，正是自己没有德，因为内心的我执我慢没有断除，就会恒续不断地轻慢一切众生。

间是功，心行平直是德。自修性是功，自修身是德。善知识！功德须自性内见，不是布施供养之所求也。是以福德与功德别。武帝不识真理[2]，非我祖师有过。”

“善知识！心心念念正观自心本性是功，自心平等正直是德。修证自心本性是功，修证法身大用是德。善知识！功德要在自心本性中开显，而不是依靠布施供养等福德求取。因此福德与功德不同，梁武帝不明白有关功德的真实义理，并不是我们的祖师达磨大师说错了。”

注释

1 **普敬**：普遍尊敬一切众生。

2 **真理**：这里指有关功德的真实义理。

第二章

导读

本章的主旨是六祖大师站在禅宗的立场，回答关于念佛往生西方极乐世界的疑问。

首先，六祖大师对净土宗的念佛法门予以形式上的否定，这是从其提持禅宗的立场出发的。时当大唐盛世，根性猛利的人不少，与禅宗有缘的人很多，所以六祖大师说法，契理契机，正应如此。大师所说的法，内容是唯心净土，核心是明心见性，即是成就法性净土，所说把西方极乐世界移到娑婆世界来，让大众眼见西方，乃至西方的贤圣都可以归结为自心的清净智慧、慈悲、方便等，都是依据于此。

其次，六祖大师乃至整个禅宗所倡导的顿悟成佛之道，与净土宗念佛求生净土的念佛法门，其精神实质完全是相通的。禅宗着重在依凭自力，于言下破除我执而直证心性，所针对的主要是我执微薄、品德高尚、智慧深厚、慈悲心强的上上根机之人。净土宗则着重在依凭他力，于心心念念忆念阿弥陀佛的当下，即刹那刹那地削弱我执，证得事一心念佛三昧则我执现行不起，证得理一心念佛三昧则与禅宗无别，而直证自心本性。从修行之果上看，六祖大师即可视为当年在世自在王佛前出家发四十八大愿的法藏比丘，他们都是成就了法身佛，部分证得了法性净土；而依据般若智慧修行无量劫以后的六祖大师，则必定与西方极乐世界说法的阿弥陀佛无二无别，成就三身佛而彻底圆满成佛，并以其清净佛土度化一切众生。总之，从因果上看，禅宗与净土宗的差别只在形式和方法上，而内容实质上则是因果不二、交相贯彻的。

再次，对六祖惠能大师的契机之谈，不可随言妄执、因执生诤。我们知道，惠能大师《坛经》本无定法可说，只是随方解缚而已；如果执其无定之言以为定实之法，执而成缚，大为辜负了六祖的本意。例如，在心性真如上，本无东方、西方之别，也无东方、西方可愿可求；西方、东方，无有实体，而又全归心性。如果说西方不可愿求，那么东方又何尝值得留恋？

最后，莲池大师等人认为，六祖大师示现为不识字的樵夫，虽然明心见性顿成法身佛，但是其般若智慧并未圆满。虽然以其般若智慧可以听懂任何佛经，并能切合心性而予以简练的宣说，但是大师所听的经典非常有限，因此对未曾听闻的经典中的教理也就没有了解，所说的净土义理往往与净土经典相违背。这都是六祖大师的随机示现，不可妄执，更不可拿着六祖大师的话去否定净土五经。总之，六祖大师说净土，犹如九方皋相马，遗其形而取其神；我们对于六祖大师所说的与净土相关之言论，也应如此，不可遗神取形。

原文

刺史又问曰：“弟子常见僧俗念阿弥陀佛，愿生西方，请和尚说，得生彼否？愿为

译文

韦刺史又问道：“弟子常常见到有出家人、在家人念阿弥陀佛，发愿往生西方极乐世界，请和尚解说一下，他们能够往生到西方极乐世界吗？希望和尚能为我

破疑。"

师言:"使君善听,惠能与说。世尊在舍卫城中,说西方引化[1]经文,分明去此不远[2]。若论相说,里数有十万八千[3],即身中十恶八邪[4],便是说远。说远为其下根[5],说近为其上智;人有两种,法无两般,迷悟有殊,见有迟疾。迷人念佛求生于彼,悟人[6]自净其心,所以佛言'随其心净,即佛土净'。使君东方人,但心净即无罪;虽西方人,心不净亦有愆。东方人造罪,念佛求生西方;西方人造罪,念佛求生何国?"

们解除疑惑。"

六祖大师说:"使君你好好听,惠能给你解说。世尊当初在舍卫城中,宣说[西方极乐世界阿弥陀佛]接引众生往生以度化众生的经文,里面分明地说[西方极乐世界]距离娑婆世界不远。如果从法相上来说,计算里程则有十万八千里,这是指众生心中的十种恶道、八种邪道,就是说远。说路途遥远是针对善根劣弱的众生说的,说路途不远是针对证得般若智慧的人说的;人有下根和上智两种,成佛之法却没有两种,众生的愚迷和开悟有异,见性成佛有快慢之别。愚迷中的凡夫念佛求生西方极乐世界,悟了道的圣人修道净治自心而创造清净佛土,所以佛说'随着自心的修行清净,就是佛土得以清净'。使君是东方娑婆世界中人,只要内心清净就无有罪过;而即使是西方极乐世界的人,如果内心不清净也是有罪过的。东方人造了罪,念佛求生到西方极乐世界;那么西方人造了罪,念佛求生到哪个清净佛国去?"

注释

1 **引化**:接引化度,即阿弥陀佛接引念佛众生往生西方极乐世界,以此而度化众生。

2 **去此不远**:《佛说观无量寿佛经》中释迦牟尼佛对韦提希说:"阿弥陀佛去此不远。"

3 **十万八千**:《佛说阿弥陀经》中说西方极乐世界距离娑婆世界有十万亿

佛土之遥。这里所说的“十万八千”里，莲池大师认为是指从中国到印度的距离，即六祖大师所说从娑婆世界到西方极乐世界的距离实际上是说从中国到印度的距离。

4 **十恶八邪**：“十恶”指杀生、偷盗、邪淫、妄语、两舌、恶口、绮语、贪欲、嗔恚、邪见。“八邪”指邪见、邪思维、邪语、邪业、邪命、邪方便、邪念、邪定，即与八正道相反的八邪道。

5 **下根**：善根劣弱的人。

6 **悟人**：悟了道的圣人，例如六祖大师本人。

原文

“凡愚不了自性，不识身中净土[1]，愿东愿西；悟人在处一般[2]，所以佛言‘随所住处恒安乐’。使君心地但无不善，西方去此不遥；若怀不善之心，念佛往生难到。今劝善知识，先除十恶，即行十万，后除八邪，乃过八千，念念见性，常行平直，到如弹指[3]，便睹弥陀。使君但行十善[4]，何须更愿往生？不断十恶之心，何佛即来迎请？”

译文

“愚迷中的凡夫没有彻悟自心本性，不知道自身的法性净土，所以想投生到东方佛国或投生到西方极乐世界；悟了道的圣人投生到哪里都是一样，所以佛说‘随便在哪里安住，都是安乐国土’。使君只要心地没有种种烦恼，西方极乐世界距离这里就不远；如果怀着罪恶之心，念佛想要往生西方极乐世界也难以投生。现在奉劝各位善知识，先消除十恶行，就等于走了十万里，然后消除八邪道，就等于又过了八千里；心心念念都与真如本性相应，恒续不断地保持平等正直，一下子就到了西方极乐世界，见到阿弥陀佛［而闻法成佛］。使君只要修行十善，何必还要发愿往生西方呢？如果不断除与十恶相应的心，哪位佛会来迎请使君往生呢？”

注释

1 **身中净土**：众生自己的心性，即是法性净土。

2 **在处一般**:在任何地方都是一样的。"一般",一样。

3 **弹指**:极为短暂的时间,形容非常快。

4 **十善**:不杀生、不偷盗、不邪淫、不妄语、不两舌、不恶口、不绮语、不贪、不嗔、不邪见。

原文

"若悟无生顿法[1],见西方只在刹那;不悟,念佛求生,路遥如何得达?惠能与诸人移西方于刹那间,目前[2]便见,各愿见否?"

众皆顶礼[3]云:"若此处见,何须[4]更愿往生?愿和尚慈悲,便现西方,普令得见。"

师言:"大众!世人自色身[5]是城,眼、耳、鼻、舌是门,外有五门[6],内有意门。心是地[7],性是王[8],王居心地上,性在王在,性去王无,性在身心存,性去身心坏。佛向性中作,莫向身外求。"

译文

"如果顿悟无生法忍,一下子就见到西方极乐世界;没有顿悟的话,想念佛求生西方,那路途遥远如何能够到达?惠能给诸位把西方极乐世界于一刹那间移到此地,眼前就能见到,各位想要见西方极乐世界吗?"

大众都向六祖大师顶礼道:"如果在这里就能见到西方,那何必还要发愿往生西方呢?希望和尚慈悲,马上使西方在这里显现,让我们都能看见。"

六祖大师说:"大众!世人自己的肉身是城池,眼、耳、鼻、舌是城门,身体有五识之门,内心有意识之门。自心是土地,心性是国王,国王安居在自心土地上,心性在就是国王在,心性离开就是国王不在,心性在身心就存在,心性离开就是身心毁坏。成佛要向心性中去成,不要向身心外去求往生。"

注释

1 **无生顿法**:即无生法忍。

2 **目前**:眼前,现在。指六祖大师指导大众皆证得自心本性,就是当下眼见西方极乐世界。

3 **顶礼**:隆重的礼节,指五体投地,用自己的头顶去礼拜他人的脚。

4 **何须**:何必、为何。

5 **色身**:指地、水、火、风等元素所构成的肉身。

6 **五门**:即眼、耳、鼻、舌、身等五根。

7 **心是地**:把阿赖耶识比作大地。"心",这里指阿赖耶识。

8 **性是王**:把自心的真如本性比作国王。"性",真如本性。太虚大师认为应是指无漏种子成为现行的般若智慧。

原文

"自性迷即是众生,自性觉即是佛,慈悲即是观音[1],喜舍名为势至[2],能净即释迦[3],平直即弥陀[4];人我是须弥,贪欲是海水,烦恼是波浪,毒害是恶龙[5],虚妄是鬼神,尘劳是鱼鳖,贪瞋是地狱,愚痴是畜生。善知识!常行十善,天堂便至;除人我,须弥倒;去贪欲,海水竭;烦恼无,波浪灭;毒害除,鱼龙绝。自心地上觉性[6]如来放大光明,外照六门[7]清净,能破六欲诸天[8];自性内照,三毒即除,地狱等罪一时销灭:内外

译文

"没有彻悟自心本性就是凡夫,彻悟了自心本性就是佛,自心中的慈心悲心是观世音菩萨,喜心舍心是大势至菩萨,清净之心是释迦牟尼佛,平等正直心是阿弥陀佛;人我执是须弥山,贪欲心是海水,烦恼心是波浪,毒害心是恶龙,虚妄心是鬼神,尘劳心是鱼鳖,贪嗔心是地狱,愚痴心是畜生。善知识!恒续不断地修行十善,就是到了天堂;破除了人我执,须弥山就倒了;去除贪欲心,海水就枯竭了;烦恼心没有了,波浪就消失了;毒害心灭除了,鱼鳖恶龙就灭绝了。自心的土地上觉悟本性之佛放出大光明,向外照耀六根门户使之清净,能破除欲界六层天等;自心本性佛之光明向内照耀,就能消除贪嗔痴三毒,感生地狱等恶道的罪业就一下子消灭:如此内心的无明烦恼和外在的三界果报[都被消除],如同被光明照耀明彻,当下就与西方极乐世界无

明彻，不异西方。不作此修，如何到彼？”

大众闻说，了然见性，悉皆礼拜，俱叹善哉，唱言：“普愿法界众生，闻者一时悟解。”

有差别。不如此修行，如何能够到达西方极乐世界？”

大众听了，都了了分明地见到自心本性，一起礼拜大师，赞叹不已，说道：“祝愿法界一切众生［听闻到这顿悟成佛之法］，都能同时开悟善解。”

注释

1 **观音：**观世音菩萨。

2 **势至：**大势至菩萨。

3 **释迦：**释迦牟尼佛。

4 **弥陀：**阿弥陀佛。

5 **恶龙：**造恶的龙神。

6 **觉性：**远离愚迷妄想而觉悟的本性，即证得自心本性的般若智慧。

7 **六门清净：**依据六根，认识六尘，产生六识，而没有自他、能所等一切虚妄执著。“六门”，眼、耳、鼻、舌、身、意等六根。

8 **六欲诸天：**欲界的六层天。根据以般若智慧超出三界的内涵，这里的“诸”字，还应该包含色界、无色界天在内。

第三章

导读

本章的主旨是六祖大师为韦刺史开示在家修行之道，集中地以一个偈颂来概括修行准则。

偈颂中，后人经常引用以及误用的是第一二两句，“心平何劳持戒？行直何用修禅？”从修行的程度来看，“心平”“行直”都是指与悟道相应的般若智慧。“心平”是破除二种我执的平等性智，自己与一切众生乃至物质世界，都可谓是无我的一体、一体的无我，慈爱、悲悯一切众生乃至物质世界。因此，天然地做到持戒，而又没有能持戒、所持戒的分别，没有持戒、犯戒的分别。简而言之，虽然无心持戒，却心心念念都在天然地持戒，一切身体、语言、心灵的行为完全符合戒律的要求。“行直”是破除二种我执，远离与虚妄分别相应的虚伪谄曲，而完全符合般若智慧相应的平等正直，这即是与法性真如相应的法性定，时时刻刻都在禅定之中，而又没有修禅定与不修禅定、禅定与散乱等二元对立的分别。简而言之，虽然无心修禅定，却心心念念都在天然地入定，一切身体、语言、心灵的行为完全与禅定相应。

从修行的步骤来看，如果还没有悟道，则必须时时刻刻以这种天然持戒、天然入定的境界而正观，即修行加行智。这种修行的要求是极高、极严的，其目的就是指向见性成佛的目标，所以修行过程中的戒律、禅定都要随顺于般若智慧。如果已经悟道，则进一步时时刻刻与真如相应，并于一切行、住、坐、卧的威仪中，于一切万法上，透过其般若智慧，成就度化众生的行为方便。这种修道的要求同样是极高、极严的，其目的是指向法身、报身、化身都圆满成就的佛果，真要做到这种戒律、禅定的要求，至少要到达八地菩萨的智慧境界。

与持戒、修禅的原理一致，偈颂后文讲“恩”“义”“让”“忍”等，都是遵循着见性成佛的顿悟之理，都是与般若智慧相应的，天然地做到这一切，而又没有能做和所做等二元分别，是自心清净功德的具体体现；而从修行的步骤上看，也可以分为悟道前、悟道后两个阶段。

原文

师言：“善知识！若欲修行，在家亦得，不由在寺。在家能行，如东方人心善；在寺不修，如西方人心恶。

译文

六祖大师说：“善知识！如果想要修行，在家也能够修行，不必定要出家在寺庙里修行。在家里能够修行，就如同在东方娑婆世界，而有的人内心贤善一样；在寺庙里如果不修行，就如同在西方极乐世界，而有的人但[1]心清净，即是自性西方。”

韦公又问：“在家如何修行？愿为教授[2]。”

师言：“吾与大众说无相颂。但依此修，常与吾同处无别；若不依此修，剃发出家，于道何益？”

内心罪恶一样。只要内心无我清净，就是自心本性的西方极乐世界。”

韦刺史又问：“在家人该如何修行？希望大师给我们教法、授道。”

六祖大师说：“我给大众说一个无相颂。你们只要依照这个偈颂修行，就与恒续不断地跟我在同一处所而没有差别；如果不依照偈颂修行，那么即使剃了发出了家，对于修道有什么益处呢？”

注释

1 **但**：只要。

2 **教授**：教法、授道。

原文

“颂曰：‘心平何劳持戒[1]？行直何用修禅[2]？恩则孝养父母[3]，义则上下相怜[4]，让则尊卑和睦，忍则众恶无喧[5]，若能钻木出火[6]，淤泥定生红莲[7]。苦口的[8]是良药，逆耳必是忠言，改过必生智慧，护短心内非贤[9]。日用常行饶益[10]，成道非由施钱，菩提只向心觅，何劳向外求玄？听说依此修行，西方只在目前。’”

译文

“偈颂是：‘心平何劳持戒？行直何用修禅？恩则孝养父母，义则上下相怜，让则尊卑和睦，忍则众恶无喧，若能钻木出火，淤泥定生红莲。苦口的是良药，逆耳必是忠言，改过必生智慧，护短心内非贤。日用常行饶益，成道非由施钱，菩提只向心觅，何劳向外求玄？听说依此修行，西方只在目前。’”

注释

1 **心平何劳持戒**:证得平等心性,身、口、意行都天然符顺戒律,何须有分别、有能所地持戒呢? "何劳",何须、何必。

2 **行直何用修禅**:自心与真如相应,时时刻刻都在法性定中,何须有分别、有能所地修禅定呢? "行",即心。"直",指心与真如相应,没有正直与弯曲的分别,强名之曰正直。

3 **恩则孝养父母**:自心与性空真如相应,具慈悲心,感恩孝养父母,而又远离能孝、所孝等分别。

4 **义则上下相怜**:自心与性空真如相应,具慈悲心,悲悯扶持一切众生,合宜合度地处理一切上下长幼等关系。

5 **无喧**:没有喧争。

6 **钻木出火**:比喻修行精进而见性成佛。

7 **淤泥定生红莲**:比喻在无明烦恼中开显般若智慧等无量清净功德。

8 **的**:确实、必定。

9 **护短心内非贤**:如果文过饰非、遮掩过失,那么说明内心不贤善。

10 **日用常行饶益**:在日用云为中恒续不断地饶益、度化众生。

原文

师复曰:"善知识! 总须依偈修行,见取自性,直成佛道。时不相待[1],众人且散,吾归曹溪。众若有疑,却来相问。"

时,刺史、官僚,在会善男信女,各得开悟,信受奉行。

译文

大师又说:"善知识! 大众都要依照这个偈颂修行,以明心见性,顿悟而成佛道。时间不会等待我们,大众暂且散了,我要回曹溪了。大众如果有疑问,再来曹溪问我。"

这时,韦刺史和官属同僚,以及同来法会的善男信女,各自都得以开悟,信心受持,遵奉修行。

注释

1 **相**:代词,我们。

定慧第四

第一章

导读

本章的主旨是六祖大师开示禅宗顿悟法门中定慧之间的关系，以及以此为基础而修一行三昧的方法。

在佛教义理中，戒、定、慧三学是整个佛教的纲要，戒学是定学的增上缘，定学是慧学的增上缘；或者说慧学是定学、戒学的增上缘。这些理论，都有其针对性，即针对某一部分众生的兴趣、爱好、习惯等根性而特别强调某一方面，从而引导众生步步胜进，乃至证得自心本性。在证得自心本性而成就般若智慧之前，禅定是指意识达到一种平稳正直的凝定状态，闻慧、思慧、修慧都只是加行智，只有降伏部分烦恼的作用。因此，即使是真正的修行人，也往往会为我执所驱使，而根据自身修学的侧重、经验和阶段性成果，产生相应的强烈偏执和我慢、嗔恨等烦恼，乃至产生种种的争论。

六祖大师所说的定慧不二，是立足于所证自心本性的体用不二中道，站在般若智慧的高度，运用其后得智，对无有差别可得、无法言说的自心本性，勉强从体、用的角度，安立有关定、慧问题的言教，正可对治种种偏执和烦恼。

“定”“慧”之间的关系，站在“定”的立场来说，如实照见一切万法实相的智慧，本来没有生灭的二元可得，当下全体是“定”；站在“慧”的立场来说，不生不灭的真如本性，即开显为如实照见一切万法实相的智慧，当下就是“慧”的大用。离开“定”，“慧”就没有所依之体；离开“慧”，“定”就没有所显之用。“定”和“慧”，实际上是从不同的角度来界定心性，“定”侧重在自心之本性，“慧”侧重在本性之自心；“定”侧重在不生不灭，“慧”侧重在无能无所;“定”侧重在涅槃寂静,“慧”侧重在如实知见;“定”侧重在体,“慧”侧重在用。

定慧之间,即是心性体用一如的关系。因此,要说定慧有先后,便不是禅宗的立场,更不是禅宗门下已经悟道证得心性的人的见地,必定是尚未证得自心本性的愚迷之人的妄执;而在对定慧先后的争论中,因为与自心本性的体用不二相违背,必定是增长执著而远离实相。

一行三昧就是自心与真如相应,透过生死烦恼等一切万法,而如实知见其本性,当下远离定散的二边,无定散可得,而假名为“三昧”。因为自心与真如相应,所以能开显自心如实知见的般若妙用,而如实知见法界一相无相之实相,当下远离能相所相的二边,无见相可得,而假名为“一行”。“一行三昧”的修行,归根结底是前文所言定慧不二的实际运用。

原文

师示众云:“善知识!我此法门以定慧[1]为本。大众勿迷,言定慧别。定慧一体,不是二,定是慧体,慧是定用,即慧之时定在慧,即定之时慧在定。若识此义,即是定慧等学[2]。诸学道人[3]莫言先定发慧、先慧发定各别,作此见者,法有二相。口说善语[4],心中不善[5],空有[6]定慧,定慧不等。若心口俱善[7]、内外一如[8],定慧即等。

译文

六祖大师对大众开示道:“善知识!我这个法门以定慧为根本。大众不可产生迷执,说定与慧是两个。定与慧是一体的,不是两个,定是慧的体,慧是定的用,讲智慧时则禅定的全体都是智慧,讲禅定时则智慧的大用都是禅定。如果能明见这个境界,就是平等无别地修学定学与慧学。各位修学佛道的人不要说先入禅定然后生发智慧、先得智慧然后生发禅定之类的不同看法,有这类见解的,是以定慧为二法。这类人口中依据佛语[而争论定慧先后],心中不免我执烦恼之恶,徒有定慧之说,实际上偏执定慧不平等[,也没有真正证得定慧的功德]。如果心中没有我执烦恼之恶,口中宣说佛语定慧之论,证得了[定慧一体不二之]自心本性,这就是表里如

自悟修行，不在于诤，若诤先后，即同迷人，不断[9]胜负，却增我、法[10]，不离四相[11]。

“善知识！定慧犹如何等？犹如灯、光。有灯即光，无灯即暗。灯是光之体，光是灯之用；名虽有二，体本同一。此定慧法，亦复如是。”

一，即真正做到了定慧平等无别。对此应自己悟道、修道，而不在于争论，如果争论定慧的先后问题，那就同于愚迷之人，没有断除胜负之念，而增长人我执和法我执，不能远离我相、人相、众生相、寿者相。

“善知识！定慧之间的关系就像什么一样呢？就犹如灯火与光亮的关系一样。有灯火就有光亮，没有灯火就是黑暗。灯火是光亮的体，光亮是灯火的用；名相虽然有两个，自体本来是一个。这定慧之间的关系，也是如此。”

注释

1 **定慧**：禅定与智慧。

2 **定慧等学**：平等无别地修学定学与慧学。

3 **学道人**：修学佛道之人。

4 **善语**：关于定慧先后的争论，都可在佛经中找到相关文字，也是佛陀针对不同众生的言教，本来都是善语。

5 **心中不善**：争论之时，我执没有断除，我见、我慢、嗔恨、嫉妒等烦恼不断生起，即是心中之恶。

6 **空有**：徒有、白白地有。

7 **心口俱善**：心中证得了自心本性，如实知见了定慧一体不二；口中宣说定慧一体不二之语：这就是心口都善。

8 **内外一如**：表里如一，口中所说功德和心中所证功德彼此相应一致。

9 **不断**：没有断除。

10 **我、法**：人我执和法我执。

11 **四相**：我相、人相、众生相、寿者相，是人我执的四种典型表现。

原文

师示众云："善知识！一行三昧[1]者，于一切处行住坐卧，常行一直心[2]是也。《净名》云：'直心是道场，直心是净土。'莫心行谄曲，口但说直；口说一行三昧，不行直心。但行直心，于一切法勿有执著。迷人著法相，执一行三昧，直言常坐不动，妄不起心[3]，即是一行三昧。作此解者，即同无情[4]，却是障道因缘。善知识！道须通流[5]，何以却滞？心不住法，道即通流；心若住法，名为自缚。若言常坐不动是，只如舍利弗宴坐[6]林中，却被维摩诘诃。

"善知识！又有人教坐，看心、观静[7]，不动不起[8]，从此置功[9]。迷人不会，便执成颠[10]。如此者众，如是相教，故知大错。"

译文

六祖大师开示大众道："善知识！一行三昧，就是在一切行住坐卧之时，内心恒续不断地与真如相应。《净名经》说：'与真如相应之心就是道场，与真如相应之心就是净土。'不要内心谄曲，只在口头上说直心；不要口头上说修一行三昧，内心却不与真如相应。只应心与真如相应，对一切万法都不要执著。愚迷之人执著于一切诸法，执著一行三昧，说经常打坐而不动，虚妄地［控制心念］不起心动念，就是修一行三昧。做这种理解的，就是要修得像土木瓦石一样［什么都不想］，那反而成了妨碍修道的因缘。善知识！佛道必然通达流畅，为什么却滞碍不动呢？内心不执著一切万法，佛道即通达流畅；内心如果执著一切万法，那就叫作法执。如果说常常打坐而不动就是一行三昧，那么就像舍利弗在树林中打坐，却被维摩诘居士呵斥。

"善知识！又有人教人打坐的时候，观察自心、观察静相，心念不动不起，从这里用功起步［，可以作为修行的方便法门］。但是愚迷的人不懂，［将此方便法门］执著为究竟，从而成为颠倒愚痴。这种人很多，彼此相互转教，要知道这是大错误。"

注释

1 **一行三昧**：以无相法界为所缘而修禅定，大乘一百零八种三昧之一。

2 **直心**：与真如相应的心，即悟道之后，修道的过程中，心能常入正观。

3 **妄不起心**：虚妄地不起心动念。

4 **无情**：与"众生""有情"相对，指没有情识的矿物、植物等，如山河大地等。

5 **通流**：通达流畅，无有障碍。

6 **宴坐**：静坐、坐禅。

7 **看心、观静**：是四祖道信大师以来接引初学者的方便法门，由此澄心静念，观取静相，得入禅定乃至开悟。

8 **不动不起**：不动念、不起心。

9 **置功**：用功、修禅。

10 **便执成颠**：于是就产生执著而为愚痴。"颠"，愚痴、颠倒。

第二章

导读

本章的主旨为六祖大师向大众开示顿悟成佛法门的宗旨、自体、根本，即以无念为宗旨，以无相为自体，以无住为根本。

首先，见性成佛法门一直被称为顿悟法门，似乎与渐修法门相对。在这里，六祖大师明确宣说，顿悟法门远离顿、渐的两边，并非与渐修法门相对；所谓顿教和渐教，仅仅是从众生根性的迟疾、利钝上来安立的假名。

其次，顿悟法门本无差别可得，但是随顺众生的根性，可以安立其宗旨、自体、根本。无念，侧重从内在心念上来说，即心心念念不产生贪爱执著。无相，侧重从外在境相上来说，即一切诸法之相都是虚妄相，不可执著为真实相。无住，则侧重从内在心念和外在境相的整体上来说，对心念、境相都不能产生实体性执著，从而能于生死烦恼等一切万法上，随顺、证得其无能住、所住的真如本性。

总之，无念侧重破除识缚，无相侧重破除相缚，而破识缚、相缚的根本，即是不可有实体性执著，即无住；无念侧重破能，无相侧重破所，无住通破能所，而能中又有能所，所中也有能所，能所中也含有能所，如此相互交彻，都须破除，乃至破无所破，即是自心本性。因此，可以说无念、无相、无住是一个整体，是对顿悟法门的具体展开。

正因为无念、无相、无住都是自心本性，所以都远离能所、自他、有无等一切的二元对立，是不二之中道。无念，不是没有心念，而是心念了了分明、历历无爽，但就在每一个心念上远离能念、所念等二元对立，没有任何虚妄分别心之执著。无相，不是没有一切万法之相，而是一切万法之相了了分明、历然不失，但就在每一法之相上远离能相、所相等二元对立，没有任何虚妄分别相之执著。无住，则不是没有心念、万法的整体，心、法了了分明、无有杂乱，而内不执著心，外不执著法，远离能住、所住的二元对立，没有任何虚妄分别之执著。

在本章中，六祖大师又一次批判对无念的误解。如果望文生义地以为“无念”就是什么都不想，把念头都斩断消除，那不仅是“恶趣空见”，而且有其现实的严重后果，即这是自杀的行为，念头一断，马上就会死亡，于是投生转世，进入下一生，而绝不是证得自心本性。

原文

师示众云：“善知识！本来正教[1]无有顿渐，人性[2]自有利钝。迷人渐修，悟人顿契。自识本心，自见本性，即无差别，所以立顿渐之假名。

“善知识！我此法门，从上以来，先立无念

译文

六祖大师对大众开示道：“善知识！本来正法言教没有顿教、渐教的差别，只是学人的根性有利根、钝根的不同。愚迷之人渐修佛道，悟道之人顿悟见性。而如果明见自己本心，明见真如本性，就没有顿教和渐教的差别。所以顿教和渐教，仅仅是[根据众生的根性差别而]假安立的名称。

“善知识！我的这个顿悟法门，从释迦

为宗，无相为体，无住为本。无相者，于相而离相[3]。无念者，于念而无念[4]。无住者，人之本性。于世间善恶好丑，乃至冤之与亲，言语触刺[5]、欺争之时，并将[6]为空，不思酬害[7]，念念之中不思前境。若前念、今念、后念[8]，念念相续不断，名为系缚[9]。于诸法上念念不住，即无缚也。此是以无住为本。”

牟尼佛以来传到现在，首先即以无念为宗旨，无相为自体，无住为根本。无相，就是对于一切万法远离能相、所相的虚妄分别相。无念，就是对于心心念念远离能念、所念的虚妄分别念。无住，是要证得世人的自心本性。对于世间的一切善恶好丑，乃至冤仇和亲人，在言语产生矛盾争端、欺骗争执之时，都随顺空性而待之，不予以计较报复等，心心念念都不产生执著之念。如果［产生种种虚妄分别］，前后心心念念相似相续不断，就叫作烦恼缠缚。在一切万法上，心心念念都不执著，就是远离烦恼缠缚。这就是以无住为根本。”

注释

1 **正教**：契合真如本性的言教。

2 **人性**：修学佛法的人的根性。

3 **于相而离相**：在一切万法之相上，远离能认识、所认识之相。

4 **于念而无念**：在心心念念上，远离有能念、所念二元对立的妄念。

5 **言语触刺**：言语之间产生矛盾，发生口角。

6 **将**：视为、看待、观察。

7 **酬害**：争论、报复。

8 **前念、今念、后念**：指心心念念的前后相续相，与种种虚妄分别相应一致。

9 **系缚**：烦恼之异名，烦恼能缚著众生于生死轮回，无法出离三界六道。

原文

“善知识！外离一切相，名为无相。能离于相，即法体[1]清净，此是以无相为体。

“善知识！于诸境上心不染，曰无念。于自念上，常离诸境，不于境上生心[2]。若只百物不思，念尽除却[3]，一念绝[4]即死，别处受生[5]，是为大错。学道者思之。若不识法意，自错犹可，更误他人；自迷不见，又谤佛经。所以立无念为宗。

“善知识！云何立无念为宗？只缘口说见性，迷人于境上有念，念上便起邪见[6]，一切尘劳妄想[7]从此[8]而生。自性本无一法可得，若有所得，妄说祸福，即是尘劳邪见，故此法门立无念为宗。”

译文

“善知识！对外境远离能相所相等一切虚妄分别相，就叫作无相。能远离虚妄分别相，就是一切万法自体的如实清净相，这就是以无相为体。

“善知识！对于一切境相，自心不贪爱执著，就叫无念。在自己心念上，恒续不断地远离对一切境相的执著，不在境相上产生烦恼执著心。如果只是一味地什么都不想，心念全部都消除斩断，以此为无念，人就当即死去，而到［三界六道的］其他处所投生转世去了，［并非证得自心本性，］这是修学佛道的大错误！修学佛道的人，要审慎地思考这个问题。如果自己不懂佛法的大意宗旨，自错［而自害慧命］也就罢了，却又会误导和伤害他人的慧命；自己愚迷而不得正见也就罢了，却还会诽谤佛经真义。因此，要安立无念为宗旨。

“善知识！为什么要安立无念为宗旨？只因为愚迷之人口头上说顿悟见性，却在境相上有虚妄分别心，在自心上便与真如不相应，一切烦恼和妄想都由此而产生。自心本性本来没有一法是认识的对象，如果认为有认识的对象，从而妄说种种善恶祸福，就是烦恼执著，［与真如不相应，］所以这顿悟佛法要安立无念为宗旨。”

注释

1 **法体**：一切万法的自体、本性。

2 **不于境上生心**：不在境相上产生烦恼执著心。

3 **念尽除却**：把念头全部消除、断灭。“尽”，全部，都。

4 **一念绝**：心念断绝。

5 **别处受生**：在六道中其他地方投生，进入来世。

6 **邪见**：这里指不能与真如本性相应，即不能正见真如。

7 **妄想**：违背真如实相的、不真实的分别、认识。

8 **从此**：从这里，由此。

原文

“善知识！无者，无何事？念者，念何物？无者，无二相，无诸尘劳之心；念者，念真如本性。真如即是念之体，念即是真如之用。真如自性起念，非眼、耳、鼻、舌能念。真如有性，所以起念[1]；真如若无，眼、耳、色、声当时即坏。善知识！真如自性起念[2]，六根虽有见闻觉知，不染万境，而真性常自在。故经[3]云：‘能善分别诸法相[4]，于第一义而不动[5]。’”

译文

“善知识！无，是无的什么呢？念，是念的什么呢？无，就是无的[自他、能所等]二相，无的种种烦恼心；念，就是念的真如本性。真如是念的体性，念是真如的作用。真如本性随顺因缘而有念，并非眼、耳、鼻、舌作为能念者[，而有与之相对的色、声、香、味作为所念者]。真如[并非实体而]是性空，所以能随顺因缘起念；如果真如[是实体而]非性空，那么眼、耳与色、声当下即无法随顺因缘而产生认识。善知识！真如本性性空而随缘起念，眼、耳、鼻、舌、身、意等六根虽然有见、闻、觉、知的功能作用，但是[在见、闻、觉、知的当下，]对一切万法都没有[能所等虚妄的]贪爱执著，因而随顺真如本性，[不生不灭、]无碍自在。所以《净名经》中说：‘[在世俗谛上，]能够如实善巧地知见一切万法的因缘相。[在胜义谛上，]与真如本性如如相应，而无有能分别、所分别可得。’”

注释

1 **真如有性，所以起念**：真如并非实体而是性空，所以能随顺因缘产生认识。“性”，空性，非实体性。

2 **真如自性起念**：真如本性性空而随缘产生认识。

3 **经**：具体指《维摩诘所说经》。

4 **能善分别诸法相**：在世俗谛上，能够如实善巧地知见一切万法的因缘相。“善分别”，指与真如本性相应的认识，即后得智。“法相”，一切万法的种种相状，包括自相、共相等。

5 **于第一义而不动**：在胜义谛上，与真如本性如如相应，而无有能分别、所分别可得。“第一义”，真如本性。“不动”，无有虚妄分别，指根本智。

坐禅第五

导读

本章的主旨为六祖大师向大众开示禅宗的坐禅与禅定的内涵。

坐禅是佛教修禅定的方式,是明心见性的增上缘。从四祖道信大师流传下来的看心、看净法门,在当时北宗禅中非常盛行,但是法久弊深,方便法门被执著为究竟目标,成为了修道的障碍,所以非常有必要予以破斥。

看净是看心法门的一种修行状态、境界,即澄心静虑到一定程度,意识心慢慢平稳、正直、清晰、明了,进入一种禅定境界,犹如明镜,这正是当年神秀呈心偈中所述的境界。这种清净境界是有为法,生灭不断,必须“时时勤拂拭,勿使惹尘埃”。如果执著地以为这种状态是真实心、自心本性,那么就产生了一种新的妄执。

不动是修行的方式、姿势,一般采用七支跏趺坐法,是一种修行禅定的方便法门,有其权宜性的功用,并非究竟目标。与真如本性相应的不动,是自心不产生无明执著,不产生贪、嗔、痴、慢、疑等种种烦恼,即内心不为无明烦恼所动摇的“不动”,而不是指身体坐在那里的“不动”。如果身体虽然“不动”,内心无明烦恼乱起,下坐之后身、口、意恶行不断,那么就跟真正的“不动”毫不相干,实际上时时刻刻都在大动、乱动。

破斥了种种误解之后,禅宗的坐禅内涵就呼之欲出了,其根本特征就在于如实知见能看之心、所看之境,都是缘起如幻,本非实体,当下打破能所二元,无能看、所看而了了分明,无看而无不看,无不看而无看,这就是与真如相应之般若智慧。如此以般若智慧而破除种种无明烦恼,于日用云为、语默动静之时不为烦恼所动。这种纯粹在心地上用功夫,破除内心的无明烦恼，而成就如实知见自心本性的智慧，才是禅宗所说的坐禅。

原文

师示众云："此门坐禅，元不看心[1]，亦不看净，亦不是不动。若言看心，心元是妄，知心如幻，故无所看[2]也。若言看净[3]，人性本净[4]，由妄念故，盖覆真如。但无妄想，性自清净；起心看净，却生净妄[5]。妄无处所，看者是妄。净无形相，却立净相[6]，言是工夫[7]。作此见者，障自本性[8]，却被净缚[9]。"

译文

六祖大师对大众开示道："我此顿悟法门坐禅，本来既不看心，也不看净，也不端坐不动。如果说看心，自心本来是虚妄分别心，如实知见自心如幻不实，所以无有能看、所看之心。如果说看净，世人自心本性本来清净，因为妄念的缘故，障蔽了真如本性。只要破除了虚妄分别，自心本性的清净即得到开显；如果生起心念看净，反而明了清净心即成为虚妄分别相。虚妄心本来没有处所，能看的心就是虚妄心。清净本来没有形相，[不是认识的对象，]却要安立一个明了清净的形相，说是修行的境界。有这种见地的人，障碍如实知见自心本性，反而被[虚妄分别的]清净相所缠缚。"

注释

1 **看心**：与下文"看净"，都是禅宗四祖以来流行的修行方法。

2 **无所看**：如实知见自心如幻非真，见其本来性空，所以不执著以为真实，无有能看、所看的真实自心。

3 **看净**：通过看心修行禅定到一定的阶段，内心明净的禅定境界。"净"，这里指明净的意识状态。

4 **本净**：真如本性本来远离染污和清净等二元之相，不是染污，也不是清净，强名之曰"本来清净"，不是看的对象。"净"，这里指不生不灭、非染非净的真如本性。

5 **净妄**：以清净明了的意识状态为自心本性，这种明了清净的状态成为贪染虚妄之分别相，所以称为“净妄”，即“净”就是“妄”。

6 **净相**：以“清净”状态作为可得、可认识的对象，“清净”状态即成为虚妄分别相。

7 **工夫**：即“功夫”，修行的境界、成果。

8 **本性**：即自心本性、真如本性、本来心性。

9 **净缚**：被“清净”所缠缚，即自己所执著的“清净”成为自心的缠缚。

原文

“善知识！若修不动者，但见一切人时，不见人之是非、善恶、过患，即是自性不动[1]。善知识！迷人身虽不动，开口便说他人是非、长短、好恶，与道违背，若看心、看净，即障道也。”

师示众云：“善知识！何名坐禅？此法门中，无障无碍，外于一切善恶境界，心念[2]不起，名为坐；内见自性不动，名为禅。”

译文

“善知识！如果修行不动，只要见到所有世人的时候，不去看世人的是非、善恶、过患等，这就是与自心本性相应的不动。善知识！愚迷之人打坐的时候，身体虽然一动不动，[但是下坐之后]开口就说他人的是非、长短、好恶，[这种行为]与自心本性是相违背的。就如同看心、看净一样，都是障碍证得自心本性。”

六祖大师开示大众道：“善知识！什么叫坐禅？这顿悟成佛法门中，远离一切无明烦恼的障碍，向外对于一切善恶等境相，不生起贪爱执著等心念，这就叫作坐；向内如实知见自心本性不生不灭，这就叫作禅。”

注释

1 **自性不动**：与自心本性相应的不动，即破除我执，与真如相应，所以不为烦恼所动。

2 **心念**：指与无明烦恼相应的心识活动。

原文

“善知识！何名禅定？外离相为禅，内不乱[1]为定；外若著相[2]，内心即乱；外若离相，心即不乱。本性自净自定[3]，只为见境、思境即乱；若见诸境心不乱者，是真定也。

“善知识！外离相即禅，内不乱即定；外禅内定，是为禅定。《菩萨戒经》云：‘我本元自性清净。’善知识！于念念中，自见本性清净，自修自行，自成佛道[4]。”

译文

“善知识！什么叫禅定？向外远离对境相的贪爱执著是禅，向内不生起无明烦恼是定；向外如果对境相有贪爱执著，内心就相应生起无明烦恼；向外如果对境相没有贪爱执著，内心就相应不起无明烦恼。[一切众生的]自心本性本来不生不灭、无定无散，只因为见到境相、执著境相才生起贪爱执著而乱；如果见到种种境相而内心不生起贪爱执著的，这就是[与真如本性相应的]真实禅定啊！

“善知识！向外不贪爱执著境相就是禅，向内不生起无明烦恼就是定，向外是禅，向内是定，这就是禅定。《菩萨戒经》说：‘我的本来自心本性清净无染。’善知识！心心念念中，都如实知见自心本性的清净无染，与自心本性相应而修行，就可成就无上正等正觉。”

注释

1 **不乱**：不与无明烦恼相应，而与真如本性相应，即无所住而住于法性定。

2 **著相**：指没有破除相缚，而执著一切万法为真实相，为可得、可认识，从而产生虚妄分别相。

3 **自净自定**：指真如本性本来远离染净、定散的二元，不可名状，强名之曰本来清净、本来禅定。

4 **佛道**：即无上正等正觉，圆满成佛。

忏悔第六

第一章

导读

本章的主旨在于，叙述六祖大师对僧俗弟子授受无相菩萨戒仪，首先传授五分法身、无相忏悔、发四弘誓愿之法门。

六祖大师传授无相菩萨戒仪，主要继承了《菩萨璎珞本业经》《梵网经》的思想系统，遵循当时佛教界通行的发四弘誓愿、忏悔、三归依的基本程序，而又站在禅宗见性成佛的立场，直契自心本性，从而展开具体的阐发和授受。

首先，传授五分法身法。五分法身是小乘阿罗汉和大乘佛陀所具备的五种功德，这里主要是从大乘佛法禅宗顿教的立场上展开。六祖大师所阐发的戒、定、慧、解脱、解脱知见，无不符顺自心本性、般若智慧：戒是以般若智慧破除种种烦恼的清净心；定是以般若智慧观照烦恼生死等一切万法而无定散可得之心；慧是不执著一切善恶等万法的如实知见之根本般若心；解脱是以般若智慧而超脱一切善恶等对待法的自在无碍心；解脱知见是以般若智慧通达一切万法性、相而至于圆满的后得般若心。

其次，传授无相忏悔法。无相忏悔实际上是与隋唐佛教界普遍流行的理忏法门相一致的，是将如实的观照乃至以般若智慧破除罪业的方法，全部都集中在自心心心念念的种种烦恼，以一切烦恼本无实体所以无有能染，自心本非实体所以无有所染，以这种般若智慧而破除罪业的动因——烦恼，以及罪业的产生地——自心，从而破除罪业，达到忏悔的目的。

再次，传授发四弘誓愿法。四弘誓愿是一切菩萨发菩提心的总愿，六祖大师同样是站在禅宗顿教的立场上，将四个方面全部都落实于自心本性。虽然从字面上看，六祖大师着重于以如实知见一切万法之真如本性的般若智慧，而度自心众生、断自心烦恼、学自性佛法、成自性佛道。实际上，因为自心本性本无内外、自他等二元差别，所以度自心众生，即与度他人众生无别；断自心烦恼，即与断他人烦恼无别；学自性佛法，即与学诸佛佛法无别；成自性佛道，即与他人同成佛道无别。

六祖大师所说的自性自度，是本来无有自度、他度可得，不可名状，强名之曰自性自度，也可以强名之曰他性他度；其根本的特点，即在于以般若智慧破除自他、内外等一切执著，即是度。度众生是如此，断烦恼、学法、成佛，也是如此。当然，从世俗谛意义上说，六祖大师这里特别强调了悟道成佛的主体性、积极性，体现了大乘佛法的担当意识、大丈夫气度。

原文

时，大师见广、韶[1]洎[2]四方士庶，骈集[3]山中听法，于是升座，告众曰："来，诸善知识！此事须从自事中起，于一切时，念念自净其心，自修自行，见自己法身，见自心佛，自度，自戒，始得不假到此[4]。既从远来，一会[5]于此，皆共有缘。今可各各胡跪[6]，先为传自性五分法身香[7]，次授无相忏悔[8]。"

译文

一次，六祖大师见广州、韶州以及四方的士人和百姓，都聚集到山中来听闻佛法，于是就升上师子座，对大众说道："各位善知识！顿悟成佛这件事必须从自心中做起，在任何时候，心心念念自己净化自心，自己勤奋修行，如实知见自心法身，如实知见自心佛，自己度越生死，自己持守自性戒律，才能不白白地来到山中一趟。大众既然各自从远地而来，到这里一起参加法会，都是与法有缘。现在大众各各胡跪，惠能先给大众传授自心本性五分法身之香，然后传授无相忏悔之法。"

注释

1 **广、韶**：广州和韶州，即今广州和韶关。

2 **洎**：及，以及、和。

3 **骈集**：聚集、集中。

4 **不假到此**：不白白地到这里一趟，不虚此行。

5 **一会**：一起聚集，共同集会。

6 **胡跪**：北方或西域的少数民族的跪坐方法，是一种礼节，表示敬意。

7 **五分法身香**：五分法身之香，将五分法身比喻为寺庙中所燃烧的香，普熏自心法界。

8 **无相忏悔**：以证得真如实相的般若智慧来观察所作罪业没有实体性，没有能造罪之我可得，没有所造之罪可得，没有造罪之方便可得，如此而忏悔罪业。

原文

众胡跪。师曰："一、戒香。即自心中无非、无恶、无嫉妒、无贪瞋、无劫害，名戒香。二、定香。即睹诸善恶境相，自心不乱，名定香。三、慧香。自心无碍，常以智慧观照自性，不造诸恶，虽修众善，心不执著，敬上念下，矜恤孤贫，名慧香。四、解脱香。即自心无所攀缘[1]，不思善、不思恶，自在无碍，名解脱香。五、解脱知见香。

译文

大众于是都胡跪行礼。六祖大师说："一、戒香。自心中没有过非，没有罪恶，没有嫉妒心，没有贪心、嗔心，没有劫夺心、伤害心，这就叫戒香。二、定香。目睹种种或善或恶的境相，自心不为境相所扰乱[而产生烦恼]，这就叫定香。三、慧香。自心没有[无明烦恼等]种种障碍，恒续不断地以智慧观照自心本性，不造种种恶行，虽然修行各种善行，而自心不产生执著，尊敬尊长，爱护幼小，怜恤孤儿和穷人，这就叫慧香。四、解脱香。自心[不以境相为真实，]不产生虚妄分别，远离善恶等二元对立，自心自在，无有障碍，这就叫解脱香。五、解脱知见香。自心远离对善恶等一切境相的虚自心既无所攀缘善恶，不可沉空守寂[2]，即须广学多闻，识自本心，达诸佛理，和光接物[3]，无我无人，直至菩提，真性不易[4]，名解脱知见香。善知识！此香各自内熏[5]，莫向外觅。”

妄分别之后，不能执著空相，必须广博地学习一切世间学问，听闻一切出世间的言教，明见自己的本心，通达诸佛所说义理，与一切众生和合同处，而不为其所染污，没有我相、人相等诸虚妄相，直趋无上正等正觉，圆满证得不变的真如本性，这就叫解脱知见香。善知识！要用这五种法身香内熏自心，不要向心外去寻觅。”

注释

1 **攀缘**：攀取缘虑，即内心对外境产生认识，从而引发各种烦恼。

2 **沉空守寂**：大乘钝根怯弱之菩萨修无相观时，上不见有菩提可求，下不见有众生可度，于是执著此空相，而不能发起自度度他之菩萨行。

3 **和光接物**：诸佛菩萨为度化众生而与众生和合同处，而不为其污浊所染。

4 **不易**：不改变。

5 **内熏**：以五分法身香而熏自心。

原文

“今与汝等授无相忏悔，灭三世罪，令得三业[1]清净。善知识！各随我语，一时道[2]：‘弟子等，从前念、今念及后念，念念不被愚迷染。从前所有恶业愚迷等罪，悉皆忏悔，愿一时销灭，永不复起。弟子等，从前念、今念及后念，念念不被憍诳[3]染。从前

译文

“现在给你们授受无相忏悔法，灭除过去、现在、未来的罪业，使得身、口、意三业清净无染。善知识！你们各自跟着我的话，一起说：‘弟子等人，从过去的心念，到现在的心念，到未来的心念，心心念念不被愚迷所染污。从前所作的一切恶行、愚迷等罪业，全部都忏悔，希望所有罪业一起消灭，永远不再产生。弟子等人，从过去的心念，到现在的心念，到未来的心念，心心念念都不被骄傲心、欺诳心所染

所有恶业憍诳等罪，悉皆忏悔，愿一时销灭，永不复起。弟子等，从前念、今念及后念，念念不被嫉妒染。从前所有恶业嫉妒等罪，悉皆忏悔，愿一时销灭，永不复起。’”

污。从前所作的恶行、骄傲心和欺诳心等罪业，全部都忏悔，希望所有罪业一起消灭，永远不再产生。弟子等人，从过去的心念，到现在的心念，到未来的心念，心心念念都不被嫉妒心所染污。从前所作的恶行、嫉妒心等罪业，全部都忏悔，希望所有罪业一起消灭，永远不再产生。’”

注释

1 **三业**：身体行为、语言行为和心理行为。

2 **一时道**：一起说道，齐声说道。

3 **憍、诳**：两种随烦恼。“憍”，骄傲，自我陶醉。“诳”，欺骗。

原文

“善知识！已上是为无相忏悔。云何名忏？云何名悔？忏者，忏其前愆，从前所有恶业，愚迷、憍、诳、嫉妒等罪，悉皆尽忏，永不复起，是名为忏；悔者，悔其后过，从今以后所有恶业，愚迷、憍、诳、嫉妒等罪，今已觉悟，悉皆永断，更不复作，是名为悔：故称忏悔。凡夫愚迷，只知忏其前愆，不知悔其后过。以不悔故，前愆不灭，后过又生。前愆既不灭，后过复又生，何

译文

“善知识！以上就是无相忏悔法。什么叫忏？什么叫悔？忏，就是忏除自己过去的罪过，从前的一切恶行，愚迷、骄傲、欺诳、嫉妒等罪业，全部都忏除，永远不再生起，这就叫作忏；悔，就是悔防自己今后的罪过，从今以后的所有恶行，愚迷、骄傲、欺诳、嫉妒等罪业，现在已经觉悟，全部都永远断除，从此再也不做了，这就叫作悔：[忏与悔和合，]所以称为忏悔。凡夫愚痴迷妄，只知道忏除自己过去的罪业，不知道悔防自己今后的罪业。因为不悔防今后的罪业，所以过去的罪业也不能灭除，而今后的罪业又会产生。过去的罪业既不能灭除，今后的罪业

名忏悔？

“善知识！既忏悔已，与善知识发四弘誓愿，各须用心正听。自心众生无边誓愿度，自心烦恼无边誓愿断，自性法门无尽誓愿学，自性无上佛道誓愿成。善知识！大家岂不道，众生无边誓愿度？恁么[1]道，且不是惠能度。”

又重新产生，那叫什么忏悔？

“善知识！已经忏悔了罪业了，现在给你们传授发四弘誓愿之法，大众各自必须用心无倒地听闻。自心众生无边，发誓要度化；自心烦恼无边，发誓要断除；自性法门无尽，发誓要遍学；自性佛道无上，发誓要成就。善知识！大家不是说，众生无边，发誓要度化吗？这么说的意思，就不是惠能在度化[，而是大家自性自度]。”

注释

1 **恁么**：如此，这么。

原文

“善知识！心中众生，所谓邪迷心、诳妄心、不善心、嫉妒心、恶毒心，如是等心，尽是众生，各须自性自度，是名真度。何名自性自度？即自心中邪见、烦恼、愚痴众生，将正见度。既有正见，使般若智打破愚痴、迷妄众生，各各自度。邪来正度，迷来悟度，愚来智度，恶来善度：如是度者，名为真度。又烦恼无边誓愿断，

译文

“善知识！自心中的无边众生，就是邪迷心、诳妄心、不善心、嫉妒心、恶毒心，如此之类的种种心，都是众生，大众必须自性自度，这才是真正的度化。什么叫自性自度呢？就是自心中邪见、烦恼、愚痴之众生，用正见来度化。有了正见，用般若智慧打破愚痴迷妄之众生，从而自度自心。邪见众生来了，用正见来度；迷妄众生来了，用悟道来度；愚痴众生来了，用智慧来度；恶法众生来了，用善法来度：这样的度化，叫作真正的度化。另外，烦恼无边，发誓要断除，就是用自心本性的般若智慧去灭除虚妄分别心。法门无尽，发誓

将自性般若智除却虚妄思想心是也。又法门无尽誓愿学，须自见性，常行正法[1]，是名真学。又无上佛道誓愿成，既常能下心，行于真正[2]，离迷离觉，常生般若；除真除妄，即见佛性，即言下佛道成。常念修行，是愿力法。”

要遍学，就是必须自见真如本性，恒续不断修学正法，这就叫真正的遍学。佛道无上，发誓要成就，就是要恒续不断地谦下自心，修行符顺真如的正道，远离迷妄和觉悟的二法，恒续不断地生起般若智慧；破除真心和妄心的二法，就是如实知见自心佛性，就可于言语之下而见性成佛。恒续不断地心心念念修行，是发誓行愿之法。”

注释

1 **正法**：符顺真如实相之法。

2 **真正**：与真如相应的正道。

第二章

导读

本章的主旨为六祖大师对僧俗弟子授受无相菩萨戒仪时，其次所传授的无相三归依。

六祖大师传授无相三归依，完全符顺《维摩经》《金光明经》《佛藏经》《楞伽经》《如来藏经》《华严经》等大乘经典的通义，即自他一如，“本身相即”“三身本有”等自心本来具足三身佛之义理，同时继承了当时佛教界通行的“礼拜自体佛”“归依当常三宝”等思想，同时又站在禅宗见性成佛的立场，以自心本性为依据，展开具体的阐发和授受。

首先，归依三宝的核心在于以证得真如本性为依据，归依真如本性的如实觉悟即归依佛，归依如实证得真如本性的正道即归依法，归依如实证得真如本性之清净即归依僧。总之，六祖大师所说的自性三宝，与唯识学等所说的"一体三宝"毫无二致，它侧重在明心见性的基础上，对自心本性的内涵从不同角度进行具体的阐发。从自心阐释归依，实际上是印度佛教至中国佛教一以贯之的精神实质。

其次，归依自性三身佛是归依自性三宝中归依自性佛宝的展开。自性法身佛是自心的真如本性，凡夫与诸佛无二，不过凡夫因为有无明覆盖，犹如天空被乌云覆盖一般；诸佛破除了无明的覆盖，犹如天空清净如洗、上下明彻一般。凡夫因为无明覆盖，所以真如本性表现为随顺染污因缘而成就无量的烦恼心；诸佛因为光明照彻，所以真如本性表现为随顺清净因缘而成就过恒河沙的功德心。自性报身佛，是于一切万法上远离一切二元对立，心心念念都能对自性法身佛的如实知见之智；与之相反，凡夫之报身佛，则表现为覆盖真如的无明。自性化身佛，则是依据报身佛而有具体的智慧应用，随顺众生的因缘而做度化众生的事业；与之相反，凡夫之化身佛，则随顺染污因缘有种种业行，成为感得三界六道苦果之因。凡夫归依自性报身佛、化身佛，即是要远离无明、烦恼业行，随顺般若智慧、慈悲等功德行；如果明心见性，则可以成就般若智慧、慈悲等功德行，实现事实上的真实归依。

原文

"善知识！今发四弘愿了，更与善知识授无相三归依戒[1]。善知识！归依觉，两足尊[2]。归依正，离欲尊[3]。归依净，众中尊[4]。从今日去，称觉为师，更不归依邪、魔、外道[5]，以自性三宝[6]常自证明[7]。劝善知识归依自性三宝，佛者，觉也；法者，正也；僧者，净

译文

"善知识！如今大家已经发了四弘誓愿，惠能再给各位善知识传授无相三归依戒。善知识！归依觉悟，是为两足尊！归依正法，是为离欲尊！归依清净，是为众中尊！从今以后，要以觉悟为师，再也不要归依邪道、魔道和外道，而要恒续不断地证得和明见自心本性所具的一体三宝。惠能奉劝各位善知识归依自心本性所具的三宝，佛，即是自心本性之觉悟；法，即是自心本性之正道；僧，即是自

也。自心归依觉，邪迷不生，少欲、知足[8]，能离财、色，名两足尊。自心归依正，念念无邪见，以无邪见故，即无人我、贡高[9]、贪爱、执著，名离欲尊。自心归依净，一切尘劳、爱欲境界，自性皆不染著，名众中尊。若修此行，是自归依。凡夫不会，从日至夜受三归戒。若言归依佛，佛在何处？若不见佛，凭何所归？言却成妄。”

心本性之清净。自心归依觉悟，不生起邪妄愚迷，欲望寡少，易得满足，能远离对财、色的贪欲，就叫两足尊。自心归依正道，心心念念没有邪见，因为没有邪见的缘故，就没有人我心、高慢心、贪爱心、执著心，就叫离欲尊。自心归依清净，一切烦恼、贪爱等境相出现，都不会染污自心本性，这就叫众中尊。如果如此修行，就是自心归依本性三宝。凡夫不明白这个道理，从早到晚受三归依戒。如果说归依佛，那么佛在哪里呢？如果不能见到佛，那么凭什么归依佛呢？归依，便成了妄语。”

注释

1 **三归依戒**：“三归依”，指归依佛、归依法、归依僧。归依佛，即不归依天魔外道；归依法，即不归依外道典籍；归依僧，即不归依外道邪众。因此，三归依本身即意味着对错误归依的遮止、否定，所以又称为“戒”，即以“三归依”为“戒”。

2 **两足尊**：福德、智慧两个方面都圆满，而为世人所尊。

3 **离欲尊**：远离贪欲等烦恼，而为世人所尊。

4 **众中尊**：在众人之中最为尊贵。僧，即有“众”的内涵，是四人以上的团体；清净的僧团，在一切群体中是最为尊贵的。

5 **邪、魔、外道**：“邪道”，指远离佛法正道的人；“魔道”，指妨害和破坏佛法的人；“外道”，指向心外追求真理的人。

6 **自性三宝**：一切众生自心本性之三宝，即自心本性之觉悟是佛宝，自心本性之寂静离欲是法宝，自心本性之清净无净是僧宝。三宝有一体三宝、别相三宝、住持三宝等多种，“自性三宝”即“一体三宝”。

7 **证明**：证悟和明见自心本性，指要自证、自明一体三宝。

8 **少欲**、**知足**：贪欲寡少，容易满足。

9 **贡高**：把自身抬高，骄傲自大。

原文

“善知识！各自观察，莫错用心。经文分明言‘自归依佛[1]’，不言‘归依他佛’。自佛不归，无所依处。今既自悟，各须归依自心三宝，内调心性[2]，外敬他人，是自归依也。

“善知识！既归依自三宝竟，各各志心[3]，吾与说一体三身[4]自性佛，令汝等见三身了然，自悟自性。总随我道：‘于自色身，归依清净法身佛；于自色身，归依圆满报身佛；于自色身，归依千百亿化身佛。’善知识！色身是舍宅[5]，不可言归。向者三身佛，在自性中，世人总有，为自心迷，不见内性；外觅三身如来，不见自身中有三身佛。汝等听说，令汝等于自身中，见自性有三身佛。此三身佛，从自性生，不从外得。”

译文

“善知识！大家各各好自观察，不要错用了心意。佛经中明白地说“归依自心佛宝”，没有说“归依其他佛宝”。不归依自心本性之佛宝，那就没有归依之处。如今大家已经明白这个道理，各自要归依自心本性的三宝，向内证得自心本性，向外普遍礼敬他人，就是归依自心佛宝。

“善知识！已经归依了自心三宝，大家个个专心致志，我给你们宣说自心本性佛宝的一体三身，让你们明了见到三身佛，自己证悟自心本性。大家都跟随我说：‘在自己肉身上，归依清净法身佛；在自己肉身上，归依圆满报身佛；在自己肉身上，归依千百亿化身佛。’善知识！肉身犹如房屋住宅，不能说是归依之处。刚才所说的三身佛，在自心本性中，世人都有；只因为自心愚迷，所以不能见到内在本性；而向外寻觅三身佛，不能见到自己身中有三身佛。你们听我说法，让你们在自己身中，见到自心本性有三身佛。这三身佛，依据自心本性而有，不是从外得来。”

注释

1 **自归依佛**:《华严经》中说:“自归依佛,当愿众生,体解大道,发无上心;自归依法,当愿众生,深入经藏,智慧如海;自归依僧,当愿众生,统领大众,一切无碍。”

2 **内调心性**:向内证得自心本性。

3 **志心**:专心致志。

4 **一体三身**:一切众生自心本性之三身佛,即真如本性是法身佛,如实知见之智是报身佛,慈悲等心行是化身佛。

5 **舍宅**:房屋住宅,这里比喻肉身犹如住宅一般。

原文

“何名清净法身佛?世人性本清净,万法从自性生[1]。思量一切恶事,即生恶行;思量一切善事,即生善行。如是诸法在自性中,如天常清,日月常明,为浮云盖覆,上明下暗,忽遇风吹云散,上下俱明,万象皆现。世人性常浮游[2],如彼天云。

“善知识!智如日,慧如月,智慧常明;于外著境,被妄念浮云盖覆自性,不得明朗。若遇善知识,闻真正法,自除迷妄,内外明彻,于自性中万法

译文

“什么叫清净法身佛?世人自心本性本来清净,生死烦恼等一切万法都随顺空性,无实体性而随因缘生。内心思量一切恶事,就产生恶行;思量一切善事,就产生善行。如此,[生死烦恼等]一切万法在自心本性中,犹如天空恒续清朗,日月恒续明亮,但是被浮云覆盖,云层上面明朗而云层下面昏暗,忽然遇到大风吹得云层散开,[生死烦恼等]一切万法的本性皆得显现。世人的善恶秉性总是浮移不定,就如同那天上的云。

“善知识!智慧如同日月,恒续不断地明见真如本性;众生向外执著境相,被妄念的浮云覆盖了自心本性,从而无法明朗。如果遇到大善知识,听闻真实的正法,自己破除愚迷虚妄,自他内外都明见彻悟,一切万法都在自心本性中明朗显现。

皆现。见性之人，亦复如是。此名清净法身佛。”

明见自心本性的人，也就是如此。这就叫清净法身佛。”

注释

1 **万法从自性生**：善恶等一切万法都没有实体性，随顺因缘而生。这里所说的“自性”与印度佛教所批判的“自性”（实体性）是完全不同的两个概念，这里的“自性”是无有实体性的，可称为“无性之性”，恰恰是印度佛教所批判的“自性”之反面。如果以为这里所说的“自性”是“实体性”，那是极大的误会。也有现代学者认为这里的“自性”是指阿赖耶识，而阿赖耶识也不是实体。

2 **浮游**：浮动、流动。

原文

“善知识！自心归依自性，是归依真佛。自归依者，除却自性[1]中不善心、嫉妒心、谄曲心、吾我心[2]、诳妄心、轻人心、慢他心[3]、邪见心、贡高心，及一切时中不善之行，常自见己过，不说他人好恶，是自归依。常须下心，普行恭敬，即是见性通达，更无滞碍，是自归依。

“何名圆满报身？譬如一灯能除千年暗，一智能灭万年愚。莫思向前[4]，已过不可得；常思于后，

译文

“善知识！自心归依真如本性，这是归依真正的佛。归依自心佛的人，破除掉自心中的不善心、嫉妒心、谄曲心、吾我心、诳妄心、轻人心、慢他心、邪见心、贡高心，以及任何时候的不善行为，恒续不断地见到自己的过失，不说他人的好坏，这就是归依自心佛。应该恒续不断地谦下自心，普遍地礼敬一切众生，这就是明心见性，通达一切事理，再也没有障碍，是为归依自心佛。

“什么叫圆满报身佛？譬如灯光能破除千年的黑暗，智惠能灭除万年的愚痴。不要回忆过去，过去已经过去不可重来；要恒续不断地想着未来，心心念念圆悟明彻，知见自心本性。善恶现象虽然不同，其真

念念圆明，自见本性。善恶虽殊，本性无二，无二之性，名为实性。于实性中，不染善恶，此名圆满报身佛。自性起一念恶，灭万劫善因；自性起一念善，得恒沙恶尽。直至无上菩提，念念自见，不失本念，名为报身。”

如本性不二，这不二的真如本性，就叫[一切万法的]实相。在实相中，不对善恶[等一切万法]产生执著，这就叫圆满报身佛。自心生起一念恶心，就会灭掉万劫以来所修的善行；自心生起一念善心，就会灭尽恒河沙数的恶行。一直到成就无上佛果，心心念念都如实知见自心本性，一刹那都不忘失[与真如本性相应的]般若智慧，这就叫作报身佛。”

注释

1 **自性**：此处指自心。

2 **吾我心**：自视尊贵之心。

3 **慢他心**：对他人傲慢之心。

4 **向前**：过去的、以前的。

原文

“何名千百亿化身？若不思万法，性本如空，一念思量，名为变化。思量恶事，化为地狱；思量善事，化为天堂；毒害化为龙蛇；慈悲化为菩萨；智慧化为上界[1]；愚痴化为下方[2]。自性变化甚多，迷人不能省觉[3]，念念起恶，常行恶道；回一念善，智慧即生：

译文

“什么叫作千百亿化身？自心如果不思量[烦恼生死等]一切万法，其本性本来就如同虚空一般，而心心念念的思量，就叫作因缘变化身。思量恶事，自心即化为地狱；思量善事，自心即化为天堂；生起毒害心，自心即化为龙蛇；生起慈悲心，自心即化为菩萨；生起智慧心，自心即化为上界；生起愚痴心，自心即化为三恶道。自心的变化极多，愚迷之人不能省察觉悟，心心念念生起恶心，恒续不断地化为恶道；如果一念回向善法，智慧即可生起：这就叫自心本性化此名自性化身佛。

“善知识！法身本具；念念自性自见，即是报身佛；从报身思量[4]，即是化身佛。自悟、自修自性功德，是真归依。皮肉是色身，色身是舍宅，不言归依也；但悟自性三身，即识自性佛。”

身佛。

“善知识！法身佛是本来具足的真如本性；心心念念能如实知见自心本性，就是报身佛；依据报身佛而生起利他的作用，就是化身佛。自己证悟、修行自心本性本来具足的功德，就是真正的归依一体三宝。皮肉等是肉身，肉身如同房屋，不是归依处；只要证悟自心本性之三身佛，就是明见真如本性佛［而真正归依了］。”

注释

1 **上界**：色界、无色界诸天。

2 **下方**：三恶道。

3 **省觉**：省察、觉悟。

4 **思量**：这里指依据报身佛而产生慈悲利他的作用。

原文

“吾有一无相颂，若能诵持，言下令汝积劫迷罪一时销灭。颂曰：‘迷人修福不修道，只言修福便是道，布施供养福无边，心中三恶元来造[1]。拟将修福欲灭罪，后世得福罪还在[2]，但向心中除罪缘，名自性中真忏悔。忽悟大乘真忏悔，除邪行正即无罪，学道常于自性观，即与诸佛同一类[3]。吾祖惟传此顿法，普愿见性同一体[4]，若

译文

“我有一个无相颂，如果能读诵而持念不忘，言语之下一念顿悟，即能让你们无量劫以来的愚迷、罪业一下子消灭无余。偈颂是：‘迷人修福不修道，只言修福便是道，布施供养福无边，心中三恶元来造。拟将修福欲灭罪，后世得福罪还在，但向心中除罪缘，名自性中真忏悔。忽悟大乘真忏悔，除邪行正即无罪，学道常于自性观，即与诸佛同一类。吾祖惟传此顿法，普愿见性同一体，

欲当来觅法身，离诸法相心中洗[5]。努力自见莫悠悠[6]，后念忽绝一世休[7]，若悟大乘得见性，虔恭合掌至心求。'"

若欲当来觅法身，离诸法相心中洗。努力自见莫悠悠，后念忽绝一世休，若悟大乘得见性，虔恭合掌至心求。'"

注释

1 **心中三恶元来造**：以心中贪、嗔、痴三毒为根本而修福。"三恶"，贪、嗔、痴三毒。

2 **后世得福罪还在**：今生所造的善业，后世可得到其福报，但是今生所造的恶业并没有消失，后世则必然会承受其苦报。这里的重点，在说明只有般若智慧才能灭除恶业、苦果，而福德、善业是无法灭除恶业、苦果的。

3 **即与诸佛同一类**：一切诸佛皆以证得自心本性，以及圆满本性所具功德为特征，学佛人如果能观照自心本性，即与一切诸佛同一方向、同一种类。

4 **见性同一体**：学佛人明见自心本性，即与诸佛所证自心本性一样，都是以真如为无体之自体。

5 **离诸法相心中洗**：远离对一切万法相状的虚妄分别相（离相缚），即心中洗除虚妄分别心（离识缚）。

6 **莫悠悠**：不要悠闲懒散地浪费人生。"悠悠"，形容悠闲懒散的样了。

7 **一世休**：人的一生就结束了，即死亡。

原文

师言："善知识！总须诵取，依此修行，言下见性，虽去吾千里，如常在吾边；于此言下不悟，即对面千里[1]，何勤远来[2]？珍重！好去。"

译文

六祖大师说："善知识！大家都应该念诵，依据这个偈颂修行，就可言语之下而明心见性，这样的话，即使距离我有千里之远，也像常常在我身边；如果言语之下不能明心见性，那么即使面对面相见，也如同在千里之外，那又何必如此勤苦从远处来到我身边呢？各自保重！好走。"

一众闻法，靡不开悟，欢喜奉行。

大众听闻大师说法之后，没有不开悟其理的，都非常欢喜，遵从而修行。

注释

1 **对面千里**：两人虽然面对面，却如同相隔千里之外。

2 **何勤远来**：何必如此勤苦地远道而来呢？

机缘第七

第一章

导读

本章的主旨在于，陈述六祖大师从黄梅五祖得法之后，回到韶州曹侯村的情况。

其中值得注意的是大师不识文字，却因为已经证悟佛法大意，所以《大涅槃经》中的胜妙义理，一听就知。从前文大师为法性寺印宗法师讲解《大涅槃经》的道理，以及后文的相关内容，可知大师所说意在教外，而又言不离教，不即不离，深符后人所言"依文解义，三世佛冤；离经一字，允为魔说"的说法之中道论。此外，大师听闻佛经，也是不断圆满其后得智的过程，是菩萨悟道之后，修道过程中广学博闻的需要。

原文

师自黄梅得法，回至韶州曹侯村，人无知者(他本云，师去时，至曹侯村，住九月余。然师自言："不经三十余日便至黄梅。"此求道之切，岂有逗留？作去时者非是)。

有儒士刘志略，礼

译文

六祖大师从黄梅五祖处受得顿悟教法，回到韶州曹侯村，没有人知道他的情况(其他版本中说，六祖大师是在前往黄梅的路途中，到的曹侯村，住了九个多月。然而大师自己说："经过三十多天就到了黄梅县。"大师求道心切，怎么会途中逗留？认为大师在前往黄梅的途中到的曹侯村，这种说法不对)。

有一位儒学士人刘志略，非常优厚地

遇[1]甚厚。志略有姑为尼，名无尽藏，常诵《大涅槃经》。师暂听，即知妙义，遂为解说。

尼乃执卷问字，师曰：“字即不识，义即请问。”

尼曰：“字尚不识，焉能会义？”

师曰：“诸佛妙理，非关文字。”

尼惊异之，遍告里中耆德[2]云：“此是有道之士，宜请供养。”

礼待大师。志略有个姑姑出家为比丘尼，名叫无尽藏，常常读诵《大涅槃经》。大师听她读了一阵子，就知道了经中的胜妙义理，于是就为她解说。

无尽藏于是拿着经书问字词的意思，大师说：“如果问字词，那不认识；如果是义理，那就请你提问。”

无尽藏说：“字都不认识，怎么能明白经中的义理？”

大师说：“诸佛的胜妙义理，与文字无关。”

无尽藏很惊讶，在村里到处去告诉年长有德望的人说：“这是有道之人，你们应该礼请而供养。”

注释

1 **礼遇**：以礼相待。

2 **耆德**：年老且有德望之人。

原文

有魏（魏一作晋）武侯玄孙曹叔良及居民，竞来瞻礼。

时，宝林古寺自隋末兵火已废，遂于故基重建梵宇[1]，延[2]师居之。俄[3]成宝坊[4]，师住九月余日，又为恶党寻逐，师乃遁[5]

译文

有一位魏（一作晋）武侯的玄孙叫曹叔良的，他和村民们都来瞻望礼敬大师。

当时，宝林古寺从隋末遭到战火已经废弃，村民就在古寺旧址重新建造了一座寺庙，礼请大师住持。不久寺庙就建好了，大师住了九个多月，又被恶人追寻。大师于是逃跑隐藏到前山，被恶人放火焚烧山中草木，大师藏身躲到石头之间才逃于前山，被其纵火焚草木，师隐身挨入石中得免。石今有师趺坐[6]膝痕及衣布之纹，因名避难石。

师忆五祖怀会止藏之嘱，遂行隐于二邑[7]焉。

脱。那石头上如今还有大师结跏趺坐时双膝盘坐的痕迹，以及衣布的纹路，所以被称作避难石。

大师想起当年五祖说的在怀集和四会安居和躲藏的嘱咐，于是就在这两地之间逃亡和隐藏。

注释

1 **梵宇**：佛教寺庙。

2 **延**：礼请。

3 **俄**：不久。

4 **宝坊**：宝刹、寺庙。

5 **遁**：逃避、隐藏。

6 **趺坐**：结跏趺坐。

7 **二邑**：怀集和四会两地之间。

第二章

导读

本章的主旨是六祖大师解说“即心即佛”之理并度化僧人法海。

对于“即心即佛”，六祖大师针对法海的机缘，指引其从生灭的自心去体悟不生不灭的体性，从缘生缘灭的万法上破除对万法的虚妄分别，当体即定，当用是慧，体用不二。法海因为过去生的修行而成种性，所以言下大悟。

特别需要注意的是，六祖大师所说的“前念不生即心，后念不灭即佛”，往往被人机械地误解为意识心的一种状态，即前念已灭，后念未生(前一个念头已经灭去，后一个念头还没产生)，这中间的空白状态，就是佛，见到这个就是悟道成佛。这是莫大的误解！

六祖大师这里清楚地是说“前念不生”，而不是说“前念已灭”；是说“后念不灭”，而不是说“后念不生”。既然有了“前念、后念”，就必然是前念已经产生，而且已经灭去；后念自会产生，怎么会不灭呢？有生必有灭，相对灭来说，才有生；有灭必有生，相对生来说，才有灭！

因此，六祖大师所说的“前念不生”，即是要在已经产生的前念上如实知见其不生的真如本性；所说的“后念不灭”，即是要在必然会灭去的后念上如实知见其不灭的真如本性。如实知见不生不灭的空性、真如，就是悟道，就是见性成佛。

原文

僧法海，韶州曲江人也。初参祖师，问曰：“即心即佛[1]，愿垂指谕[2]。”

师曰：“前念不生即心，后念不灭即佛[3]；成一切相即心，离一切相即佛[4]。吾若具说[5]，穷劫[6]不尽。”

译文

僧人法海，是韶州曲江城人。最初他参访六祖大师，问道：“自心就是佛，这个道理，请大师垂悯指教。”

大师说：“自心前念后念缘生缘灭，当体没有实体之生灭可得，就是佛。自心缘生缘灭而有一切万法，对于万法远离一切虚妄分别相，就是佛。如果我想把这个道理说完，那一劫的时间都说不完。”

注释

1 **即心即佛**：自心本性就是佛。

2 **指谕**：指授、教导。

3 **前念不生即心，后念不灭即佛**：心心念念缘生缘灭，而无有实体之生、实体之灭，不生不灭，当体性空，就是自心本性，就是佛。行文用的是互文修辞，前后文的含义彼此相互发明和补充。

4 **成一切相即心，离一切相即佛**：自心的因缘生灭而有一切万法的生灭，

一切万法的生灭而有自心的因缘生灭，就是自心；在一切万法的当体远离自他、能所等相，如实知见一切万法的本性，就是佛。

5 **具说**：全部予以宣说，说完。

6 **穷劫**：穷尽一劫的时间。

原文

“听吾偈曰：‘即心名慧，即佛乃定[1]，定慧等持，意中清净。悟此法门，由汝习性[2]，用本无生[3]，双修[4]是正。’”法海言下大悟，以偈赞曰：“即心元是佛，不悟而自屈[5]，我知定慧因，双修离诸物[6]。”

译文

“你听我的偈：‘即心名慧，即佛乃定，定慧等持，意中清净。悟此法门，由汝习性，用本无生，双修是正。’”法海在言语点拨之下大悟，就以偈赞叹道：“即心元是佛，不悟而自屈，我知定慧因，双修离诸物。”

注释

1 **即心名慧，即佛乃定**：自心和佛，就是慧和定，彼此体用不二。慧与定之间的关系，可以参照前文《定慧第四》。

2 **习性**：过去生修习佛法而成之种性。

3 **用本无生**：般若智慧如实知见之作用，其体性即不生不灭之禅定，彼此照而常寂、寂而常照。“用”，指般若智慧。“本”，“以……为本”“以……为体”，指般若智慧以“不生”之禅定为体。“无生”，不生，无有实体之生，即禅定，这里指法性定。

4 **双修**：定慧双修。

5 **自屈**：使自心本性之佛受屈，佛性随顺染污因缘而生死流转。

6 **双修离诸物**：定慧双修，远离对一切境相的虚妄分别。

第三章

导读

本章的主旨为六祖大师破除僧人法达的功德我慢心，解说《法华经》的宗趣而使之悟道，并具体解答其关于经义的疑问。

法达走的是传统佛法修行的受持读诵之正道，念诵《法华经》达三千遍之多，功夫不可谓不深。但恰恰是因为有了修行功夫，所以我慢心生，礼拜六祖大师时心不至诚、头不至地。这是未悟道之前凡夫的通病，因有所修行，往往深生执著，我慢之心难以克制。六祖大师的一番批评，即是对执著功德而生我慢心导致无边过患的破斥，也具有普遍的意义。

六祖大师对于《法华经》宗趣的解说，同样是站在禅宗明心见性的立场上，将其"开、示、悟、入"佛之知见作为宗趣，而且解说为明心见性顿成佛道，落实于从自心破除对外在境相、对内在心识的执著，一刹那间破除自他、内外等二法执著，即获得般若智慧，便是悟入佛之知见。而佛之知见，并非佛陀的专利，乃是一切众生的本性自心，即在于对自心本性的如实觉悟。佛陀在《法华经》乃至众多的大乘经典中，反反复复地强调念诵经典的伟大意义、无量功德，其关键即在于此，要通过闻思修慧的养成而最终一刹那间如实觉悟自心本性而顿成佛道。明心见性之前固然必须念诵经典，以获得根本智；明心见性之后同样必须念诵经典，以圆满后得智——佛经是佛之知见的同类相续（等流），可以通过对佛经的念诵通向佛之知见，乃至最终圆满佛之知见。法达悟道之后，每天念诵《法华经》，持续悟道之前的功课，这是一个典型。

法达悟道之后，继续向六祖大师提问，所提的两个问题，其中一个是三乘圣人与佛陀有无量差别，何以六祖大师却说只要明心见性即是成佛？六祖大师的回答,则侧重从大乘根本智的角度,强调佛之知见的无差别性,并依此而通达三乘佛法终究是一乘佛法的大意,这不仅是对机说法的必要,而且也是禅宗的一贯宗旨。从根本智而言,佛之知见无有差别,见性即成佛;从后得智而言,佛之知见有无量差别,见性后须修道。二者一体一用,体用不二,无差别即差别,差别即无差别,如果只抓住其中的一边,实际上是将差别与无差别之体用不二,割裂为二法,与不二中道相违。

那么,见性后到底修不修道?答案是:本无能修之人与所修之道可得,因此无有作为对象的道可修(无修为体);但随顺清净因缘,杂染得以净除,清净得以圆满,这就是修道(有修为用)——无修(体)而修(用),修(用)而无修(体)。

原文

僧法达,洪州[1]人,七岁出家,常诵《法华经》。来礼祖师,头不至地。

师诃[2]曰:"礼不投地,何如[3]不礼!汝心中必有一物。蕴习[4]何事耶?"

曰:"念《法华经》已及三千部[5]。"

师曰:"汝若念至万部,得其经意,不以为胜[6],则与吾偕行[7]。汝今负[8]此事业,都不知过[9]。"

译文

僧人法达,江西洪州人,七岁就出家,经常读诵《法华经》。法达来礼拜六祖大师,头却没有碰到地。

六祖大师呵斥道:"礼拜却头不碰地,不如不礼拜!你心中肯定在执著一个什么。你平常做些什么啊?"

法达回答说:"念诵《法华经》,已经念了三千遍。"

大师说:"你如果念到一万遍,证得经中大意,[不执著其功德,]不认为自己胜过他人,那就与我所证同等。你现在为此功德自负,一点都不知道其过患。"

注释

1 **洪州**:即今江西南昌。

2 **诃**:呵斥、批评。

3 **何如**:不如。

4 **蕴习**:素习,向来从事的事情。"蕴",蕴蓄。

5 **三千部**:三千遍。"部",一遍。

6 **不以为胜**:不自认为因此而胜过他人,即不产生我慢心。

7 **与吾偕行**:跟我并肩,即所证与我一样。

8 **负**:自负、自恃。

9 **过**:过错、罪过。

原文

"听吾偈曰:'礼本折慢幢[1],头奚[2]不至地?有我[3]罪即生,亡功[4]福无比。'"师又曰:"汝名什么?"曰:"法达。"师曰:"汝名法达,何曾达法[5]?"复说偈曰:"汝今名法达,勤诵未休歇[6],空诵但循声[7],明心号菩萨。汝今有缘[8]故,吾今为汝说,但信佛无言,莲华从口发[9]。"

译文

"你听我的偈:'礼本折慢幢,头奚不至地?有我罪即生,亡功福无比。'"大师又说:"你叫什么名字?"法达说:"我叫法达。"大师说:"你的名字叫法达,你何尝通达佛法?"又说偈道:"汝今名法达,勤诵未休歇,空诵但循声,明心号菩萨。汝今有缘故,吾今为汝说,但信佛无言,莲华从口发。"

注释

1 **慢幢**:以我慢心把自我抬高,犹如幢幡一样高耸,所以称为慢幢。

2 **奚**:通"何",为何,为什么。

3 **有我**:有我慢心。

4 **亡功**:没有对诵经功德的执著。"亡",通无,指去除执著。

5 **达法**:通达佛法的真义,即证得法性真如。

6 **休歇**:停止、止息。

7 **空诵但循声**:只在口头上白白地诵经出声,实际上内心并未真正证得经中真义,即内心并未诵经。

8 **有缘**:过去生有法缘。

9 **但信佛无言,莲华从口发**:只要相信佛陀说法而实无能说、所说,于经文的点拨下证得离言的真如本性，这就是真正地念诵《妙法莲华经》。“莲华”，比喻《妙法莲华经》。“发”，生出，出来。

原文

达闻偈，悔谢[1]曰：“而今而后，当谦恭一切。弟子诵《法华经》，未解经义，心常有疑。和尚智慧广大，愿略说经中义理。”

师曰：“法达！法即甚达，汝心不达；经本无疑，汝心自疑。汝念此经，以何为宗？”

达曰：“学人根性暗钝，从来但依文诵念，岂知宗趣[2]？”

师曰：“吾不识文字，汝试取经诵一遍，吾当为汝解说。”

译文

法达听后，忏悔谢罪道：“从今以后，我当会谦恭地对待一切众生。弟子念诵《法华经》，不解经中义理，心中常有怀疑。和尚的智慧广大，希望能大略地解说经中的义理。”

六祖大师说：“法达！佛法本来通达，你心中不能通达；经义本无可疑，你心中自生怀疑。你所念的经，是以什么为宗要？”

法达说：“我根性愚痴钝劣，从来只知依文字念诵，怎么知道经的宗趣呢？”

大师说：“我不识字，你拿经来试着念诵一遍，我当为你解说经义。”

注释

1 **悔谢**：忏悔、谢罪、道歉。

2 **宗趣**：宗旨和归趣、目的。

原文

法达即高声念经，至《譬喻品》，师曰：“止！此经元来以因缘出世[1]为宗，纵说多种譬喻，亦无越于

译文

法达于是高声念经，念到《譬喻品》的时候，大师说：“好了！此经原来是以因缘出世为宗要，纵使宣说的多种譬喻，也没有超出这个。什么因缘呢？经中说：

此。何者因缘？经云：‘诸佛世尊唯以一大事因缘出现于世。’一大事者，佛之知见[2]也。世人外迷著相，内迷著空[3]；若能于相离相、于空离空，即是内外不迷。若悟此法，一念心开，是为开佛知见。佛，犹觉也，分为四门，开觉知见、示觉知见、悟觉知见、入觉知见。若闻开、示，便能悟、入，即觉知见，本来真性而得出现。”

‘诸佛世尊只为一件大事的因缘而出现于世间。’一件大事，就是佛之知见。世人愚迷，向外执著境相，向内执著空相；如果能于一切相而远离能相、所相之执著，于诸法空性远离能空、所空之执著，就是对内对外都不愚迷。如果悟入这法义，一下子心性开显，这就是开佛知见。佛，即是觉悟，可分为四门，开觉知见、示觉知见、悟觉知见、入觉知见。如果听闻佛法破除无明、指示真如，就能开悟自心本性、圆满智慧，即是觉悟知见，本来的真如本性而得以出现。”

注释

1 **因缘出世**：即后文所说“诸佛世尊唯以一大事因缘故出现于世”。

2 **佛之知见**：佛的如实知见，即佛陀的一切种智、圆满智慧。

3 **内迷著空**：向内的愚迷，即是执著有实体性的“空”，这是内在识缚的一种典型代表。

原文

“汝慎勿错解经意，见他道开、示、悟、入[1]，自是佛之知见，我辈无分[2]。若作此解，乃是谤经、毁佛也。彼既是佛，已具知见，何用更开？汝今当信，佛知见者，只汝自心，

译文

“你千万不要误解了经意，听佛说开、示、悟、入，就只是讲佛的知见，与我们无关。如果有这种见解，就是诽谤佛经和佛陀。佛陀已经成佛，已经具足如实知见，何必再开知见呢？你要相信，佛的知见，就是你的自心本性，而不是指的其他佛。因为一切众生，自己覆蔽了［本来具足的］智慧

更无别佛。盖为一切众生，自蔽光明，贪爱尘境，外缘内扰，甘受驱驰[3]。便劳他世尊，从三昧起，种种苦口[4]，劝令寝息[5]，莫向外求，与佛无二，故云：'开佛知见。'"

光明，贪爱执著外境，由对外境的贪爱执著而扰乱自心[产生种种烦恼]，[从而造业受果，]在生死轮回中驰走而没有停息。于是劳烦诸佛世尊，从三昧中出来，苦口婆心演说种种佛法，劝导众生止息种种烦恼，不要向外执著种种境相，那就与佛平等无别，所以说：'开显佛的知见。'"

注释

1 **开、示、悟、入**："开"，破除无明的覆蔽。"示"，指出真如本性。"悟"，开悟真如本性，获得根本智。"入"，修道而深入，圆满后得智。

2 **无分**：没有机会，无法悟入佛之知见。

3 **驱驰**：驱赶车马而驰逐，比喻受无明烦恼的驱使而在生死轮回中不断流转。

4 **苦口**：苦口婆心地为众生说法。

5 **寝息**：止息对尘境的贪爱等烦恼。

原文

"吾亦劝一切人，于自心中，常开佛之知见。世人心邪，愚迷造罪，口善心恶，贪、瞋、嫉妒、谄佞、我慢，侵人害物[1]，自开众生知见。若能正心[2]，常生智慧，观照自心，止恶行善，是自开佛之知见。汝须念念开佛知见，勿开众生知见。开佛知

译文

"我也劝导一切世人，在自心中常常开启佛的知见。世人内心邪妄，愚痴迷乱而造作种种罪业，口头上说善言，内心起恶念，贪心、嗔心、嫉妒心、谄曲心、我慢心等，侵害众生，这就是自己开启众生的知见。如果能够使心与真如相应，恒续生起智慧，观照自心，止恶行善，这就是自己开启佛的知见。你应心心念念开启佛的知见，不要开启众生的知见。开启佛的知见，就是出世成佛；开启众生的知见，就是世间轮回。

见，即是出世；开众生知见，即是世间。汝若但劳劳执念以为功课[3]者，何异牦牛爱尾[4]？”

达曰：“若然者，但得解义，不劳诵经耶？”

师曰：“经有何过，岂障汝念？只为迷悟在人[5]，损益由己[6]。口诵心行，即是转经[7]；口诵心不行，即是被经转[8]。”

你如果只是辛劳地执著念诵《法华经》而作为每天的功课的话，那么跟牦牛只知道爱惜它的尾巴有什么不同呢？”

法达说：“如果这样的话，那么只要能理解经义就够了，不必念诵《法华经》了吗？”

六祖大师说：“佛经有什么过错，怎么障碍你念诵了呢？只因为是愚迷与自损，还是开悟与自益，都在于自己［是开众生知见还是开佛知见］。口头上诵经，内心里开佛知见，就是主动在转经；口头上诵经，内心里开众生知见，就是在被经转。”

注释

1 **物**：即众生。

2 **正心**：使心与真如相应，才是正。

3 **劳劳执念以为功课**：辛劳勤苦地执著念诵佛经作为每天必须完成的事情。“劳劳”，形容辛劳、疲倦的样子。“念”，这里指念诵《妙法莲华经》。

4 **牦牛爱尾**：这里比喻众生深深地执著五欲，被贪爱所覆蔽而无法开佛知见。

5 **迷悟在人**：是愚迷还是开悟，都在于自己。“人”，与“己”一致，指自己。

6 **损益由己**：是有损还是有益，都在于自己。“损益”与“迷悟”相应，愚迷则有损，开悟则有益。

7 **转经**：人主动地转诵佛经，一遍又一遍地念诵佛经，这里指口头念经而内心开佛知见，所以是真正地念经（人念经）。

8 **被经转**：人被佛经所转诵，这里指口头念经而内心不能开佛知见，所以是虚假地念经（经念人）。

原文

“听吾偈曰:‘心迷《法华》转,心悟转《法华》[1],诵经久不明,与义作仇家[2]。无念念即正[3],有念念成邪[4],有无俱不计[5],长御白牛车[6]。’”

译文

“你听我的偈:‘心迷《法华》转,心悟转《法华》,诵经久不明,与义作仇家。无念念即正,有念念成邪,有无俱不计,长御白牛车。’”

注释

1 **心迷《法华》转,心悟转《法华》**:如果内心愚迷而不悟,就是人被《法华》转诵,即假念《法华》。如果内心悟道而不愚迷,就是人在转诵《法华》,即真念《法华》。

2 **与义作仇家**:与经典真义相违背。

3 **无念念即正**:无能念之我、所念之经,以此破除内心识缚和境相相缚的般若智慧念经,才是正念念经、真正的念经。

4 **有念念成邪**:有能念之我、所念之经,以此不脱二种我执之心念经,则是邪念念经、虚假的念经。

5 **有无俱不计**:有念而念经、无念而念经的二法,都要远离。

6 **长御白牛车**:这里比喻真正悟入了佛之知见。“白牛车”,比喻一佛乘,悟入佛之知见。

原文

达闻偈,不觉悲泣,言下大悟,而告师曰:“法达从昔已来,实未曾转《法华》,乃被《法华》转。”

再启曰:“经云:‘诸大声闻乃至菩萨,皆尽思共度量,不能测佛智。’今令凡夫但悟自心,便名佛之

译文

法达听了,不觉悲声哭泣,于言语点拨之下大悟,于是告诉大师说:“法达从来不曾转得《法华经》,一直被《法华经》转。”

法达又启禀六祖大师说:“《法华经》说:‘众多的大声闻阿罗汉以及大乘菩萨,都一起思维度量,也无法测知出佛的智慧。’现在让我们凡夫只要开悟自

知见，自非[1]上根，未免疑谤。又经说三车——羊、鹿、牛车[2]——与白牛之车，如何区别？愿和尚再垂开示[3]。”

心，就叫作佛的知见，如果不是上等根性的人，难免怀疑诽谤。另外经中说三种车辆——羊车、鹿车、牛车——和大白牛车，如何区别？希望和尚能再予以开示。”

注释

1 **自非**：如果不是。

2 **羊、鹿、牛车**：指三乘佛教，羊车比喻声闻乘，鹿车比喻缘觉乘，牛车比喻菩萨乘。

3 **开示**：这里指启发而指示、教导。

原文

师曰：“经意分明，汝自迷背。诸三乘人不能测佛智者，患在度量[1]也。饶伊[2]尽思共推，转加悬远。佛本为凡夫说，不为佛说，此理若不肯信者，从他退席[3]。殊不知，坐却白牛车[4]，更于门外觅三车[5]。况经文明向汝道：‘唯一佛乘，无有余乘，若二若三。’乃至无数方便，种种因缘、譬喻言词，是法皆为一佛乘故，汝何不省？”

译文

六祖大师：“经的意旨非常清楚，你自己产生了迷惑而与经义违背。那么多三乘的圣人，无法测知佛的智慧，问题在于揣度思量。纵使他们都共同揣度思量，[越是如此，]越是距离佛的智慧更加遥远。佛说此经，本来就是专门为凡夫而说，不是为佛而说，如果不肯相信[佛之知见即在众生自心]这个道理，佛陀也只能默许他们退席而去。殊不知，众生都坐在大白牛车上，却要再到门外去寻觅羊车、鹿车、牛车。况且经文明明给你说：‘只有一佛乘，没有其他乘，没有二乘或者三乘佛法。’乃至用无数的方便，种种的因缘、譬喻语言，都是为了说明佛法只有一佛乘，你怎么不省悟呢？”

注释

1 **度量**:揣度、思维。

2 **饶伊**:"饶",即使、纵使。"伊",他们。

3 **从他退席**:默许、允可他们退席。释迦牟尼佛准备讲《妙法莲华经》时,有五千增上慢比丘退席,佛陀不予制止,而默许他们退席。

4 **坐却白牛车**:这里比喻众生自心本性具足佛之知见。

5 **觅三车**:这里比喻去修学三乘佛法。

原文

"三车是假,为昔时[1]故;一乘是实,为今时故[2]。只教汝去假归实,归实之后,实亦无名[3]。应知所有珍财[4],尽属于汝,由汝受用[5],更不作父想[6],亦不作子想[7],亦无用想[8],是名持《法华经》,从劫至劫,手不释卷[9];从昼至夜,无不念时[10]也。"

译文

"三乘佛法之说是假安立的,因为众生善根尚未成熟;一乘佛法之说才是真实的,因为众生善根已经成熟。佛陀只教你离开假法,归趣真实,归趣真实之后,真实也非实体、不可得。要知道一切智慧、慈悲等功德法财,本来就是你自心本具的,由你自己受用,既不可认为功德法财是属于佛陀(父)的,也不可认为功德法财是属于自己(子)的,也不可认为有对功德法财的受用可得,[如此三者皆不可得],这就叫真正地受持《法华经》,一劫又一劫,时时刻刻都在受持《法华经》;从早到晚,没有什么时候不在念《法华经》。"

注释

1 **为昔时故**:因缘还未具备的时候,佛陀为众生施设权宜之法,宣说三乘佛法。

2 **为今时故**:因缘成熟的时候,佛陀为众生开权显实,宣说一乘佛法,开示佛之知见。

3 **实亦无名**:也没有一佛乘、佛之知见之名可得。

4 **所有珍财**:指众生自心本性本来具足的佛之知见等一切功德。

5 **受用**:享用、运用。

6 **不作父想**:不作自心外的佛陀想,即不执著有心外的实体性佛陀可得。

7 **不作子想**:不作自心内的众生想,即不执著有心内的实体性众生可得。

8 **无用想**:没有享用、运用佛之知见想,即不执著有实体性佛之知见可得。这三句,即破除内、外、中间等一切二法分别。

9 **手不释卷**:形容无有不受持《妙法莲华经》的时候,即心心念念都悟入佛之知见。

10 **无不念时**:没有不念诵《妙法莲华经》的时候,同样是指心心念念都悟入佛之知见。

原文

达蒙启发,踊跃[1]欢喜,以偈赞曰:"经诵三千部,曹溪一句亡[2],未明出世旨[3],宁歇累生狂[4]?羊鹿牛权设,初中后善扬[5],谁知火宅内[6],元是法中王[7]。"师曰:"汝今后方可名念经僧也。"达从此领玄旨[8],亦不辍[9]诵经。

译文

法达得到大师的启发,不禁欢喜雀跃,用偈赞叹道:"经诵三千部,曹溪一句亡,未明出世旨,宁歇累生狂!羊鹿牛权设,初中后善扬,谁知火宅内,元是法中王。"六祖大师说道:"你今后才可叫作念经僧。"法达从此领受《法华经》开佛知见的深意,同时也没有停止每天念诵《法华经》。

注释

1 **踊跃**:形容异常欢喜,不禁踊动跳跃。

2 **亡**:灭掉我慢和对诵经功德的执著。

3 **出世旨**:佛陀出现于世的宗旨,即一大事因缘。"出世",佛陀出现于世间。

4 **宁歇累生狂**:怎么能顿歇无量劫以来的愚痴? "宁",怎么能,岂能。

5 **初中后善扬**:佛陀所说三乘佛法,都以佛之知见为归趣,称扬佛之知见。

6 **火宅内**:生死轮回内的三界六道众生。"火宅",比喻三界六道。

7 **元是法中王**:本来是法中之王,即本来就是佛。"元",本来。

8 **玄旨**:深奥的义理,即佛法大义。

9 **不辍**:不停止,不中断。

第四章

导读

本章的主旨是六祖大师向僧人智通宣说三身、四智的义理及相互关系。

六祖大师对于三身、四智义理的解说,基于其证得的自心本性,对佛经教理进行了高度概括,极为精炼,切中肯綮。

三身中的法身佛,就是一切众生自心的真如本性;报身佛,就是一切众生如实知见真如本性的智慧;化身佛,就是依据智慧而开展的心行。这些内容在前文都有具体的展开,而此处重新陈述,更加精炼扼要。

四智中的大圆镜智,就是第八阿赖耶识的圆满清净,以及真如本性的圆满开显,这涉及到理佛性、行佛性的全体;平等性智就是末那识相应的俱生我执、分别我执被彻底破除,其自我思量转为无我思量,以此为基础,现行的自心无有我执相应的种种烦恼,所以称为“无病”;妙观察智就是第六意识的分别我执被彻底破除,其分别一切万法自相、共相的虚妄分别转为自然任运、如实知见一切万法自相、共相的真实智慧;成所作智与大圆镜智一样,都在佛地上顿转,是由大圆镜智相应清净心的击发而度化众生,成就种种神通妙用。

八识转为四智,只是八识本身的集起、思量、了别等功能的转化,由杂染的集起转为清净的圆满,由自我的思量转为无我的思量,由虚妄的了别转为如实的知见,而八识的体性,无所谓转与不转,因为凡夫的八识体性是真如本性,诸佛的四智体性也是真如本性,无二无别,而且真如本性不生不灭,无有变异,远离能转和所转、转和不转等二法。

三身与四智之间的关系，一般认为大圆镜智即法身佛，平等性智即报身佛，妙观察智和成所作智即化身佛，三身、四智之间，总体上仍是体用不二的关系，三身即体，四智即用；而三身和四智之内，也都可以从体用上去分判，其具体分法灵活多变，不可一概而论。

原文

僧智通，寿州安丰[1]人。初看《楞伽经》，约千余遍，而不会三身、四智[2]。礼师求解其义，师曰："三身者，清净法身，汝之性也；圆满报身，汝之智也；千百亿化身，汝之行也。若离本性，别[3]说三身，即名有身无智[4]；若悟三身无有自性[5]，即明四智菩提。"

译文

僧人智通，是寿州安丰人。从一开始读《楞伽经》，一直读了一千多遍，仍是不明白三身、四智的道理。来礼拜六祖大师请求解说其中道理，大师说："三身，清净法身，就是你的自心本性；圆满报身，就是你的自心智慧；千百亿化身，就是你的自心心行。如果离开自心本性，单独说另有三身，这就叫有身而无智；如果能开悟三身即是自心本性，就能明了四智菩提。"

注释

1 **寿州安丰**：即今安徽淮南市寿县安丰镇。

2 **不会三身、四智**：不明白三身、四智的道理。"三身"，即法身、报身、化身；"四智"，即大圆镜智、平等性智、妙观察智、成所作智。

3 **别**：之外、单独、独立。

4 **有身无智**：三身不是离开自心本性而独立存在的，如果离开自心本性而说有单独存在的三身，就是无有智慧之用的三身，这种三身也不是真的三身。

5 **三身无有自性**：三身即自心本性的体相用，并非离开自心本性而各各有单独对应的独立自性。

原文

"听吾偈曰:'自性具三身,发明[1]成四智,不离见闻缘,超然登佛地[2]。吾今为汝说,谛信[3]永无迷,莫学驰求者[4],终日说菩提[5]。'"通再启曰:"四智之义,可得闻乎?"师曰:"既会三身,便明四智,何更问耶?若离三身,别谈四智,此名有智无身[6];即此有智,还成无智。"

译文

"听我的偈:'自性具三身,发明成四智,不离见闻缘,超然登佛地。吾今为汝说,谛信永无迷,莫学驰求者,终日说菩提。'"智通又启禀道:"四智的义理,能否请大师宣说?"六祖大师说:"已经明白了三身,就应该明白四智,何必又问其中道理呢?如果离开了三身,单独谈四智,这就叫有智无身;而这个有智,实际上仍然是无智。"

注释

1 **发明**:开显、显明。

2 **不离见闻缘,超然登佛地**:不离开见闻等根尘因缘,而当下破除对根尘、能所等的执著,即见性成佛。"超然",指对二法执著的破除、超越。

3 **谛信**:真实不虚地相信而无所怀疑。

4 **驰求者**:为烦恼驱使而向心外寻求的人。

5 **说菩提**:只在口头上宣说,而无法证得菩提。

6 **有智无身**:四智不是离开三身而独立存在的,如果离开三身而说有单独存在的四智,就是无有根本所依的四智,这种四智也不是真的智慧。

原文

复说偈曰:"大圆镜智性清净[1],平等性智心无病[2],妙观察智见非功[3],成所作智同圆镜。五八六七果因转[4],但用名言无实性[5],若于转处不

译文

大师又说偈道:"大圆镜智性清净,平等性智心无病,妙观察智见非功,成所作智同圆镜。五八六七果因转,但用名言无实性,若于转处不留情,繁兴永处那伽定。"(如上所说

留情[6]，繁兴永处那伽定[7]。”（如上转识为智也。教中云，转前五识为成所作智，转第六识为妙观察智，转第七识为平等性智，转第八识为大圆镜智。虽六七因中转，五八果上转，但转其名而不转其体也。）

是转识成智。教理中说，转前五识而为成所作智，转第六意识而为妙观察智，转第七识而为平等性智，转第八阿赖耶识而为大圆镜智。虽然第六、第七识是在悟道因位就转，前五识、第八识是在成佛果位转，都仅仅是转其作用，而不是转其体性。）

注释

1 **大圆镜智性清净**：大圆镜智是自心本性完全清净的显现。近代太虚大师认为，大圆镜智即是理佛性的彻底显现与行佛性的完全清净。

2 **平等性智心无病**：平等性智是现行之心远离了二种我执以及一切烦恼，而以大慈悲心度化众生。太虚大师认为，这里的“心”具体指第七末那识，转化为平等性智，而从现行之心来看，则无有烦恼等病。

3 **妙观察智见非功**：妙观察智是如实观察一切万法，而任运自然，不须加功用行。太虚大师认为，这里的“见”是指根本无分别智，如实知见一切万法，所以是“非功”的。

4 **五八六七果因转**：前五识转为成所作智，第八阿赖耶识转为大圆镜智，都是到了成佛的果地才能顿圆；第六意识转为妙观察智，第七末那识转为平等性智，从悟道登地即已分转。“五八”是“果转”，“六七”是“因转”。

5 **但用名言无实性**：只在心识作用上转，在心识的真如体性上无所谓转与不转。“名言”，即一切万法，这里指八识。“实性”，体性、真实。

6 **若于转处不留情**：如果八识转为四智，彻底圆满，情识永断，不再退转。“情”，情识、分别。

7 **繁兴永处那伽定**：依据四智，而产生无量度化众生的染净作用，乃至行住坐卧的种种威仪，时刻处在与法性相应的大定之中。“繁兴”，种种的作用。“那伽定”，比喻与法性相应的禅定。

原文

通顿悟性智，遂呈偈曰："三身元我体[1]，四智本心明[2]，身智融无碍[3]，应物任随形[4]。起修皆妄动[5]，守住匪真精[6]，妙旨因师晓[7]，终亡染污名[8]。"

译文

智通顿悟自心本性之智，于是呈上偈道："三身元我体，四智本心明，身智融无碍，应物任随形。起修皆妄动，守住匪真精，妙旨因师晓，终亡染污名。"

注释

1 **三身元我体**：三身本来是我的自体。这里的自体，包含着体、相、用，对应着法、报、化三身。

2 **四智本心明**：四智本来是自心的智慧光明。

3 **身智融无碍**：三身和四智彼此是体用不二，圆融一如，自在无碍。

4 **应物任随形**：顺应众生的因缘而示现无量化身而度化众生。"物"，众生。"随形"，随顺因缘而示现种种身。

5 **起修皆妄动**：如果起心修行，那都是虚妄之行。三身四智，是本来具足的，所以说如果要通过修行而修出三身四智，那就是虚妄分别。

6 **守住匪真精**：如果不修行，而执守自心本性即是三身四智，那也是虚妄分别，而不是真实心性。三身四智，虽然本来具足，如果不以修行祛除虚妄分别，那么本性真如无法开显，四智作用无法出现。

7 **妙旨因师晓**：三身四智的妙义，因为大师的点拨而明白。

8 **终亡染污名**：开悟三身四智大意，破除了假名之染污，而无染污可得。"亡"，无。

第五章

导读

本章的主旨为六祖大师解答僧人智常的疑问，破除其空无之知见，以及扼要解释四乘佛法的统一。

智常在白峰山大通和尚处得到的指教，终究还是一种妄执，即守住一种空空荡荡的心境，多为禅定境界。此外，经典常以虚空来比喻自心本性，根本特点在于破除能所、自他等二法，而无一法可得。大通和尚执著禅定心境，错解经典中的义理，错认此空无境界为自心本性，实际上不脱能所二法，即空无的境界即是所知所见，而对空无境界的觉知即是能知能见，所以仍然是虚妄分别，与见性成佛了不相干。大通和尚的这种误会，在佛教徒的修行过程中非常有代表性，因此六祖大师在这里的破斥也同样有针对性。

对四乘佛法的分判，跟前文对顿渐的分判一样，是从众生的根性上着眼的，与众生实际的心行相应，是一个整体，而不可彼此割裂。这里，更强调的是，闻慧、思慧、修慧与般若智慧（见性成佛）的整体性。站在禅宗见性成佛的立场上，四乘佛教中，最上乘才是目的地，才是真实；站在个体修行的立场上，固然要以最上乘佛法为目标，但如果没有前三乘佛法的基础，那么第四乘也只是空中楼阁而已。

原文

僧智常，信州贵溪[1]人，髫年[2]出家，志求见性。一日参礼[3]，师问曰："汝从何来？欲求何事？"

曰："学人[4]近往洪州白峰山，礼大通和尚[5]，蒙示见性成佛之义，未决狐疑，远来投礼[6]，伏望[7]和尚慈悲指示。"

师曰："彼有何言句？汝试举看[8]。"

译文

僧人智常，是信州贵溪人，孩童时候就出家了，立志要见性成佛。一天参礼六祖大师，大师问道："你从哪里来？想要求什么？"

智常回答道："我近日前往洪州白峰山，参礼大通和尚，承蒙指示见性成佛的道理，但是不能决断心中的怀疑，所以远来此处归投参礼，企望和尚慈悲指示见性成佛的道理。"

大师说："大通和尚有什么样的语句指示？你试着说说看。"

注释

1 **信州贵溪**：即今江西省贵溪市。

2 **髫年**：指孩童时期。"髫"，指孩童额头上垂下来的头发，这里借指孩童时期。

3 **参礼**：因前来参禅而礼敬。"参"，禅宗的参究等修行方法。

4 **学人**：修学佛道之人，这里是智常的自称。

5 **大通和尚**：神秀禅师去世后被谥为"大通"，但是当时神秀尚在世，因此这应是指另外一位叫"大通"的和尚。

6 **投礼**：归投、礼敬，也可指五体投地之礼拜。

7 **伏望**：伏地而企望。

8 **试举看**：试着举例说说看。看，语气助词。

原文

曰："智常到彼，凡经三月，未蒙示诲。为法切故，

译文

智常说："智常到了白峰山，一共经过了三个月，也不曾得到大通和尚的教

一夕独入丈室[1]，请问：'如何是某甲[2]本心本性？'大通乃曰：'汝见虚空否？'对曰：'见。'彼曰：'汝见虚空有相貌否？'对曰：'虚空无形，有何相貌？'彼曰：'汝之本性，犹如虚空，了无一物可见，是名正见；无一物可知，是名真知。无有青黄长短，但见本源清净，觉体圆明，即名见性成佛，亦名如来知见。'学人虽闻此说，犹未决了，乞和尚开示。"

诲。因为为法心切，一天晚上我独自到了方丈室，请问道：'如何是我的本心本性？'大通和尚就说：'你看到眼前的虚空吗？'我回答说：'看见了。'大通和尚说：'你看虚空有具体的相貌吗？'我回答说：'虚空无有形状，哪里有什么相貌呢？'大通和尚说：'你的本性，就犹如虚空一般，毫无一物可见，这就叫正见；没有一物能知，这就叫真知。没有青黄长短可得，只见到自心本源的清净，能觉的心体圆明，这就叫见性成佛，也叫作如来知见。'我虽然听闻了这种解说，仍然不能决断了达，所以来乞求和尚开示。"

注释

1 **丈室**：方丈室。

2 **某甲**：这里是智常的自称，某代姓，甲代名。

原文

师曰："彼师所说，犹存见、知[1]，故令汝未了。吾今示汝一偈：'不见一法存无见[2]，大似浮云遮日面[3]，不知一法守空知[4]，还如太虚生闪电[5]。此之知见瞥然兴[6]，错认何曾解方便[7]？汝当一念自知非[8]，自己灵光常显现[9]。'"

译文

大师说："大通和尚所说，仍然有所见、能知的二法，所以让你无法了悟。我现在告诉你一个偈：'不见一法存无见，大似浮云遮日面，不知一法守空知，还如太虚生闪电。此之知见瞥然兴，错认何曾解方便？汝当一念自知非，自己灵光常显现。'"

注释

1 **见、知**:所见、能知,这里指空无之所见、空无之能知。

2 **不见一法存无见**:大通和尚以虚空来比喻自心本性,虽然虚空中不见有具体的事物,却还有虚空可见,即以空无为其所见。

3 **大似浮云遮日面**:非常像浮云遮盖了太阳。"浮云",这里比喻以空无为认识对象的空无之所见。"日面",这里比喻真如本性。

4 **不知一法守空知**:虽然面对虚空,没有一法可知,但是与空无相应的能知,却并未破除,即还保留着对空无的认知。

5 **还如太虚生闪电**:却如同虚空中间有闪电出现。"闪电",这里比喻对空无的认知,即空无之能知。

6 **瞥然兴**:刹那地生起。"兴",生起。

7 **错认何曾解方便**:错认了真如本性,何曾真正明白以虚空之比喻来破除能知、所见之二法的方便呢?

8 **自知非**:能破除空无之能知与所见,不以此方便为究竟。

9 **自己灵光常显现**:自心的般若智慧恒续不断地产生如实知见的作用。

原文

常闻偈已,心意豁然[1],乃述偈曰:"无端起知见,著相求菩提[2],情存一念悟,宁越昔时迷[3]? 自性觉源体,随照枉迁流[4],不入祖师室,茫然趣两头[5]。"

译文

智常听了偈,内心豁然开悟,于是自述一偈道:"无端起知见,著相求菩提,情存一念悟,宁越昔时迷? 自性觉源体,随照枉迁流,不入祖师室,茫然趣两头。"

注释

1 **豁然**:形容开悟的样子。

2 **著相求菩提**:执著虚妄分别相,如此来求菩提。"著相",即空无之能知与所见,都是虚妄分别相,都是执著。

3 **情存一念悟,宁越昔时迷**:心存一念悟道的执著,与过去的愚迷有什么差别呢? "情",即妄情之执著。如果内心觉得自己已经悟道了,就是没有真正悟道的表现。

4 **自性觉源体，随照枉迁流**：自心的真如本性本来远离一切二法，不生不灭、不染不净，但是由无明覆盖，虚妄分别而有能所、自他等二分，从而无始以来刹那生灭，枉受生死轮回。"随照"，随能知、所见而二分。

5 **茫然趣两头**：茫茫然而趋向能知、所见的两边，而与体用不二之中道相违。"两头"，即自他、能所、生灭、断常、染净等二法。

原文

智常一日问师曰："佛说三乘法，又言最上乘。弟子未解，愿为教授。"

师曰："汝观自本心，莫著外法相。法无四乘，人心自有等差。见闻转诵是小乘；悟法解义是中乘；依法修行是大乘[1]；万法尽通，万法俱备，一切不染，离诸法相，一无所得，名最上乘。乘是行义，不在口争[2]。汝须自修，莫问吾也。一切时中，自性自如[3]。"

常礼谢，执侍，终师之世。

译文

智常有一天问大师说："佛陀宣说三乘佛法，又说最上乘佛法，弟子不能明白，希望和尚给予指教。"

六祖大师说："你观照自己的本心，不要执著外境诸法法相。佛法本来没有四乘差别，而世人自心根性却有利钝、迷悟等差别。见闻佛法，读诵经典是小乘佛法；悟解法义是中乘佛法；依照法义修行的是大乘佛法；通达一切万法的本性，具备一切万法的功德作用，对于一切万法都不贪爱执著，远离对一切法相的虚妄分别，了无一法可得，这就叫最上乘。四乘佛法都在于自心的修行，不在于口头的争论。你必须自己修行，不用问我。任何时候，都须自己如实知见自心本性。"

智常礼拜感谢，执役服侍大师，直到大师去世。

注释

1 **见闻转诵是小乘；悟法解义是中乘；依法修行是大乘**：见闻佛法，读诵经典是小乘佛法，悟解法义是中乘佛法，依照法义修行的是大乘佛法。这里所说的小乘、中乘、大乘佛法，不是寻常所说的含义，而是根据闻思修的次第来解说的，大体来说，小乘相当于闻慧，中乘相当于思慧，大乘相当于修慧。

2 **乘是行义，不在口争**：四乘佛法都在于自心的修行，不在于口头的争论。

3 **自性自如**：如实知见自心本性。

第六章

导读

本章的主旨是六祖大师解答僧人志道关于《大般涅槃经》中的问题，纠正了其有关肉身、法身以及涅槃的断常邪见。

志道的邪见，表现在三个方面：一是将肉身与法身分别为二，认为离开肉身有法身，离开法身有肉身；二是将生死与涅槃分别为二，认为离开生死有涅槃，离开涅槃有生死；三是将涅槃的真常安乐与生死轮回之乐混为一谈，有能受的人，有所受的乐。这些邪见的关键，即在于不明白体用不二的道理，完全用生死凡夫的我执，以二元对立的思维方式去理解佛经，并以追求轮回之乐的目的去修行。

六祖大师对志道的纠正，正是针对其三种谬误而展开。首先，法身是肉身的体性，即真如本性。其次，大涅槃的真常安乐，是一切感受的体性，而不是任何的具体感受本身，远离痛苦与快乐的两边。最后，大涅槃即生死轮回的体性，生灭的当下，没有实体的生灭可得，证得此不生不灭之体性，即是大涅槃，即是真常安乐，远离自他、能所等一切二元对立法。因此，涅槃绝不是生死之外单独存在的一种永灭的状态，即使是极端的生灭现象，例如劫末之时，劫火洞燃，海水蒸腾，高山倒塌，宇宙混乱，而其当体即是不生不灭的清净涅槃。

原文

僧志道，广州南海[1]人也。请益曰："学人自出家，览《涅槃经》十载有余，未明大意，愿和尚垂诲。"

师曰："汝何处未明？"

曰："诸行无常，是生灭法；生灭灭已，寂灭为乐。于此疑惑。"

师曰："汝作么[2]生疑？"

曰："一切众生皆有二身，谓色身、法身也。色身无常，有生有灭；法身有常，无知无觉。经云'生灭灭已，寂灭为乐'者，不审[3]何身寂灭？何身受乐？若色身者，色身灭时，四大[4]分散，全然是苦，苦不可言乐。若法身寂灭，即同草木瓦石，谁当受乐？"

译文

僧人志道，是广州南海人。他向六祖大师请教道："我自从出家之后，读《涅槃经》超过十年了，不能明白此经大意，请和尚垂悯教诲。"

大师说："你哪个地方不明白？"

志道说："诸行无常，是生灭法；生灭灭已，寂灭为乐。我对于这段经文有疑惑。"

大师说："你为什么产生疑惑？"

志道说："一切众生都有两种身，即肉身、法身。肉身是无常的，有生有灭；法身是恒常的，无知无觉。《涅槃经》说'生灭灭已，寂灭为乐'，不知是哪一个身寂灭？哪一个身受乐？如果是肉身，那么肉身灭的时候，地、水、火、风四大分散，完全是痛苦，既然是痛苦，就不能说是乐。如果是法身寂灭，就如同草木瓦石一般，是谁在受乐？"

注释

1 **广州南海**：即今广东省佛山市南海区。

2 **作么**：为何，为什么。

3 **不审**：不知道，不明白。

4 **四大**：指构成肉身的地、水、火、风四种元素。

原文

“又法性[1]是生灭之体，五蕴是生灭之用，一体五用，生灭是常，生则从体起用，灭则摄用归体。若听更生，即有情之类，不断不灭；若不听更生[2]，则永归寂灭，同于无情之物。如是，则一切诸法被涅槃之所禁伏[3]，尚不得生，何乐之有？”

师曰：“汝是释子[4]，何习外道断常邪见[5]，而议最上乘法？据汝所说，即色身外别有法身；离生灭求于寂灭；又推涅槃常乐，言有身受用：斯乃执吝生死，耽著世乐[6]。”

译文

“另外，法性是生灭的体性，五蕴是生灭的作用，体性是一个，而作用有五个，生灭是恒常的，生就是从体性而产生作用，灭就是收摄作用而归为体性。如果[生灭之法灭了之后]，还能继续再产生，就会导致众生之类不断不灭的结果；如果[生灭之法灭了之后]，不能继续再产生，就会永远归于寂灭，与无情之物相同。这样，可知一切万法都被涅槃所禁止压服，尚且无法产生，还有什么快乐可言呢？”

六祖大师说：“你是释迦牟尼佛的弟子，为什么学习外道的断、常之邪见，而来思维最上乘佛法？根据你所说的，就是在肉身外单独存在着法身；要离开生死轮回去求得单独的寂灭；又认为涅槃的常乐，说有身体可以去受用：这都是执著世间生死轮回的快乐。”

注释

1 **法性**：一切万法的本性，即真如、心性等的异名。

2 **更生**：重新产生，继续产生。

3 **禁伏**：禁止压服，障碍。

4 **释子**：释迦牟尼佛的弟子。

5 **断常邪见**：执著生命等永恒不变或死亡即永灭的邪见。

6 **执吝生死，耽著世乐**：执著世间生死轮回中的快乐。行文是互文修辞。

原文

"汝今当知，佛为一切迷人认五蕴和合为自体相，分别一切法为外尘相，好生恶死，念念迁流，不知梦幻虚假，枉受轮回；以常乐涅槃翻为苦相，终日驰求；佛愍此故，乃示涅槃真乐——刹那无有生相[1]，刹那无有灭相[2]，更无生灭可灭[3]，是则寂灭现前；当现前时，亦无现前之量[4]，乃谓常乐。此乐无有受者，亦无不受者[5]，岂有一体五用之名？何况更言涅槃禁伏诸法，令永不生？斯乃谤佛毁法。"

译文

"你现在要知道，佛陀因为一切愚迷之人，执认五蕴和合而有自我之体相，虚妄分别一切万法而为外境相，好生而恶死，刹那刹那生灭不停，不知生死犹如梦幻，虚假不实，枉受轮回之苦；将真常安乐的真如本性，[由无明烦恼的执著而]显现为生死轮回之苦，在生死轮回中执著追求[虚假的安乐]；佛陀悲悯这一切愚迷之人的缘故，于是指示涅槃的真常安乐——刹那刹那没有生相可得，刹那刹那没有灭相可得，没有生灭之相可以灭除，这就是寂灭涅槃现前；寂灭涅槃现前之时，也没有能显现、所显现之实体可得，这才叫真常安乐。这种真常安乐既没有具体感受可得，也不是没有感受可得，[远离有感受与无感受的二边，]怎么还有一体五用的说法？更何况还说什么涅槃禁止压服了生死等一切万法，使之永远不生？这都是毁谤佛陀，毁谤佛法。"

注释

1 **生相**：从无到有的出生相。

2 **灭相**：从有到无的消灭相。

3 **更无生灭可灭**：并非要灭除一个实体性的生相和灭相。

4 **无现前之量**：并非有一个具体性的事物出现。"量"，可以测量、量度的现象。

5 **无有受者，亦无不受者**：既没有具体的感受可得，也不是没有感受可得。

原文

"听吾偈曰:'无上大涅槃,圆明常寂照[1],凡愚谓之死[2],外道执为断[3],诸求二乘人,目以为无作[4],尽属情所计[5],六十二见本[6]。妄立虚假名,何为真实义?惟有过量人[7],通达无取舍[8]。以知五蕴法,及以蕴中我[9],外现众色象,一一音声相,平等如梦幻[10],不起凡圣见[11],不作涅槃解[12],二边三际断[13]。常应诸根用,而不起用想[14],分别一切法,不起分别想[15]。劫火烧海底,风鼓山相击[16],真常[17]寂灭乐,涅槃相如是。吾今强言说,令汝舍邪见,汝勿随言解[18],许汝知少分[19]。'"志道闻偈大悟,踊跃,作礼而退。

译文

"你听我的偈:'无上大涅槃,圆明常寂照,凡愚谓之死,外道执为断,诸求二乘人,目以为无作,尽属情所计,六十二见本。妄立虚假名,何为真实义?惟有过量人,通达无取舍。以知五蕴法,及以蕴中我,外现众色象,一一音声相,平等如梦幻,不起凡圣见,不作涅槃解,二边三际断。常应诸根用,而不起用想,分别一切法,不起分别想。劫火烧海底,风鼓山相击,真常寂灭乐,涅槃相如是。吾今强言说,令汝舍邪见,汝勿随言解,许汝知少分。'"志道听了偈而大悟,雀跃欢喜,行礼而退。

注释

1 **圆明常寂照**:圆满明净,不生不灭,如实知见。"寂",不生不灭。"照",如实知见。

2 **凡愚谓之死**:愚迷的凡夫以为涅槃就是死亡。

3 **外道执为断**:外道以为涅槃就是死后永灭,空无所有。

4 **无作**:不作功德,不度众生,自趣无余涅槃。

5 **情所计**:情执计度,妄情执著。

6 **六十二见本**:是六十二种外道见的根本。

7 **过量人**:超过具体限量的人,即破除了执著的圣人。

8 **通达无取舍**:通达生死等一切万法的本性,从而不舍生死、不取涅槃。

9 **蕴中我**:五蕴所构成的个体我,这里指假名我。

10 **平等如梦幻**:五蕴、我、色象、音声相等都是无有自他、内外、能所等可得,如梦如幻。

11 **不起凡圣见**:不产生凡夫与圣人等的差别见。

12 **不作涅槃解**:如实知见生死的本性即是涅槃,而不起生死与涅槃是二法的虚妄分别。

13 **二边三际断**:断除有无等二边和过去、现在、未来等三际的虚妄分别。

14 **常应诸根用,而不起用想**:以如实知见的般若智慧,随应眼、耳、鼻、舌、身等根而产生其功能作用,而没有能用、所用、产生功用等虚妄分别。

15 **分别一切法,不起分别想**:如实分别生死等一切万法,而没有能分别、所分别等虚妄分别。这里都是描述的根本智与后得智的特质。

16 **劫火烧海底,风鼓山相击**:劫末大火灾的时候,大火烧得大海都干涸;大风灾的时候,风将须弥山吹得倒塌。

17 **真常**:远离常与无常的二边,不可名状,强言之曰真常。

18 **汝勿随言解**:你不要跟随我的语言文字而产生执著,要透过语言文字,直见离言之真如本性。

19 **许汝知少分**:我就认可你与大涅槃有少分相应。

第七章

导读

本章的主旨是六祖大师印证行思禅师。

行思禅师是已经悟道之后,来六祖大师处印证心性,所印证的正是顿悟成佛之道,不落一切阶级功勋。禅宗重在证得真如法身,真如法身远离一切二法,众生与诸佛平等无别,所以不落阶级功勋——既不是有阶级功勋，也不是没有阶级功勋，有、无是二法，都要远离——这是从体性上来说。而体性上的不落阶级功勋，在相用上则阶级功勋宛然分明，即报身佛的修得，四智菩提的圆满成就，历十信、十住、十行、十回向、十地、等觉、妙觉等五十二贤圣位次，宛然分明，丝毫无差。

于此可知，宗门的不落阶级功勋，与教下的阶级功勋宛然分明，正是体用不二的关系，正因无能落、无所落、无阶级功勋可得（体），所以不落而落、落而不落、阶级功勋宛然分明（用）。反过来，教下唯识宗、天台宗、华严宗等的五十二贤圣位次，三大阿僧祇劫修行等理论，如果从根本智、法身佛来说，又何尝有阶级功勋可言？又何尝有长劫与刹那的差别？

如果对于“不落阶级功勋”之说，随言生执，认为五十二位次、三大阿僧祇劫修行，就是落在了阶级功勋，而禅宗的修行理论就是没有位次、不必修行，这正是落在了有与无、修与不修二元对立的窠臼里，当下即是虚妄分别。

原文

行思禅师，生吉州安城[1]刘氏。闻曹溪法席盛化，径来参礼，遂问曰：“当何所务，即不落阶级[2]？”

师曰：“汝曾作什么来？”

曰：“圣谛[3]亦不为。”

师曰：“落何阶级？”

曰：“圣谛尚不为，何阶级之有？”

师深器之[4]，令思首众[5]。

译文

行思禅师，出生在吉州安城刘姓人家家里。听说曹溪六祖大师顿悟禅盛传广化，就直接来参礼，向大师问道：“应当如何修行，才不落入种种阶段位次？”

六祖大师说：“你过去曾修了什么行？”

行思禅师说：“即使是圣人所证真如，我也不修。”

大师说：“那你落在什么阶段位次？”

行思禅师说：“圣人所证真如我尚且不修，哪里还有什么阶段位次呢？

大师非常器重行思禅师，就让他做大众的首座。

一日，师谓曰：“汝当分化[6]一方，无令断绝[7]。”

思既得法，遂回吉州青原山[8]，弘法绍化（谥弘济禅师）。

一天，大师对行思禅师说：“你应当分布佛法教化一方众生，不要让此法脉断绝了。”

行思禅师得法之后，于是就回到吉州青原山，在那里弘法教化（去世后被谥为弘济禅师）。

注释

1 **吉州安城**：即今江西省吉安市安福县。

2 **阶级**：阶段层次，具体指修道的种种位次。

3 **圣谛**：圣人所证的真如理体。

4 **器之**：器重他。

5 **首众**：做僧众的上座。

6 **分化**：分布佛法，教化众生。

7 **无令断绝**：不要让禅宗顿悟成佛之法脉断绝。

8 **吉州青原山**：即今江西省吉安市青原区的青原山。

第八章

导读

本章的主旨是六祖大师印证接引怀让禅师。

怀让禅师先已在安国师处有所启发，所以与六祖大师的言语对答，即是其见地的印证。对于其所证自心本性，怀让禅师主要阐述了两点，一是其无相，不可用任何事物来类比；一是其超越修证与污染的二法。

对于修证与污染，怀让禅师所说，可以视为互文的修辞，前后可以互相补充和发明。

自心本性远离修证与不修证的二元对立，是修证（用）与不修证（体）的不二，即修证之行（用）而无能修证、所修证可得（体），即无能修证、所修证可得（体）而修证（用）。禅师说“修证即不无”，即是从用上来说，其体则隐在其中。

另外，自心本性远离污染与不污染的二元对立，是污染（用）与不污染（体）的不二，即污染（用）而无能污染、所污染可得（体），即无能污染、所污染可得（体）而污染（用）。禅师说“污染即不得”，则是从体上来说，其用则隐在其中。

禅师从用上说修证，从体上说污染，结合修证与染污之关系，可知正是体现的体用不二中道——修证的内容，正是要破除无明烦恼；而无明烦恼污染自心，无有实体，没有能污染、所污染可得：正是如实知见无明烦恼无有实体，没有能污染、所污染可得，当下即是真如实相，如此破而无所破，无所破而破。

另外，禅师所没有直接宣说的，即从体上说修证，从用上说污染，正是体用不二中道的另一方面。修证的内容，是要破除无明烦恼，而没有能修证、所修证可得，即没有能破、所破可得；无明烦恼正是没有能污染、所污染可得，所以污染自心：正是以远离二元对立的般若智慧，没有能破、所破可得，所以当下即破除自心的无明烦恼，如此无能破而破，破而无能破。

将这两方面的内容补充完整，则怀让禅师所说的话，可以拓展为“修证即不无，污染即不得；修证即不得，污染即不无”，或者“修证不无亦不得，污染不得亦不无”等等，各自对应着其具体的修证境界、阶段。后来怀让禅师侍奉六祖大师十五年，“日臻玄奥”，说明其般若智慧不断胜进、所证功德不断圆满，也说明修行是一个过程，并非证得“修证即不无，污染即不得”的境界就已经究竟成就了三身佛果。

原文

怀让禅师，金州[1]杜氏子也。初谒嵩山安国师[2]，安发[3]之[4]曹溪参扣[5]。让至，礼拜。

师曰："甚处来？"

曰："嵩山。"

师曰："什么物恁么[6]来？"

曰："说似一物即不中[7]。"

师曰："还可修证否？"

曰："修证即不无[8]，污染即不得[9]。"

师曰："只此不污染，诸佛之所护念。汝既如是，吾亦如是。西天般若多罗[10]谶[11]汝足下出一马驹[12]，踏杀天下人[13]。应在汝心，不须速说。"

让豁然契会，遂执侍左右一十五载，日臻玄奥。后往南岳，大阐禅宗（敕谥大慧禅师）。

译文

怀让禅师，是金州杜姓人家的孩子。最初拜见嵩山安国师［而得到启发］，安国师嘱咐他到曹溪来参学扣问。怀让到了曹溪，礼拜六祖大师。

六祖大师问："你从哪里来？"

禅师说："从嵩山来。"

大师说："是什么东西这么来了？"

禅师说："如果说像一个什么东西，那都不合适。"

大师说："可以修证吗？"

禅师说："不是没有修证，但是不可污染。"

大师说："就这个不可污染，正是诸佛所护持忆念的。你已经如此证得，我也是如此证得。西方天竺国中般若多罗大师预言你的门下将会出现一匹马驹，踏杀天下之人。这个预言你应记在心上，不必马上说出来。"

怀让豁然顿悟，契会大意，之后执役服侍大师十五年，修行越来越到达玄奥之境。后来前往南岳，盛弘禅宗（去世后被谥为大慧禅师）。

注释

1 **金州**：即今陕西省安康市。

2 **安国师**：五祖弘忍大师弟子慧安，荆州枝江人，唐朝武则天、唐中宗崇奉为国师。

3 **发**:嘱咐、派遣。

4 **之**:到,来到。

5 **参扣**:参学,扣问、请教。

6 **恁么**:这么,这样。

7 **不中**:不符合、不合适。

8 **修证即不无**:指真如本性不是修证的对象,但也不离修证。

9 **污染即不得**:指众生的无明烦恼与真如不相应,真如本性无有污染可得。

10 **西天般若多罗**:即印度禅宗二十七祖般若多罗大师。

11 **谶**:预言。

12 **马驹**:指马祖道一禅师,俗姓马,后来成为怀让大师的得法弟子。

13 **踏杀天下人**:弘扬顿悟成佛之道,纵横不可挡。

第九章

导读

本章的主旨是六祖大师印证玄觉禅师。

玄觉禅师依师承学习经教,修行天台止观,在读《维摩经》时明心见性,这是过去多生多劫以来修行而成就的种性,今生因缘成熟,所以才能如此。

前文法达、智通、志道等人长期读诵佛经而没有悟道,后来因为六祖大师的点拨才明心见性,这往往令人产生误会,以为读诵佛经虽然功德大,但是无法今生悟道,所以不如善知识以言语点拨而能直接悟道。这种误会不仅有重祖师言语、轻佛陀经典的倾向,而且将修行悟道的渐修过程和顿悟结果割裂开来,不知道他们长期读诵佛经的修行准备,正是听闻六祖大师点拨而悟道的基础。如果没有长期读诵佛经的渐修,那么顿悟就成了无中生有。

玄觉禅师的经历，则对这种误会进行彻底的纠拨，说明长期地学习经教、读诵佛经，就可以今生悟道。而玄觉禅师前往六祖大师处以求印证的过程，是精彩之至的，主要印证根本智的证得，虽然有时在说真如之体，有时在说般若之用，却句句远离一切二法，处处契合不二中道，言语上不即佛经一字，宗旨上不离佛经半句，是自证般若智慧，完全符顺经典大意的典范。其以遮诠的方式，与教下吉藏大师《维摩经义疏》中表诠《文殊师利菩萨问疾品》的内容若合符契，毫无二致。

原文

永嘉[1]玄觉禅师，温州[2]戴氏子。少习经论，精天台止观法门[3]，因看《维摩经》发明心地[4]。偶师弟子玄策[5]相访，与其剧谈[6]，出言暗合诸祖。

策云："仁者得法师谁？"

曰："我听方等经论[7]，各有师承。后于《维摩经》悟佛心宗[8]，未有证明者。"

策云："威音王已前即得[9]，威音王已后，无师自悟，尽是天然外道。"

曰："愿仁者为我证据。"

策云："我言轻[10]。曹溪有六祖大师，四方云集[11]，并是受法者。若去，则与偕

译文

永嘉玄觉禅师，是温州戴姓人家的儿子。年少时就学习经论，精通天台宗的止观法门，因为读《维摩经》而证悟自心本性。一次六祖大师弟子玄策前来探访，与他畅谈佛法，他的回答都暗暗契合祖师们[所传的顿悟禅法]。

玄策说："仁者的得法师父是谁？"

玄觉说："我听闻大乘佛法经论，都各自有其师承。后来读《维摩经》而顿悟佛心宗要，没有予以印证的。"

玄策说："在佛陀没有出世建立教法、传承法脉之前，[自己悟道而没有得到印证]也不要紧，在佛陀出世建立教法、传承法脉之后，自己悟道而没有得到传承禅师的印证，那都是天然外道。"

玄觉说："请仁者为我印证。"

玄策说："我人微言轻，不足以印证。曹溪有六祖大师，四方比丘都聚集在那里，都是参究受法的。如果你前往，我就

行。”

觉遂同策来参，绕师三匝[12]，振锡[13]而立。

跟你同行。”

玄觉于是就与玄策一起前来六祖处参礼，旋绕了三周，举起锡杖站着。

注释

1 **永嘉**：即今浙江省永嘉县。

2 **温州**：即今浙江省温州市。

3 **天台止观法门**：天台宗智者大师所创的圆顿止观法门。

4 **发明心地**：证得自心本性。

5 **玄策**：六祖大师的弟子，得法后回金华盛传禅宗。

6 **剧谈**：畅谈。

7 **方等经论**：大乘佛法的经论。

8 **悟佛心宗**：顿悟佛心宗要。“佛心宗”，又是禅宗的异称。

9 **威音王以前即得**：在威音王佛成佛之前而自己悟道，那么没有人印证也不要紧。“威音王”，是《法华经》中的一位古佛，这里指佛陀建立教法，传承顿悟法脉。“即得”，尚可。

10 **言轻**：言语证明不能得到人们的重视和认可。玄策自谦人微言轻。

11 **云集**：形容前往六祖大师处参禅的人很多。

12 **三匝**：三周、三圈。

13 **振锡**：举起锡杖，使锡杖不着地。

原文

师曰：“夫沙门[1]者，具三千威仪[2]、八万细行[3]。大德[4]自何方而来，生大我慢？”

觉曰：“生死事大，无常迅速。”

师曰：“何不体取无

译文

大师说：“出家修行人，要具足三千威仪、八万细行。大德从哪里来，产生大我慢心？”

玄觉说：“生死轮回事体重大，无常生灭迅速无比[，难以顾及礼仪，请大师开示]。”

大师说：“为何不体证不生之性，了

生、了无速[5]乎？”

曰：“体即无生，了本无速[6]。”

师曰：“如是，如是！”

玄觉方具威仪礼拜[7]，须臾告辞。

师曰：“返太速乎？”

曰：“本自非动，岂有速耶？”

师曰：“谁知非动[8]？”

曰：“仁者自生分别[9]。”

师曰：“汝甚得无生之意。”

曰：“无生岂有意耶？”

师曰：“无意，谁当分别[10]？”

曰：“分别亦非意[11]。”

师曰：“善哉！少留一宿。”

时谓“一宿觉”。后著《证道歌》，盛行于世（谥曰无相大师，时称为真觉[12]焉）。

却无快慢之体呢？”

玄觉说：“能体证、了彻之心本来就无有生灭可得，无有快慢可得。”

大师说：“正是，正是！”

玄觉此时才具足威仪礼拜大师，一会儿就告辞要离开。

大师说：“你回去得太快了吧！”

玄觉说：“本来就不曾有来去，难道还有快慢吗？”

大师说：“谁知道不曾有来去？”

玄觉说：“仁者自己产生来去的分别。”

大师说：“你很明白无生的真意。”

玄觉说：“既然无生，难道还需要用心意去明白吗？”

大师说：“如果不用心意，那是谁在分别呢？”

玄觉说：“此分别本身不是心意的分别[，而是与真如相应的如实分别]。”

大师说：“很好啊！你还是暂住一夜吧。”

当时人们就称玄觉禅师为“一宿觉”。玄觉禅师后来写了《证道歌》，盛行于世（禅师去世后，被谥为无相大师，当时人们又称他为“真觉禅师”）。

注释

1 **沙门**:出家修行善法、止息恶法的修行人。

2 **三千威仪**:比丘行住、坐、卧的行为规范,具体是二百五十条具足戒,配合行、住、坐、卧,即是一千威仪,再配合三聚净戒,就是三千威仪。

3 **八万细行**:比丘在日常修行中的微细规范,即以三千威仪配合身三口四共七种行为,就是二万一千,再配合贪、嗔、痴、等分四种烦恼,就是八万四千。

4 **大德**:对诸佛菩萨或高僧的敬称。

5 **体取无生、了无速**:体证无有生灭之真如本性,从而了彻无常本来无快慢可得。

6 **体即无生,了本无速**:能体证、了彻之心本来就无有生灭可得,无快慢可得,即自心本性本来不生不灭,无快无慢。

7 **方具威仪礼拜**:玄觉禅师此时才具足威仪而礼拜六祖大师。之前是郑重尊法而不盲目礼拜,现在得到六祖大师的印证,所以礼拜。拜与不拜,都是以法为重。

8 **谁知非动**:六祖大师此处勘验玄觉禅师的般若智,即如何证知不生不灭的真如本性?

9 **仁者自生分别**:玄觉禅师此处在说对真如本性的证知,并非寻常之虚妄分别,而是般若智慧的如实知见。

10 **无意,谁当分别**:六祖大师此处说的是,如果没有心识的作用,那么如何能分别无生之体?

11 **分别亦非意**:玄觉禅师此处说的是根本智的如实分别,不是有自他、能所的心识的虚妄分别。

12 **真觉**:当时人们称玄觉禅师为"真觉禅师"。

第十章

导读

本章的主旨是玄策引导智隍禅师拜见六祖大师而得度。

智隍禅师在五祖大师处即已经获得禅定正受，但是产生深刻的执著，以此禅定心为真如心，以禅定境界为究竟，导致二十年耽著于此，而不能进步。如果不是玄策点化，那么智隍就会空过一生。智隍所得禅定，是世间禅定，如果配合观慧，可以成为悟道的增上缘；如果没有观慧，则为生死因缘，仅仅是世间福报。

玄策禅师对智隍所得世间禅定的批判，即是站在自心本性不二中道的立场上，指出其禅定不出二法，因此不是佛法。其所述的六祖大师所主张的禅定，与前文第四"定慧品"可谓完全一致。后来六祖大师对智隍的开示，更是补充了如何入正观而证得般若智慧的方便，进而证得法性定。

世间禅定是证得般若智慧的增上缘，读诵佛经而如理思维观修则是证得般若智慧的正因缘。因此，本章与前面几章，彼此联系，即可知要将世间禅定与读诵佛经、如理思维二者配合起来，才是渐修的正轨，也才能成为顿悟的前提。而证得般若智慧，则是对世间禅定和思维观慧的超越，是超越渐修而成顿悟，因此，六祖大师才说自己"不懂佛法"——"懂佛法"还在思维观慧中——六祖大师是证得真如本性，成就了般若智，远离了懂与不懂的二边，强言之曰"不懂"。

原文

禅者智隍，初参五祖，自谓已得正受[1]。庵居长坐[2]，积二十年。

师弟子玄策，游方[3]至河朔[4]，闻隍之名，造[5]庵问云："汝在此作什么？"

隍曰："入定。"

策云："汝云入定，为有心入耶？无心入耶？若无心入者，一切无情草木瓦石，应合得定；若有心入者，一切有情含识[6]之流，亦应得定。"

隍曰："我正入定时，不见有有无之心。"

策云："不见有有无之心，即是常定[7]，何有出入？若有出入，即非大定[8]。"

译文

禅者智隍，起初在五祖大师处参禅，自己认为已经成就了禅定。后来修茅庵而安居，长年打坐入定，前后共二十年。

六祖大师的弟子玄策，四处云游参学，到达河朔，听说智隍的名声，就到他茅庵问道："你在这里做什么？"

智隍说："打坐入定。"

玄策说："你说入定，是有心而入禅定呢？还是无心而入禅定？如果是无心而入禅定，那么一切草木瓦石等无情，都应该在禅定之中；如果是有心而入禅定，那么一切有情众生之类，也都应该在禅定之中。"

智隍说："我正在禅定中时，不见有有心、无心的差别。"

玄策说："如果不见有有心、无心的差别，就是与真如本性相应的常定，怎么会有出定、入定呢？如果有出定、入定，就不是常定。"

注释

1 **正受**：进入了根本禅定。

2 **庵居长坐**：修了个茅庵，长期打坐。"庵"，用草木搭建的简陋房屋。

3 **游方**：云游四方参学。

4 **河朔**：黄河以北地区。

5 **造**：到，来到。

6 **含识**：含有心识的有情众生。

7 **常定**:恒常的禅定,即法性定,与不生不灭的真如本性相应,所以不出不入。

8 **大定**:即是常定。

原文

隍无对,良久,问曰:"师嗣谁耶?"

策云:"我师曹溪六祖。"

隍云:"六祖以何为禅定?"

策云:"我师所说,妙湛圆寂[1],体用如如[2]。五阴本空,六尘非有,不出不入,不定不乱[3]。禅性无住,离住禅寂[4];禅性无生,离生禅想[5]。心如虚空,亦无虚空之量[6]。"

隍闻是说,径来谒师。

师问云:"仁者何来?"

隍具述前缘[7]。

译文

智隍没有回答,好久,才问道:"仁者的师承是谁啊?"

玄策说:"我的师父是曹溪六祖大师。"

智隍说:"六祖大师所说的禅定是怎样的?"

玄策说:"我的师父所说的禅定,妙用湛然,如实知见,体性寂静,圆满自在,体用不二,如如无碍。五蕴本来没有实体,六境也不是真实的,因此无有出定、入定可得,也没有禅定、散乱可得。禅定的特性是无所执著,远离对安住种种禅定寂静的执著;禅定的特性是不生不灭,远离对投生种种禅定之天的执著。禅定之心犹如虚空一样[,但又是彻底无相的],并没有心如虚空的分别[,没有虚空之相]。"

智隍听了,直接去拜见六祖大师。

大师问道:"仁者为何而来?"

智隍于是把与玄策的一番对话说了一遍。

注释

1 **妙湛圆寂**:妙湛形容智慧,圆寂则是涅槃。

2 **如如**:一切万法体性都是真如,所以称为如如。

3 **不出不入，不定不乱**：与真如相应的常定、大定远离出和入、定和散的二边。

4 **禅性无住，离诸禅寂**：与真如相应的常定、大定的特性是远离一切执著，远离对四禅八定等的执著。

5 **禅性无生，离生禅想**：与真如相应的常定、大定的特性是不生不灭，远离进入四禅八定的虚妄分别。

6 **心如虚空，亦无虚空之量**：内心犹如虚空，无有自他、能所等一切二元对立相，不产生心如虚空的虚妄分别。

7 **前缘**：即智隍与玄策之间的交谈。

原文

师云："诚如所言。汝但心如虚空，不着空见，应用无碍，动静无心，凡圣情忘，能所俱泯，性相如如，无不定时也。"

隍于是大悟，二十年所得心[1]，都无影响[2]。其夜河北[3]士庶闻空中有声云："隍禅师今日得道。"

隍后礼辞，复归河北，开化四众[4]。

一僧问师云："黄梅意旨，甚么人得？"

师云："会佛法人得。"

僧云："和尚还得否？"

师云："我不会佛法。"

译文

大师说："确实就像玄策说的那样。你只要内心如同虚空一般，又不执著有虚空之分别，随顺一切因缘而自在无碍，对于动静等法都无有执著，对于生死烦恼等法都远离凡夫、圣人的取舍，远离能所、自他等法的二边，自心本性之体用都如同证得真如时一样，那就没有什么时候不在禅定之中。"

智隍听了，大彻大悟，二十年来的禅定心，都完全放下而无有执著。这天夜里，河朔的士人百姓都听到空中有声音说："智隍禅师今天得道了。"

智隍后来行礼告辞，又回到了河朔，开法教化四众。

一位僧人问六祖大师说："黄梅五祖大师所传的佛法大意，什么人得到了？"

大师说："懂佛法的人得到了。"

僧人说："和尚您得到了吗？"

大师说："我不懂佛法。"

注释

1 **所得心**:有所执著的禅定心。

2 **都无影响**:都无影无踪了。“影”,影子。“响”,回声。

3 **河北**:即河朔,黄河以北。

4 **四众**:比丘、比丘尼、男居士、女居士。

第十一章

导读

本章的主旨是僧人方辩为六祖大师塑像,塑像流传而为人天福田。方辩的福报可谓非凡,能有缘见到数百年前示现圆寂的达磨大师;又能前来瞻礼六祖大师以及所传衣钵,并为大师塑像。可惜还欠一悟。于此可知,福报终归只是增上缘,听闻佛法而修习观慧,才是悟道的正因缘。

原文

师一日欲濯所授之衣而无美泉,因至寺后五里许,见山林郁茂,瑞气盘旋[1]。师振锡卓地,泉应手而出,积以为池,乃跪膝浣衣石上。

忽有一僧来礼拜,云:“方辩是西蜀[2]人,昨于南天竺国见达磨大师,嘱方辩速往唐土,‘吾传大迦叶

译文

六祖大师有一天想要洗祖师所传来的袈裟,但是没有好的泉水,于是到寺庙后面五里左右的地方,看到山林葱郁茂盛,祥瑞的云气缭绕在周围。大师拿起锡杖往地一顿,泉水随之而出,积水成池,大师于是就半跪在石头上洗衣。

忽然有一位僧人前来礼拜,说:“方辩是西蜀人,之前在南天竺国见到达磨大师,大师嘱咐方辩马上到东土大唐来,‘我传付大迦叶的正法眼藏以及袈裟,现

正法眼藏[3]及僧伽梨[4],见传六代于韶州曹溪,汝去瞻礼’。方辩远来,愿见我师传来衣钵。”

师乃出示,次问:“上人攻何事业?”

曰:“善塑[5]。”

师正色[6]曰:“汝试塑看。”

在传了六代,传到了韶州曹溪,你前往去瞻望礼拜’。方辩远道而来,希望能看看祖师传来的袈裟和钵盂。”

六祖大师于是把袈裟和钵盂给方辩看,然后问:“上人主要擅长做什么?”

方辩说:“我擅长塑像。”

大师郑重地说:“你试着塑一下我的像。”

注释

1 **瑞气盘旋**:祥瑞之云气,四周缭绕。

2 **西蜀**:四川的西部。

3 **正法眼藏**:明心见性之道。

4 **僧伽梨**:比丘三衣之一,即大衣。

5 **善塑**:擅长塑造佛像。

6 **正色**:郑重、严肃。

原文

辩罔措[1]。过数日,塑就真相,可[2]高七寸,曲尽其妙。

师笑曰:“汝只解塑性,不解佛性。”师舒手摩方辩顶,曰:“永为人天福田。”

(师仍以衣酬之[3]。辩取衣分为三,一披塑像,一自留,一用棕裹瘗[4]地中。誓曰:“后得此衣,

译文

方辩手足失措。过了几日,塑好了一座大师的真容像,大约高七寸,工艺非常精妙。

大师笑道:“你只明白塑像的技艺,不明白佛性道理。”大师又伸手抚摸方辩的头顶说:“要永远为人天作福田。”

(大师于是用法衣作为酬谢送给方辩。方辩拿了衣服,分为三份,一份披在大师的塑像上,一份自己留存,一份用棕榈叶裹着埋藏在地里,并且发誓说:“以后如果有人从地里得到此衣,此人就是我投胎

乃吾出世，住持于此，重建殿宇。”宋嘉祐八年，有僧惟先，修殿掘地，得衣如新。像在高泉寺，祈祷辄应。）

转世，将在此地住持，重建殿堂庙宇。”北宋嘉祐八年，有一位僧人惟先，重修殿堂而挖地，得到了这件衣服，还好像新的一样。方辩所塑的大师像在高泉寺，如果前去祈祷，就有灵验。）

注释

1 **罔措**：手足失措，不知该怎么办。

2 **可**：大概，大约。

3 **酬之**：给方辩作塑像的报酬。

4 **瘗**：埋藏。

第十二章

导读

本章的主旨在于，阐述六祖大师批判当时流传的卧轮禅师的偈颂。

卧轮禅师的偈颂，说的是修禅定的方法，面对种种境相，令心念不起，从而不断增进其禅定境界。偈颂中，能所、自他宛然，未能与真如相应，有修行禅定境界的明显执著和慢心等烦恼，可知卧轮禅师未能破除无明烦恼，而以禅定之力强行压伏烦恼，还认为菩提一直在增长，即视菩提为可增减的有为法，所以六祖大师说这是增加了修行的烦恼缠缚。

六祖大师对卧轮禅师的破斥，着重在四点。一、修行以悟道为基础，是与真如无为相应的般若智慧之妙用，不属有无，不是技能。二、断除内心的虚妄分别，而无有能断、所断的二元对立，即能所双亡。三、断除虚妄分别，而有与真如相应的如实分别，所以不是压伏心念使之不生起，而是心念生起之时，没有能分别、所分别而如实分别。四、菩提不是有为法，本无增减，远离增减的二边。

六祖大师的偈颂，完全是站在见性成佛的立场上，绝非凡夫所能说出，也不是凡夫可以拿来作为口头禅而装门面骗人的。如果时时刻刻都在虚妄分别中，无明烦恼缠缚，却用六祖大师的偈颂来自诩，那就是以凡夫心攀附圣人境界，不仅是增上慢，而且是诽谤佛法！

原文

有僧举卧轮禅师偈曰："卧轮有伎俩[1]，能断百思想[2]，对境心不起[3]，菩提日日长[4]。"

师闻之，曰："此偈未明心地，若依而行之，是加系缚[5]。"

因示一偈曰："惠能没伎俩，不断[6]百思想，对境心数起[7]，菩提作么长[8]？"

译文

有僧人引用卧轮禅师的偈说："卧轮有伎俩，能断百思想，对境心不起，菩提日日长。"

六祖大师听了，说："这个偈没有发明心地，如果依照此偈而修行，这是增加烦恼缠缚。"

于是说了一个偈道："惠能没伎俩，不断百思想，对境心数起，菩提作么长？"

注释

1 **伎俩**：有技能，修行有功夫。

2 **思想**："思"，指内心造作种种心行的功能。"想"，指内心取相认知的作用，相当于今天所说的感觉、知觉和表象。

3 **心不起**：调伏心念，使心念不产生。

4 **日日长**：每天都在增长。"长"，增长。

5 **系缚**：被烦恼所缠缚，而于生死轮回中不能出离。

6 **不断**：断除虚妄分别而无能断、所断，即断而不断、不断而断。

7 **心数起**：心心念念都与真如相应而如实分别，即"无所住而生其心"的后得智。"数"，屡次，不断。

8 **菩提作么长**：菩提有什么可增长的呢？菩提本来不增不减，如果有增减，即是有为法，不是菩提了。"作么"，如何。

顿渐第八

第一章

导读

本章的主旨在于，阐述六祖大师为神秀大师的弟子志诚解说南宗顿悟禅的戒定慧法门。

六祖大师与神秀大师当时各主一方，以顿教和渐教各自度化有缘众生。当时，北宗渐教的社会影响远远大过南宗顿教，到南宗禅成为佛教的主流和代表的时候，已经是在六祖大师去世之后，经由神会禅师的努力才出现的局面。

从佛教的整体上看，后来渐教的没落，以及佛教义学的衰败，其实都是佛教整体没落、衰败的表现。当年佛陀说法，蕴含五乘，针对不同的根性、不同的需要，有着对应的教法，渐教、顿教、义学，乃至声闻乘、缘觉乘、人乘、天乘佛法都非常丰富，各得其所，各适其机。到南宗禅成为佛法命脉、独存一线的时候，整个佛教可谓大势已去，其无奈与悲哀，大概可以用"一枝独秀不是春"来略况其味。

神秀、六祖对于戒定慧学的解释，也是各自符顺其渐教、顿教逻辑的。神秀的解释，对于绝大多数普通修行人来说，非常对机，并且会引导修行人走向终极的目标。六祖的解释，完全从自心本性出发，与前文"定慧品"完全一致，从不同的角度观照自心本性，从而有戒定慧等假名，乃至菩提、涅槃、解脱知见等一切功德法之假名。而这些假名的安立，同样贯通着不二中道义，都是随顺因缘的方便。

原文

时，祖师居曹溪宝林，神秀大师在荆南玉泉寺[1]。于时两宗盛化，人皆称南能北秀，故有南北二宗顿渐之分，而学者莫知宗趣。

师谓众曰："法本一宗，人有南北；法即一种，见有迟疾。何名顿渐？法无顿渐，人有利钝，故名顿渐。"

然秀之徒众往往讥南宗祖师，"不识一字，有何所长？"

秀曰："他得无师之智[2]，深悟上乘，吾不如也。且吾师五祖亲传衣法，岂徒然[3]哉！吾恨[4]不能远去亲近，虚受国恩[5]。汝等诸人毋滞于此，可往曹溪参决[6]。"

译文

当时，六祖大师在曹溪宝林寺住持，神秀大师在荆南玉泉寺住持。在这时，两宗的教化都很兴盛，人们都称说"南有惠能，北有神秀"，所以就有南宗顿教和北宗渐教的分别，而学人们都不知道两宗的不同宗趣所在。

六祖大师对大众说："佛法本来只有一个宗要，而学人有南北之分；佛法只有一种，悟道见性有快慢之别。什么叫顿教、渐教？佛法没有顿教、渐教之分，但学人有利根、钝根之别，所以说顿说渐。"

然而神秀禅师的徒众往往讥讽南宗的六祖大师，说："一个字都不认识，他有什么长处？"

神秀禅师说："惠能大师证得了无师自通的智慧，顿悟了最上乘佛法。我是比不上的。而且我师父五祖大师亲自传付给他衣钵和法脉，难道是无缘无故的吗？我很遗憾不能远道而去亲近他，只能在这里白白地承受皇上的恩宠。你们大家不要在这里停留，应该前往曹溪参扣而悟道。"

注释

1 **荆南玉泉寺**：即今湖北省宜昌当阳市玉泉山玉泉寺。

2 **无师之智**：无师自悟的智慧。

3 **徒然**：白白地，无缘无故的样子。

4 **恨**：遗憾。

5 **国恩**:皇家的恩宠,指武则天封神秀禅师为国师,并极为礼敬。

6 **参决**:参究佛法,决了悟道。

原文

一日,命门人志诚曰:“汝聪明多智[1],可为吾到曹溪听法,若有所闻,尽心记取[2],还为吾说。”

志诚禀命至曹溪,随众参请,不言来处。

时祖师告众曰:“今有盗法之人,潜在此会。”

志诚即出礼拜,具陈其事。

师曰:“汝从玉泉来,应是细作[3]。”

对曰:“不是。”

师曰:“何得不是?”

对曰:“未说即是,说了不是。”

师曰:“汝师若为[4]示众?”

对曰:“常指诲大众,住心观静,长坐不卧。”

师曰:“住心观静,是病非禅[5];长坐拘身,于理何益[6]?听吾偈曰:

译文

一天,神秀禅师吩咐门人志诚道:“你深明事理,机智伶俐,能够替我到曹溪去听闻惠能大师说法。如果有所听闻,尽力记住,回来为我述说。”

志诚秉受吩咐而到了曹溪,跟随大众一起参礼请益,没有说明自己的来处。

当时,六祖大师对大众说:“今天有盗闻佛法的人,偷偷地藏在法会的人群中。”

志诚就走出来礼拜,把事情的前因后果都说了一遍。

大师说:“你既然从玉泉寺来,那么应该是奸细。”

志诚回答说:“不是。”

大师说:“为什么不是?”

志诚回答说:“如果我没有说明,那就是奸细;我现在说明了,所以不是。”

大师说:“你师父是如何向大众开示的?”

志诚回答说:“我师父常常指示教诲大众,要安住自心,澄心而观,长久地打坐,而不睡觉。”

大师说:“安住自心,静心而观,这是修行之病,而不是悟道之禅;长久地打坐

'生来坐不卧,死去卧不坐,一具臭骨头,何为立功课[7]?'"

控制身体,对于证悟自心本性有什么益处?你听我的偈:'生来坐不卧,死去卧不坐,一具臭骨头,何为立功课?'"

注释

1 **多智**:这里指深明事理,机智多变。

2 **记取**:记住。

3 **细作**:间谍,奸细。

4 **若为**:如何,怎样。

5 **住心观静,是病非禅**:澄心静虑,安住不动,观取静相,这是修行之病,而不是禅悟。

6 **长坐拘身,于理何益**:长期打坐来控制身体,对于证得真如本性有什么用处?

7 **何为立功课**:为什么要将打坐立为每天修行的功课呢?

原文

志诚再拜曰:"弟子在秀大师处学道九年,不得契悟[1]。今闻和尚一说,便契本心。弟子生死事大,和尚大慈,更为教示[2]。"

师云:"吾闻汝师教示学人戒定慧法,未审汝师说戒定慧行相[3]如何?与吾说看。"

诚曰:"秀大师说,诸恶莫作名为戒,诸善奉行名为慧,自净其意名为定。彼说

译文

志诚再次礼拜,说:"弟子在神秀大师处学道九年了,不能契合本心而悟道。今天听和尚一说,就契合了本心。弟子的生死轮回之大事,还要请和尚大慈大悲,再垂悯教诲开示。"

大师说:"我听说你师父向修学人教诲开示戒定慧学,不知你师父所说的戒定慧的心行相貌如何?你向我说说。"

志诚说:"神秀大师说,不做一切恶行就是戒,修行一切善行就是慧,自己净化内心就是定。神秀大师是如此说的,

如此，未审和尚以何法诲人？”

师曰：“吾若言有法与人，即为诳汝。但且随方解缚[4]，假名三昧。如汝师所说戒定慧，实不可思议。吾所见戒定慧又别。”

不知和尚用什么法要来教诲修行人？”

大师说：“我如果说有什么法要传给人，那就是在骗你。仅仅是根据修行人的烦恼执著，而以方便解除其烦恼执著，假名作般若三昧。像你师父所说的戒定慧学，确实是不可思议的。我所见的戒定慧学又有所不同。”

注释

1 **契悟**：契合自心本性而悟道。

2 **教示**：教诲开示。

3 **行相**：心行相貌。

4 **随方解缚**：依据众生的烦恼执著而以方便解除。“方”，方便。

原文

志诚曰：“戒定慧只合一种，如何更别？”

师曰：“汝师戒定慧接大乘人，吾戒定慧接最上乘人。悟解不同，见有迟疾。汝听吾说，与彼同否？吾所说法，不离自性。离体说法，名为相说[1]，自性常迷。须知一切万法，皆从自性起用[2]，是真戒定慧法。听吾偈曰：‘心地无非自性戒，心地无痴自性慧，心地无乱自性定，不增不减自金刚[3]，身

译文

志诚说：“戒定慧只应该有一种，为什么还有另一种戒定慧呢？”

大师说：“你师父的戒定慧学是接引大乘人的，我所说的戒定慧是接引最上乘人的，所悟解的有不同，见道有快慢差别。你听我说，看跟你师父所说的相同吗？我所说的法，是不离开自心本性的；如果离开自心本性而说法，叫作执著境相而说法，而自心本性愚迷不悟。要知道戒定慧等一切功德法，都是自心本性的随缘妙用，这才是与真如相应的戒定慧法。你听我的偈：‘心地无非自性戒，心地无痴自性慧，心地无乱自

去身来本三昧[4]。'"诚闻偈，悔谢，乃呈一偈曰："五蕴幻身，幻何究竟？回趣真如，法还不净[5]。"

性定，不增不减自金刚，身去身来本三昧。'"志诚听了，就忏悔并谢罪，然后呈上一首偈道："五蕴幻身，幻何究竟？回趣真如，法还不净。"

注释

1 **离体说法，名为相说**：远离自心本性而宣说佛法，叫作执著境相而说法。

2 **从自性起用**：戒定慧都是自心本性的具体妙用。

3 **金刚**：比喻自心本性。

4 **身去身来本三昧**：身体行、住、坐、卧，都无非是在与真如相应的法性定之中。

5 **回趣真如，法还不净**：真如本性具足一切万法，但不是认识的对象，不可著相以求；如果要以真如为目标，而去求证真如本性，那么仍然是陷于执著，即是不净。

原文

师然之。复语诚曰："汝师戒定慧，劝小根智人；吾戒定慧，劝大根智人。若悟自性，亦不立菩提、涅槃，亦不立解脱知见。无一法可得，方能建立万法。若解此意，亦名佛身，亦名菩提、涅槃，亦名解脱知见。见性之人，立亦得、不立亦得，去来自由，无滞无碍，应用随作，应语随答[1]，普见化身，不

译文

大师对此表示认可。然后又对志诚说："你师父的戒定慧学，是劝导钝根小智之人的；我的戒定慧学，是劝导利根大智之人的。如果开悟自心本性，也不必安立菩提、涅槃，也不必安立解脱知见等功德法；没有一法可得，才能安立一切功德万法。如果能明白这个道理，也可以[依自心本性，]叫作佛身，也可叫作菩提、涅槃，也可叫作解脱知见。明心见性之人，安立也行，不安立也行，生来死去都自在，无有迟滞、障碍，根据众生的根性和需要而作、而答，普遍地示现化身，不离自心本性，就

离自性，即得自在神通，游戏三昧，是名见性。”

志诚再启师曰：“如何是不立义？”

师曰：“自性无非、无痴、无乱，念念般若观照，常离法相，自由自在，纵横尽得，有何可立？自性自悟，顿悟顿修，亦无渐次，所以不立一切法。诸法寂灭，有何次第？”志诚礼拜，愿为执侍，朝夕不懈。”

是证得了自在神通，自在游戏三昧，这就叫作见性成佛。”

志诚再次启禀大师说：“如何是不予安立的道理？”

大师说：“自心本性无有过错、无有愚痴、无有散乱，心心念念以般若智慧进行观照，恒续远离对境相的执著，自由自在，横竖都可，有什么可安立的呢？自心本性，自己证悟，顿悟见性，顿修佛法，也没有渐修、次第可得，所以不安立一切万法。一切万法本自寂灭，还有什么次第呢？”志诚向大师礼拜，愿意执役服侍，从早到晚都不懈怠。”

注释

1 **应用随作，应语随答**：随顺众生的根性和需要而作、而答。

第二章

导读

本章的的主旨在于，阐述六祖大师慈悲宽恕并摄受张行昌，为其解说《涅槃经》中常、无常的义理。

行昌之所以有困惑，是因为他所理解的常，是永恒不变的常，同于凡夫外道的实体执，这是“常见”；他所理解的无常，是刹那生灭变化的无常，同于小乘人的法我执，这是“断见”。以大乘佛法来看，行昌的理解落在“断常”

二见中，与《涅槃经》中的常、无常义完全不相应。

六祖大师所说的道理，终归不出不二中道，精神实质与《涅槃经》丝丝相扣、毫无龃龉。《涅槃经》中所说的真常，是远离了凡夫外道恒常不变的实体性常执，也远离了小乘人刹那生灭的断灭性无常执，是毕竟不生不灭而缘生缘灭、缘生缘灭而毕竟不生不灭的不二，即体是远离实体性生灭的二边，而用是缘起性的生灭现象。在《维摩经·弟子品》中，维摩诘居士批评迦旃延的时候，即以“无常”一词来陈述这种不二中道，批评迦旃延“以生灭心行，说实相法”，而曲解了佛陀的本意。于此可知，“真常”“无常”，乃至“又常又无常”“非常非无常”，都可以用来表达这种不二中道，都可用来作不可名状的假名安立。

六祖大师说佛性是无常的时候，即是说佛性之用，是指事佛性。佛性非常非无常，即常即无常，说其“常”，即是不生不灭之体；说其“无常”，即是缘生缘灭之用。如果佛性没有这“常”之体，那么众生如何本性即佛，与佛无二无别呢？如果佛性没有这“无常”之用，那么众生如何发菩提心，乃至转染成净，在事实上成佛呢？另一方面，六祖大师说善恶等法、分别之心是常的时候，即是说善恶等法、分别之心的体。一切善恶等法、分别之心，也无非体用不二，其体是不生不灭，其用是缘生缘灭；从用上来说，即是“隐覆佛性”，是染污因缘之下的事佛性。如果一切善恶等法、分别之心，其当体不是不生不灭的理佛性，那么“心、佛、众生，三无差别”如何成立呢？由此可知六祖大师讲一切善恶等法、分别之心是“常”，是着眼于一切万法的真如本性来说的。

行昌对于《涅槃经》中常和无常乃至苦和乐、不净和净、无我与我等关系的误会，是具有普遍性的，也是后人在学习佛经的过程中经常犯的错误。当代的一些学者认为，佛教从前门赶走了常、乐、我、净的“实体”“自性”之后，又从后门迎进了常、乐、我、净的“实体”“自性”，就同样是以确定死常、乐、我、净的实体执来理解《涅槃经》中不二中道之常、乐、我、净。

原文

僧志彻，江西人，本姓张，名行昌，少任侠[1]。自南北分化，二宗主虽亡彼我[2]，而徒侣竞起爱憎。时北宗门人，自立秀师为第六祖，而忌祖师传衣为天下闻，乃嘱行昌来刺师。

师心通[3]，预知[4]其事，即置金十两于座间。时夜暮，行昌入祖室，将欲加害。师舒颈就之，行昌挥刃者三，悉无所损。师曰："正剑不邪，邪剑不正。只负汝金，不负汝命。"

行昌惊仆[5]，久而方苏[6]，求哀悔过，即愿出家。

师遂与金，言："汝且去，恐徒众翻害[7]于汝。汝可他日易形而来，吾当摄受[8]。"

译文

僧人志彻，是江西人，本来姓张，名叫行昌，年少时行侠仗义。自从南宗、北宗分门施行教化之后，六祖大师、神秀大师这两位宗主虽然彼此没有门户之见，然而各自的徒众却竞相生起门户之见、爱憎之心。当时北宗禅的门人，自己推立神秀大师为禅宗六祖，但是又非常忌讳天下人都知道五祖大师传付衣钵给六祖大师之事，于是就派张行昌来刺杀六祖大师。

六祖大师有他心通，预先知道了这事，就在座位上放了十两黄金。到了夜里，行昌进入六祖大师的方丈室，准备加害大师。大师伸长脖子让他砍，行昌挥剑砍了多次，大师都毫无损伤。大师说："正剑不会做邪事，邪剑无法伤正人。惠能只欠你钱，没欠你命。"

行昌惊异昏倒，良久才苏醒过来，向大师哀求忏悔，发愿跟随大师出家修行。

大师于是把黄金给行昌，说："你先离开，恐怕我的弟子们反过来会加害你。你可以在日后换个样子来，我会收你做徒弟。"

注释

1 **任侠**：行侠仗义。

2 **虽亡彼我**：虽然没有彼此门户之别。

3 **心通**:他心通,一种神通,能了知他人的心意。

4 **预知**:预先知道。

5 **惊仆**:极度惊异而倒地昏迷。

6 **苏**:苏醒。

7 **翻害**:反过来伤害。

8 **摄受**:以慈悲心容纳、接受而为弟子。

原文

行昌禀旨宵遁。后投僧出家,具戒[1]精进。一日,忆师之言,远来礼觐[2]。

师曰:"吾久念汝,汝来何晚?"

曰:"昨蒙和尚舍罪,今虽出家苦行,终难报德,其惟传法度生[3]乎!弟子常览《涅槃经》,未晓常、无常义,乞和尚慈悲,略为解说。"

师曰:"无常者,即佛性也。有常者,即一切善恶诸法分别心也。"

曰:"和尚所说,大违经文。"

师曰:"吾传佛心印,安敢违于佛经?"

曰:"经说佛性是常,和尚却言无常;善恶之法

译文

行昌禀受大师的劝告连夜逃走,后来归依一位僧人而出家,受了具足戒,精进修行。一天,想起大师的话,就远道而来礼拜参见。

大师:"我挂念你好久了,你怎么这么迟才来?"

行昌说:"昔日承蒙和尚宽恕我的罪过,现在我虽然出家勤苦修行,终究难以报答大师的恩德,大概只有弘扬佛法度化众生才能报答啊!弟子经常读《涅槃经》,不明白常、无常的义理,请求和尚慈悲,为我大略解说其理。"

大师说:"无常,就是指佛性。有常,就是指一切善恶等法以及分别心。"

行昌说:"和尚所说的,完全违背了经文。"

大师说:"我传续佛陀的心印,怎么敢违背佛经经文呢?"

行昌说:"经中说佛性是常的,和尚却说是无常的;善恶等法,甚至菩提心,都

乃至菩提心皆是无常，和尚却言是常：此即相违。令学人转加疑惑。”

师曰：“《涅槃经》吾昔听尼无尽藏读诵一遍，便为讲说，无一字一义不合经文。乃至为汝，终无二说。”

是无常的，和尚却说是常的：这就是和尚与经文相违背的地方。和尚的话让我更加疑惑不解了。”

大师说：“《涅槃经》我昔日曾经听无尽藏比丘尼读诵过一遍，当时就为她解说义理，没有一个字的义理解释是不符合经文的。今天为你解说，终究不会有两种不同的解说。”

注释

1 **具戒**：受了具足戒。

2 **礼觐**：礼拜参见。

3 **度生**：度化众生。

原文

曰：“学人识量浅昧，愿和尚委曲[1]开示。”

师曰：“汝知否？佛性若常，更说什么善恶诸法，乃至穷劫无有一人发菩提心者；故吾说无常，正是佛说真常之道[2]也。又，一切诸法若无常者，即物物皆有自性，容受生死，而真常性有不遍之处。故吾说常者，正是佛说真无常义。佛比[3]为凡夫、外道执于邪常，诸二乘人于常

译文

行昌说：“我见地肤浅而愚昧，请求和尚详尽细致地开示。”

大师说：“你知道吗？佛性如果是恒常不变的，那还说什么善恶等一切万法呢？甚至无量劫都没有一个人会发菩提心的。所以我说佛性是无常的，正是佛陀所说的真常的道理。另外，一切诸法如果是无常生灭的，那么就是任何一法都有其实体，因而可以承受其生灭，从而真常的佛性便无法普遍于一切万法。所以我所说的一切诸法是常的，正是佛陀所说的真无常的道理。佛陀因为凡夫、外道执著于有实体的邪常，小乘人则对于真常之道妄

计无常，共成八倒[4]，故于《涅槃》了义教[5]中，破彼偏见[6]，而显说真常、真乐、真我、真净。汝今依言背义，以断灭无常及确定死常[7]，而错解佛之圆妙最后微言。纵览千遍，有何所益？”

执为无常，一共是八种颠倒，所以在《涅槃经》真实、显了、透彻的教法中，破除他们所有的偏执妄见，而显了宣说真常、真乐、真我、真净的道理。你现在遵循文字而违背义理，用断灭的无常以及不变的死常，错解了佛陀最后的圆满胜妙的精微之言。你如此读经，即使读一千遍，又有什么益处呢？”

注释

1 **委曲**：详尽细致。

2 **真常之道**：自心本性远离常与无常的二边，假名安立为真常。

3 **比**：都，皆。

4 **八倒**：凡夫外道的常、乐、我、净四种颠倒执著和小乘的无常、苦、无我、不净四种颠倒执著，合在一起即是八种。

5 **了义教**：真实、显了、透彻的教法。

6 **偏见**：偏执一端的见地。

7 **断灭无常及确定死常**：从无到有为生，从有到无为灭，如此刹那生灭，即是无常，这是小乘佛教的无常观，在大乘看来，这仅仅是破除凡夫外道执著永恒不变之邪常的方便，并非真实，是断灭之无常。确定死常，是指执著佛性为实体，同于凡夫外道之执著。

原文

行昌忽然大悟，说偈曰：“因守无常心，佛说有常性[1]，不知方便[2]者，犹春池拾砾[3]。我今不施功[4]，佛性而现前，非师相授与，我亦无所得[5]。”

译文

行昌忽然彻悟，说偈道：“因守无常心，佛说有常性，不知方便者，犹春池拾砾。我今不施功，佛性而现前，非师相授与，我亦无所得。”

大师说：“你现在彻悟了，应该

师曰:"汝今彻也,宜名志彻。"	叫志彻。"
彻礼谢而退。	志彻行礼致谢而退。

注释

1 **有常性**:针对小乘所执著的无常,佛说远离常、无常二边的常来破斥其执著。

2 **方便**:佛陀说法度化众生的智慧和技能。

3 **犹春池拾砾**:犹如到池塘中捡到一块石头当作无上珍宝。

4 **不施功**:没有加功用行,指自心本性不是修行的对象,不是修得的。

5 **我亦无所得**:我也没有认识到什么,我也无所分别。"无所得",即证得无相真如,所以无所分别、无有执著。"得",认识、分别、执著。

第三章

导读

本章的主旨在于,阐述六祖大师对于弟子神会的接引与批评,并预言他今后会成为一名知解宗徒。

大师对于神会的接引,最核心的内容,是批评神会没有亲证自心本性,却用经典中的现成语言来敷衍。神会引用经典中现成语言的时候,因为没有亲证心性,所以处处执著、时时滞碍。他说"以无住为本",却住在"见"上;说"见即是主",却又问六祖大师"还见不见",即透露出他所说的"见"并非远离了能见、所见和有见、无见等一切二法的如实知见,而是"见"与"不见"相待而立的二法,所以六祖大师批评他"见、不见是二边"。

六祖大师一眼识破神会实情,采用狠辣手段用拐杖痛打三下。神会的回答是"亦痛亦不痛",更是透露出其时时不脱二法的本色。杖击之下,"痛"

是有疼痛感受,“不痛”是没有疼痛感受,皆不出自心作用、现实事物的二边,完全是相待而有的二法。六祖大师用以批评神会的“亦见亦不见”,虽然从形式上也是有分别、相待的,但是从“亦见亦不见”的具体内容就可知,“常见自心过愆”,这是不断在断除修道应断的烦恼,是破我;“不见他人是非好恶”,这是平等性智的体现,无有相对的他人及相关烦恼可得,是无他。由此可知,六祖所说的是破除了二种我执而悟道之后的修道境界,是后得智的如实分别。而神会受杖击之时,“若不痛,同其木石”,那就是身体有病,局部麻木、麻痹而没有感受,所以同于木石;“若痛,则同凡夫,即起恚恨”,因为没有破除我执,所以必然产生嗔恨心等种种烦恼。对比可知,六祖大师的“亦见亦不见”与神会的“亦痛亦不痛”,一是悟道后的修行,一是悟道前的执著,形式虽然相似,本质完全不同。

如果对比一下神会与前文的玄觉、怀让、行思等禅师的答话,就知道其中的差别不可以道里计。玄觉、怀让、行思等禅师的回答,如大火聚,四面不可触,两边都不沾,纵横捭阖,自由无碍;而神会的回答,处处想不沾,却处处沾两边,触处成滞,出言成缚。

但是,神会禅师的知解作风,并未能在大师的杖击之下土崩瓦解,这在后来回答大师提问,说出“本源、佛性”之时就可知道,所以大师预言他今后也只是个“知解宗徒”,这个预言后来确实成了事实。

六祖大师对于其他宗派的质疑问难,采取的是引导向上亲证自心本性的方式,故一切宗派之别、门户之争等疑难,无不彻底消散。

原文

有一童子,名神会,襄阳[1]高氏子。年十三,自玉泉来参礼。师曰:“知识远来艰辛,还将得本[2]来否?若有本,则合识主[3]。试说看。”

会曰:“以无住为

译文

有一个童子,名叫神会,是襄阳高姓人家的孩子。年仅十三岁,从玉泉寺来六祖大师处参礼。大师说:“善知识远道而来很辛苦,是否已经把根本也带来了?如果把根本带来了,就应该认识主人公[意译:是否已经悟得自心本性了?如果已经悟得自心本性,就应该认识自心的主人公]。你试本，见即是主。”

师曰：“这沙弥争合取次语[4]？”

会乃问曰：“和尚坐禅，还见不见？”

师以柱杖打三下，云：“吾打汝，痛不痛？”

对曰：“亦痛亦不痛。”

师曰：“吾亦见亦不见。”

着说说看。”

神会说：“自心以无有执著为本性，能知见的心就是主人公。”

六祖大师说：“你这沙弥怎么鹦鹉学舌地说些隔了一层的次等话？”

神会于是问道：“和尚坐禅，自心是有见还是无见？”

大师用拐杖打了神会三下，说：“我打你，你是痛还是不痛？”

神会回答说：“又痛又不痛。”

大师说：“我也又见又不见。”

注释

1 **襄阳**：今湖北襄阳市。

2 **本**：根本，即本有的自心本性。

3 **识主**：认识主人公。

4 **争合取次语**：怎么说些隔了一层的次等话。“争合”，怎么，为何。“取次语”，指神会以所学经论中的文字来解答，以对文字的知解来代替对自心本性的亲证。

原文

神会问：“如何是亦见亦不见？”

师云：“吾之所见，常见自心过愆，不见他人是非好恶，是以亦见亦不见。汝言‘亦痛亦不痛’如何？汝若不痛，同其木石；若

译文

神会问道：“如何是又见又不见？”

大师说：“我的有见是常常见到自己内心的烦恼过错，不见是没有见到他人的是非好坏，因此‘又见又不见’。你说的‘又痛又不痛’是如何的呢？你如果不痛，那么跟木块石头一样无有知觉；如果痛，那么就同于凡夫，就会生起嗔恨心。你之前

痛，则同凡夫，即起恚恨。汝向前见、不见是二边[1]，痛、不痛是生灭[2]。汝自性且不见，敢尔弄人！”

神会礼拜，悔谢。

师又曰：“汝若心迷不见，问善知识觅路[3]。汝若心悟，即自见性，依法修行[4]。汝自迷，不见自心，却来问吾见与不见。吾见自知，岂代汝迷？汝若自见，亦不代吾迷。何不自知自见，乃问吾见与不见？”

神会再礼百余拜，求谢过愆。服勤给侍，不离左右。

说的有见、无见是不脱自他、能所的二法，痛、不痛是有生有灭的有为法。你并未见到自心本性，却敢在这里糊弄人！”

神会当即礼拜，忏悔谢罪。

大师又说：“你如果内心愚迷不能知见自心本性，就向善知识询问见性之道。你如果内心已经悟道，就知见自心本性了，应该依照佛法修行。你自己愚迷，不能知见自心本性，却来问我有见还是无见。我知见自心本性，自己知道，怎么能代替你而愚迷呢？你如果知见自心本性，也不能代替我而愚迷。为什么不如实去知见自心本性，却问我有见还是无见？”

神会重新礼拜了百余拜，为自己的过错恳求原谅。之后就精勤服侍大师，不离开大师。

注释

1 **向前见、不见是二边**：之前所说的见、不见是落在自他、能所等的二边之法。“向前”，之前，刚才。

2 **痛、不痛是生灭**：所说的又痛又不痛是生灭之有为法。

3 **问善知识觅路**：向善知识请教明心见性的方法。

4 **依法修行**：见性之后，依据般若智慧而修行。

原文

一日，师告众曰："吾有一物，无头无尾，无名无字，无背无面。诸人还识否？"

神会出曰："是诸佛之本源，神会之佛性。"

师曰："向汝道'无名无字'，汝便唤作本源、佛性。汝向去有把茆盖头[1]，也只成个知解宗徒[2]。"

祖师灭后，会入京洛[3]，大弘曹溪顿教，著《显宗记》，盛行于世(是为荷泽禅师[4])。

师见诸宗难问[5]，咸起恶心，多集座下愍而谓曰："学道之人，一切善念恶念应当尽除。无名可名，名于自性[6]；无二之性，是名实性[7]。于实性上建立一切教门[8]，言下便须自见。"

诸人闻说，总皆作礼，请事为师。

译文

一天，大师对大众说："我有一个东西，没有头没有尾，没有名没有字，没有正面没有反面。诸位还认识吗？"

神会站出来说："这是诸佛的本源，神会的佛性。"

大师说："对你说'没有名没有字'，你就叫它作'本源、佛性'。你将来离开我去开创门户，也只是一个知解文字的宗门之徒。"

六祖大师去世之后，神会来到洛阳，盛弘曹溪顿悟成佛之教法，写了《显宗记》，在当时的影响传布很广大(当时称他作荷泽禅师)。

大师见到不同宗派的人来质疑提问，都生起种种恶心，于是就把他们聚集到座前而慈悯地对他们说："学道之人，要尽除一切善念、恶念的二法，乃至亲证无法用名言来安立，而勉强安立的自心本性；远离一切二法之相，这就叫作实相。一切诸佛菩萨都是依据实相而建立种种言教，修行人应当在言语点拨之下，[超越语言文字而]如实知见自心本性。"

大家听了之后，都向大师行礼，恭请事奉为师父。

注释

1 **把茆盖头**:用茅草作草庵,遮蔽风雨而修行,这是用比喻预言神会今后会开创门户,有较大的社会影响。

2 **知解宗徒**:注重心识知见,而未能证得真如本性的宗门之徒。

3 **京洛**:京都洛阳。

4 **菏泽禅师**:即神会禅师。"菏泽",地名代寺庙名,即洛阳菏泽寺。

5 **难问**:质疑,提问。

6 **无名可名,名于自性**:无法用名言来描述真如本性,勉强用名言对自心本性予以安立。

7 **无二之性,是名实性**:远离一切自他、能所、生灭等二法的无相之相,这就是实相。

8 **教门**:以言教为入道之门。

宣诏第九

导读

本章的主旨在于，阐明六祖大师婉辞坚拒朝廷的恭请供养，并解答内侍薛简的疑问。

对薛简疑问的回答，同样是以不二中道来破除二法边见。

首先，大师以南宗顿悟成佛的般若智慧，破除北宗修行必须打坐修定的执著，其根据即是自心本性远离坐卧、能所等一切二法，是以当体性空、不生不灭为“坐”“禅”，而且悟道本身也远离自他、能所等一切二法，更遑论还有“坐禅修定”之法可以执著。

其次，六祖大师以明暗关系为契机，阐明顿悟禅的根本在于于言语点拨之下，如实知见无明的本性即是明，烦恼的本性即是菩提，凡夫的本性即是诸佛，并非有能破的智慧、所破的无明等二法可得。

最后，大乘佛法的“不生不灭”，是缘生缘灭的现象、现象的缘生缘灭，没有实体的生灭、没有生灭的实体，因此与外道所说的“不生不灭”是完全不同的。外道的“不生不灭”，一般有三种形式，一是灭后不再生，例如印度外道现法涅槃论，即有灭后不再生的理论，即是以灭来止息生，灭与生仍然是二法。二是生后不再灭，例如中国的道教追求长生久视，乃至与天地同寿、与日月齐光的不死神仙境界，即是以生来止息灭，生与灭也是二法。三是实体本身不生不灭，永恒存在，例如古希腊的巴门尼德所提出的“是者”是太一，连续不可分，不生不灭，绝对静止而完满，即是以不生不灭来止息有生有灭，以绝对静止来止息绝对运动，他所说的不生不灭与生灭、静止与运动也都是二法。大乘佛法的不生不灭不是与生灭相对的二法，不生不灭是生灭的体性，生灭是不生不灭的现象，既不是以灭来止息生，也不是以生来止息灭，更不是预先设定一个实体，将不生不灭看作是这个实体的特性，或者以不生不灭来证明这个实体的完满性，等等。总之，大乘佛法与外道都用同一个词“不生不灭”，但是具体的内涵却完全不同，不可望文生义、混为一谈。

原文

神龙元年上元日[1]，则天、中宗诏云：“朕请安、秀二师[2]宫中供养。万机[3]之暇，每究一乘[4]。二师推让云：‘南方有能禅师，密授忍大师衣法，传佛心印，可请彼问。’今遣内侍[5]薛简，驰诏迎请，愿师慈念，速赴上京[6]。”师上表辞疾[7]，愿终林麓[8]。

薛简曰：“京城禅德[9]皆云：‘欲得会道[10]，必须坐禅习定[11]。若不因禅定而得解脱者，未之有也。’未审师所说法如何？”

译文

神龙元年正月十五日，则天、中宗下诏书说：“朕恭请安、秀二位国师在宫中供养，在处理国事之闲暇，每次参究达磨所传顿悟禅，二位国师都谦让说：‘南方有位能禅师，得到五祖大师秘密传授衣钵和法脉，传续佛陀心印，可以恭请他来参究。’现在派遣内侍薛简，以诏书来迎请大师，请大师慈悲，快速地前来京城。”六祖大师托疾病而上表推辞，希望能在山林中终老。

薛简说：“京城里的禅德们都说：‘想要悟道，必须坐禅修定。如果想不依凭禅定而解脱，是不可能的。’不知大师所说的法要又是如何的？”

注释

1 **神龙元年上元日**：“神龙”，唐中宗年号(705–707)。“元年”即705年。“上元日”，指正月十五。

2 **安、秀二师**：“安”指慧安国师，“秀”指神秀国师。

3 **万机**：指皇帝每天处理众多事务。

4 **一乘**：这里指达磨大师所传的顿悟禅。

5 **内侍**:掌管宫廷内部事务的宦官。

6 **上京**:京城。

7 **辞疾**:以身体有病为理由推辞。

8 **林麓**:山林之中。“麓”,指山脚。

9 **禅德**:有德行的参禅之人。

10 **会道**:悟道、证道。

11 **坐禅习定**:打坐修习禅定。

原文

师曰:“道由心悟,岂在坐也?经云:‘若言如来若坐若卧,是行邪道[1]。何故?无所从来,亦无所去。’无生无灭,是如来清净禅。诸法空寂,是如来清净坐。究竟无证[2],岂况坐耶?”

简曰:“弟子回京,主上必问,愿师慈悲,指示心要[3],传奏两宫[4]及京城学道者。譬如一灯,然百千灯,冥者皆明,明明无尽。”

师云:“道无明暗,明暗是代谢[5]之义。明明无尽,亦是有尽,相待立名故。《净名经》云:‘法无有比[6],无相待故。’”

译文

大师说:“悟道要通过自心来悟,怎么要依凭打坐呢?佛经说:‘如果说如来有坐有卧,那么这人就是行邪道。为什么呢?如来没有来处,也没有去处[,远离来去的二边]。’一切法不生不灭,这是如来清净禅;一切法本来空寂,这是如来清净坐。证道究竟无有能证、所证,何况坐禅呢?”

薛简说:“弟子回到京城,皇上必然会垂问,请大师慈悲,给我指点开示佛道的心髓精要,让我能上传进奏给皇太后和皇上,以及京城中的修学佛道者。就犹如一盏灯,可以点亮百千盏灯,没亮的全部点亮,光明无有穷尽。”

大师说:“佛道远离明与暗,明和暗是新旧代谢的。光明无有穷尽,但终究是有穷尽的,因为光明和黑暗是相对而有的。《净名经》说:‘实相没有并列的同类,因为实相不是相对之法。’”

注释

1 **若言如来若坐若卧，是行邪道**：《金刚经》中说："若有人言：'如来若来若去、若坐若卧。'是人不解我所说义。何以故？如来者，无所从来，亦无所去，故名如来。"

2 **究竟无证**：证道，没有能证、所证和有证、无证等分别。

3 **心要**：佛法的心髓和精要。

4 **两宫**：指则天皇太后和唐中宗。

5 **代谢**：过去的为谢，新来的为代，即新旧更替。

6 **比**：并列、平列。

原文

简曰："明喻智慧，暗喻烦恼。修道之人，倘不以智慧照破烦恼，无始生死[1]凭何出离？"

师曰："烦恼即是菩提，无二无别。若以智慧照破烦恼者，此是二乘见解，羊鹿等机，上智大根，悉不如是。"

简曰："如何是大乘见解？"

师曰："明与无明，凡夫见二；智者了达，其性[2]无二。无二之性，即是实性[3]。实性者，处凡愚而不减，在贤圣而不增，住烦恼而不乱，居禅定而不寂。

译文

薛简说："光明比喻智慧，黑暗比喻烦恼。修道之人，倘若不用智慧来照破烦恼，那么无始以来的生死轮回依凭什么而得以出离呢？"

大师说："烦恼的体性就是菩提，二者不是二法，彼此并非相对独立存在。如果用智慧照破烦恼，这是声闻乘、缘觉乘的见解，是羊车、鹿车一类的根机，上智大根之人的见地，都不是这样。"

薛简说："那如何是大乘人的见地呢？"

大师说："智慧与无明，凡夫以为是二法；智者通达智慧与无明的本性无有二法，不二的本性，就是一切万法的实相。实相，在愚迷的凡夫那里并无减少，在贤圣那里也没有增加，在烦恼心中并不散乱，在禅定心中也不寂静。既不断灭，也不断不常，不来不去，不在中间及其内外，不生不灭，性相如如，常住不迁[4]，名之曰道。”

不永恒；既无有来，也无有去；既不在中间，也不在内、外；既没有生，也没有灭。一切万法本性皆是真如，不生不灭所以无有迁流变化，这就叫佛道。”

注释

1 **无始生死**：无始以来的生死轮回。

2 **其性**：明与无明的本性。

3 **实性**：实相，真实的本性。

4 **常住不迁**：“常住”，指不生不灭。“不迁”，没有生灭迁流。

原文

简曰：“师说不生不灭，何异外道？”

师曰：“外道所说不生不灭者，将灭止生，以生显灭，灭犹不灭，生说不生[1]。我说不生不灭者，本自无生，今亦不灭，所以不同外道。汝若欲知心要，但一切善恶都莫思量，自然得入清净心体，湛然常寂，妙用恒沙。”

简蒙指教，豁然大悟。礼辞归阙[2]，表奏师语。

其年九月三日，有诏奖谕师曰：“师辞老疾，为

译文

薛简说：“大师所说的不生不灭，与外道所说的有什么不同？”

大师说：“外道所说的不生不灭，是用断灭来止息产生，是用产生来显明断灭，生与灭是相对安立的，其所说的不灭实际上是灭，所说的不生实际上是生。我所说的不生不灭，本来就没有真实的生，现在也没有真实的灭，所以与外道所说的不同。你如果想要知道佛法的心髓精要，只要不思量一切善恶等二法，自然就能证入清净的心体，其用湛然常照，其体恒常寂静，其功德妙用过恒河沙数而无量无边。”

薛简蒙受大师指教，豁然大悟，于是行礼告辞，回到京城，上表进奏了大师的法语。

这年九月三日，皇上下诏奖谕大师道：

朕修道，国之福田。师若净名托疾毗耶[3]，阐扬大乘，传诸佛心，谈不二法。薛简传师指授如来知见，朕积善余庆[4]，宿种善根，值师出世，顿悟上乘。感荷师恩[5]，顶戴[6]无已，并奉磨衲袈裟及水晶钵。”

敕韶州刺史修饰[7]寺宇，赐师旧居为国恩寺。

“大师以衰老疾病而婉辞来京城受供养，愿在山林为朕修道，真是国家的福田。大师就如同维摩诘大师在毗耶离城以疾病为缘一样，阐发弘扬大乘佛法，传续诸佛心印，宣说不二法门。薛简传奏大师对如来知见的指教，朕积累善行而有此吉庆，过去生种植善根而能碰到大师出世，能顿悟上乘佛法。感激承受大师的法恩，顶礼敬仰不已，并奉上磨衲袈裟及水晶钵以作供养。”

皇上还下诏韶州刺史修葺寺庙殿堂，赐名大师过去的旧居为国恩寺。

注释

1 **灭犹不灭，生说不生**：外道所说的“不灭”实际上仍然是“灭”，所说的“不生”仍然是“生”，仍然是在“生灭”。

2 **归阙**：回到皇宫。

3 **毗耶**：即维摩诘居士所生活的毗耶离城。

4 **积善余庆**：积累善行的家庭，会有长久的吉庆。

5 **感荷**：感动、承受。

6 **顶戴**：顶礼、敬重。

7 **修饰**：修葺、修理。

付嘱第十

第一章

导读

本章的主旨在于，阐明六祖大师给弟子们传授今后说法教化众生的诀要，即运用对法的形式，随方解缚，以方便破除对方的执著，而达到契悟真如本性的目的。

六祖大师向弟子们所传授的诀要，是菩萨说法度化众生的后得智，是根据众生的根性而恰如其分地因材施教的极高智慧。

大师所说的三科三十六对法，仅仅是一个大纲，展开可为无量法门，而运用之妙，则存乎一心，关键即以对法来破除众生的偏执，例如你偏执天，我就说地；你偏执无，我就说有；你偏执生，我就说死；等等。反正总是说相反的，即是以“对法”的外在形式，透过其因缘相生的现象，让众生契悟一切万法“不二”的真如实相。后来的禅师们说法，虽然形式千变万化，让人眼花缭乱，而一以贯之的核心精神，也无非就是这个“不二”。

这里，六祖大师特别批判了一种偏执“空无”之人诽谤佛经的情形——这种人认为佛经是文字相，必须舍弃，否则即是执著文字相。这种人不明白“不二”的道理，以为不执著文字相，就是不要任何文字，不读佛经；他们不知道自己已经堕入了对无文字相、不读佛经的执著，即执著无文字相，而这是与“断灭空”相应的执著。实际上，不执著文字相，并非不要文字、不读佛经，而是指在读文字的当下，在读佛经的当下，破除我执，远离自他、能所的二法，透过文字本身、佛经本身而证得文字、佛经所指向的真如实相，以无所得的智慧而读文字、读佛经，即没有能读、所读的执著，而不断地读；不断地读，而没有能读、所读的执著。而且，即使暂时还不能达到这种智慧境界，而是以有相分别的心在读文字、读佛经，这也不要紧，因为这是修行闻慧、思慧、修慧的过程，就如同前文法达等僧人读了多年的《法华经》《楞伽经》《维摩经》等，都是在修行闻、思、修慧的过程，终究会由此而达到悟入文字、佛经所指向的真如实相，以无所得的智慧而读文字、读佛经的目的地。

后世的狂禅末流，往往望文生义，以为禅宗就是不要文字，不读佛经，他们却不知道，《坛经》中六祖大师早就把他们这种偏执给批判得体无完肤了，并且预言这种人"累劫不得见性"，因为他们自设障碍，又诽谤佛经，所以千劫万劫都堕落在地狱、饿鬼、畜生道中受苦无穷，更遑论修行悟道了。

原文

师一日唤门人法海、志诚、法达、神会、智常、智通、志彻、志道、法珍、法如等，曰："汝等不同余人，吾灭度[1]后，各为一方师[2]。吾今教汝说法，不失本宗[3]。先须举三科法门，动用三十六对，出没即离两边[4]。说一切法，莫离自性。忽有人问汝法，出语尽双，皆取对法，来去相因，究竟二法尽除[5]，更无去处。"

译文

六祖大师一天唤来门人法海、志诚、法达、神会、智常、智通、志彻、志道、法珍、法如等人，说："你们跟其他人不同，我去世之后，你们个个都是度化一方众生的禅师。我现在教你们如何宣说佛法，从而不失去顿悟成佛的宗要。首先要用三科法门，用三十六对对法，随时远离即离二法的两边。宣说一切法要，不能远离自心本性。如果有人向你们询问法要，你们说话都要观照二边，采取相待的对法说法，彼此相互为因缘，最终彻底破除二法的两边，彻底使对二法的执著无处安立。"

注释

1 **灭度**：指涅槃。这里指去世，圣人去世才能称灭度。

2 **一方师**：度化一方的禅师。

3 **本宗**：顿悟成佛的宗要。

4 **出没即离两边**：宣说法要要随时远离一切二法的即离之两边，非即非离。

5 **二法尽除**：消除对二法的执著。

原文

“三科法门者，阴、界、入也。阴是五阴，色、受、想、行、识是也。入是十二入，外六尘，色、声、香、味、触、法；内六门，眼、耳、鼻、舌、身、意是也。界是十八界，六尘、六门、六识是也。自性能含万法，名含藏识[1]。若起思量，即是转识[2]，生六识，出六门，见六尘。如是一十八界，皆从自性起用。自性若邪，起十八邪；自性若正，起十八正。若恶用即众生用，善用即佛用；用由何等？由自性有。”

译文

“三科法门，指的是阴、界、入。阴是五阴，就是色阴、受阴、想阴、行阴、识阴。入是十二入，就是外在的六境，色入、声入、香入、味入、触入、法入；以及内在的六根，眼入、耳入、鼻入、舌入、身入、意入。界是十八界，就是六境、六根、六识。自心能包含一切万法，就叫含藏识。如果[依含藏识而]生起思量，即是第七末那识，并生起前六识，依六根为门，而认识六境。如此十八界，都是从自心而生起的作用。自心如果是邪的，生起的十八界就是邪的；自心如果是正的，生起的十八界就是正的。如果做恶的应用，就是凡夫众生之用；如果做善的应用，就是诸佛之用。这作用由何而有？就是由自心而有。”

注释

1 **含藏识**：阿赖耶识。

2 **转识**：这里专指末那识。

原文

“对法外境无情五对，天与地对，日与月对，明与暗对，阴与阳对，水与火对：此是五对也。法相语言十二对，语与法对，有与无对，有色与无色对，有相与无相对，有漏与无漏对，色与空

译文

“对法中外境无情世界有五对，天与地对，日与月对，明与暗对，阴与阳对，水与火对：就是这五对。阐述一切万法行相的语言文字有十二对，语与法对，有与无对，有色与无色对，有相与无相对，有

对，动与静对，清与浊对，凡与圣对，僧与俗对，老与少对，大与小对：此是十二对也。自性起用十九对，长与短对，邪与正对，痴与慧对，愚与智对，乱与定对，慈与毒[1]对，戒与非[2]对，直与曲对，实与虚对，险与平对，烦恼与菩提对，常与无常对，悲与害[3]对，喜与瞋对，舍与悭对，进与退对，生与灭对，法身与色身对，化身与报身对：此是十九对也。"

漏与无漏对，色与空对，动与静对，清与浊对，凡与圣对，僧与俗对，老与少对，大与小对：就是这十二对。自心本性所生起的作用有十九对，长与短对，邪与正对，痴与慧对，愚与智对，乱与定对，慈与毒对，戒与非对，直与曲对，实与虚对，险与平对，烦恼与菩提对，常与无常对，悲与害对，喜与瞋对，舍与悭对，进与退对，生与灭对，法身与色身对，化身与报身对：就是这十九对。"

注释

1 **毒**：狠毒心。

2 **非**：毁犯禁戒。

3 **害**：伤害。

原文

师言："此三十六对法，若解用，即道贯一切经法，出入即离两边。自性动用，共人言语，外于相离相，内于空离空。若全著相，即长邪见；若全执空，即长无明。执空之人有谤经，直言不用文字。既云不用文字，人亦不合语言。只此语

译文

大师说："这三十六对对法，如果懂得运用，就可以将此道贯通在一切经典法义之中，[解说经典法义而]随时远离即、离相对的两边。依自心本性产生作用，与他人谈论，向外对于一切万法远离法相的执著，向内对于万法本性之空远离偏空的执著。如果一心执著外在境相，就会增长邪见；如果一心执著偏空，就会增长无明。执著偏空之人有的会诽谤佛经，直接就说"学佛不要通过文字去理解佛经"。他们既然这样说不要

言，便是文字之相。又云‘直道[1]不立文字’，即此‘不立’两字，亦是文字[2]。见人所说，便即谤他言‘著文字’。汝等须知，自迷犹可，又谤佛经；不要谤经，罪障无数。若著相于外，而作法求真；或广立道场，说有无之过患。如是之人，累劫不得见性。但听依法修行，又莫百物不思，而于道性窒碍。若听说不修，令人反生邪念。但依法修行，无住相法施。汝等若悟，依此说、依此用、依此行、依此作，即不失本宗。”

用文字，那么人也就不应该讲话，因为讲话本身就是文字之相。他们又申辩说“[不是说不用说话，]仅仅是说不立文字”。但是就这“不立”的两个字，本身就是文字。他们见到别人对佛法有所宣说，就立即诽谤说他“执著文字”。你们要知道，自己愚迷也就罢了，还要诽谤佛经就不好了；不要诽谤佛经啊，这个罪业障碍无量无边。如果向外执著境相，而造作种种方法想要悟道；或者到处建立道场，论说有与无等法的过患。如此之类的人，多劫修行也不能明心见性。修行人只应依照佛法修行，又不要什么都不想，从而造成对悟道见性的障碍。如果只听闻佛法却不去修行，这样反而会让人产生邪念。只应依照佛法修行，不执著任何境相而进行法布施。你们如果明白了，按照这个去宣说、去运用、去修行、去做事，就不会丧失顿悟禅的宗要。”

注释

1 **直道**：仅仅是说。“直”，仅仅、只。

2 **即此“不立”两字，亦是文字**：就他们所说的“不立”文字的“不立”这两个字，本身就是文字。

原文

“若有人问汝义，问有将无对，问无将有对，问凡以圣对，问圣以凡对。二

译文

“如果有人来向你们询问法义，他问有，你就用无来回答；他问无，你就用有来回答；他问凡，你就用圣来回答；他问圣，你就用凡

道相因，生中道义[1]。如一问一对，余问一依[2]此作，即不失理也。设有人问：'何名为暗？'答云：'明是因，暗是缘，明没即暗。'以明显暗，以暗显明，来去相因，成中道义。余问悉皆如此。汝等于后传法，依此转相教授，勿失宗旨。"

来回答。就这样以二边为因缘，而能见其不二中道的道理。像这样一问一答，其他的问题全都可以依此去解决，就能够不违背真理。假如有人问你：'什么叫黑暗？'你就回答说：'光明是因，黑暗是缘，光明消失就是黑暗。'这样用光明来对显黑暗，用黑暗来对显光明，问来答去互为因缘，即可成就不二中道之义。其他的疑问，都可以如此去答。你们今后弘传佛法，要依此而相互教法授道，不要丧失顿悟禅的宗要。"

注释

1 **二道相因，生中道义**：以相对的二法为因缘，而出生其远离二法实体性的中道道理。

2 **一依**：完全依照。"一"，完全。

第二章

导读

本章的主旨在于，阐明六祖大师在灭度之前向弟子们预先告别，并苦口婆心地强调顿悟禅的宗要在于明心见性，即于一切万法如实知见其真如本性。

六祖大师预知时至，所以提前一年即吩咐弟子们建造舍利塔，第二年又提前一个月跟弟子们告别。大师因为破除了二种我执，以其般若智慧而如实知见不生不灭与生生灭灭体用不二的真实，所以以平常心看待生死，生不足喜，死不足忧，这是其功德智慧的任运显用。弟子们大都不免涕泣，没有悟道的弟子固然是人情之常，即使悟道的弟子，也是当时没有正观自心本性性相不二，因此与微细烦恼习气相应，所产生的反应。其中，神会禅师神情不动，也不涕泣，其表现虽然得到了六祖大师的赞叹，但是大师究竟是仅仅赞叹不为生死而忧喜的态度本身，还是同时认可神会证得了般若智慧所以不为生死所动？那就需要做一考量了。根据前文六祖大师对神会"知解宗徒"的现实评价和未来预言，可知神会直到大师去世之后都没有悟道，因此神会此时的"善不善等，毁誉不动，哀乐不生"的表现，就不应是入般若正观而有的任运表现，而是其修行有为禅定的功夫境界。从明心见性的高度来看，这种表现和境界显然并非真实。由此也可知，大师对神会的赞叹，仅仅是赞叹不为生死而忧喜的态度本身，并非认可神会真的证得了正观生死而不为所动的般若智慧。因此，六祖大师的赞叹，不仅是对法海等弟子的策励，也是对神会本人的策励，引之继续修行胜进。

六祖大师劝导弟子们要修一相三昧、一行三昧这两种三昧，由此而达明心见性的目的。一相三昧侧重在向外破除相缚，一行三昧侧重在向内破除识缚，都以破除执著为核心，实质上并无二致，所指向的也正是破除二种我执而见性成佛的目标。而大师苦口婆心所说的几个偈颂，无一不贯穿着不二中道的思想，既是悟道前修行加行智的方向，也是悟道后修行后得智的方向。

六祖大师对于禅宗的法统从自己溯源直到释迦牟尼佛，这有着重要的意义，从根本上阐明了顿悟成佛的法脉之纯正，这是后世修行人对此法脉产生坚定信心的一个重要的依据。但是，此法统本身的意义并不能过度夸大，禅宗在中国的盛行，乃至后来成为中国佛教的主流，更重要的是依赖六祖大师之后众多弟子们修行证道的事实，从而使得顿悟成佛的法脉能不断地传承、传播。

原文

师于太极元年壬子、延和七月[1]（是年五月改延和，八月玄宗即位方改元先天，次年遂改开元。他本作先天者非）命门人往新州国恩寺建塔，仍令促工[2]，次年夏末落成。七月一日，集徒众曰："吾至八月，欲离世间。汝等有疑，早须相问，为汝破疑，令汝迷尽。吾若去后，无人教汝。"

法海等闻，悉皆涕泣。惟有神会，神情不动，亦无涕泣。

译文

大师在太极元年壬子岁、延和七月（这一年五月改年号为延和，八月玄宗即位才改年号为先天元年，第二年改年号为开元。其他本子作"先天七月"，这是不对的）吩咐门人前往新州国恩寺修建舍利塔，不断催促早日竣工，第二年夏末舍利塔才完成。七月一日，大师召集徒众说："我到八月的时候，就要离开这个世间。你们有疑问的话，就要早点问我，我会为你们破除疑惑，让你们的愚迷除尽。如果在我离去之后再问的话，就没有人教你们了。"

法海等人听了，都流泪哭泣，只有神会的神情无有改动，也没有流泪哭泣。

注释

1 **太极元年壬子、延和七月**：即公元712年7月。"太极""延和"，都是唐睿宗年号，712年正月、五月先后所改定。"壬子"，是712年的干支纪年。

2 **促工**：催促工程进度。

原文

师云："神会小师[1]却得善不善等，毁誉不动，哀乐不生[2]；余者不得，数年山中竟修何道？汝今悲泣，为忧阿谁[3]？若忧吾不知去处，吾自知去处，吾

译文

大师说："神会小师倒是能平等对待善与不善，不为毁誉所动，不为生死而生哀乐；其他的人没有能做到，这些年在山中究竟修的什么道？你们现在悲伤哭泣，是因为担忧谁呢？如果是担忧我不知道死后的去处，而我自己是知道去处

若不知去处，终不预报[4]于汝。汝等悲泣，盖为不知吾去处；若知吾去处，即不合[5]悲泣。法性本无生灭去来，汝等尽坐，吾与汝说一偈，名曰《真假动静偈》。汝等诵取此偈，与吾意同[6]，依此修行，不失宗旨。”

的；我如果不知道去处，也就不会预先告诉你们这事。你们悲伤哭泣，是因为不知道我的去处；如果知道我的去处，就不应该悲伤哭泣。一切万法的真如本性，本来就无有生灭，无有去来。你们都坐下，我给你们说一个偈，叫作《真假动静偈》。你们念诵这个偈，体会我的心意，依照这个偈修行，就不会丧失本宗的宗旨。”

注释

1 **小师**：受具足戒不满十夏的出家人，又指弟子。

2 **哀乐不生**：不产生哀乐等情绪的波动，即以平常自然的心看待六祖大师即将去世之事。

3 **阿谁**：谁、何人。

4 **预报**：预先告诉。

5 **不合**：不应该。

6 **与吾意同**：跟我的心意相同，即根据偈颂而体会大师之意。

原文

众僧作礼，请师说偈。偈曰：“一切无有真[1]，不以见于真[2]，若见于真者，是见尽非真[3]。若能自有真，离假即心真[4]，自心不离假，无真何处真[5]？有情即解动，无情即不动，若修不动行，同无情不动[6]。若觅真不动，动上有不动[7]，不动是不动，无情无佛种[8]。能善分别相，第一义不动[9]，但作如此

译文

大众一起行礼，请大师说偈。大师就说偈道：“一切无有真，不以见于真，若见于真者，是见尽非真。若能自有真，离假即心真，自心不离假，无真何处真？有情即解动，无情即不动，若修不动行，同无情不动。若觅真不动，动上有不动，不动是不动，无情无佛种。能善分别相，第一义不动，但

见[10],即是真如用[11]。报诸学道人,努力须用意,莫于大乘门,却执生死智[12]。若言下相应,即共论佛义;若实不相应,合掌令欢喜[13]。此宗本无诤[14],诤即失道意,执逆诤法门,自性入生死[15]。”

作如此见,即是真如用。报诸学道人,努力须用意,莫于大乘门,却执生死智。若言下相应,即共论佛义;若实不相应,合掌令欢喜。此宗本无诤,诤即失道意,执逆诤法门,自性入生死。”

注释

1 **一切无有真**:一切万法都不是真实,而是虚妄分别相。

2 **不以见于真**:不能以所见万法为真实。

3 **若见于真者,是见尽非真**:如果以为所见的万法都是真实,那么这正是虚妄分别,而不是对万法的如实知见。

4 **若能自有真,离假即心真**:如果能够如实知见万法真相,那么远离虚妄分别,当下即证得自心本性之真实。

5 **自心不离假,无真何处真**:如果不能于自心远离虚妄分别,那么就没有证得自心本性之真实,又能到哪里去寻觅到真相呢?

6 **若修不动行,同无情不动**:如果想要修行不动的禅定,那么就同于无法动弹的土木瓦石等无情世界。这里仍是批判那种想要通过修行有为禅定而成佛的北宗见地。

7 **若觅真不动,动上有不动**:如果想要寻觅真实的不动,那么就在运动不息的万法上有远离动、静二法的不二中道之不动。这是说一切万法的真如本性,既不是动,也不是静,强名之曰不动,这才是真实。这是从动、静二法上,要如实知见其远离动、静二法的真如实相,即证得不二中道。

8 **不动是不动,无情无佛种**:如果以为修行不动的禅定才是真正的不动,那么就如同土木瓦石等无情世界一样,是没有佛种的,是不能成佛的。再次批判执著有为禅定的北宗见地。

9 **能善分别相,第一义不动**:这是对《维摩诘经》中“能善分别诸法相,于第一义而不动”的缩略语。

10 **如此见**:即于动、静的万法上,如实知见其非动非静的真如本性、第一义不动，或指根本智与后得智的统一。

11 **真如用**：真如本性的妙用，即指般若智慧。

12 **生死智**：根据前文，应是指以修有为禅定追求成佛的见地，这不是般若智慧，而是不能远离生死轮回的世间智。

13 **若实不相应，合掌令欢喜**：如果实在是不能彼此契合、随顺真如本性，那么就尊重对方的修行，使之欢喜而不争论。

14 **此宗本无诤**：顿悟成佛的言教，本来就是远离以我执为基础的争论的。

15 **执逆诤法门，自性入生死**：一味固执地争论彼此所修法门的高下，则本来清净的自心本性即随我执烦恼的因缘而在生死轮回中无法出离、无法证得。"执"，固执、偏执。"逆"，相互违逆。

原文

时，徒众闻说偈已，普皆作礼，并体师意，各各摄心[1]，依法修行，更不敢诤，乃知大师不久住世。

法海上座再拜问曰："和尚入灭之后，衣法当付何人？"

师曰："吾于大梵寺说法，以至于今，抄录流行[2]，目曰《法宝坛经》。汝等守护，递相传授，度诸群生，但依此说，是名正法。今为汝等说法，不付其衣。盖为汝等信根淳熟，决定无疑，堪任大事。然据先祖达磨大师付授偈意，衣不合传。偈

译文

这时，大众听了偈，都行礼，各自体会大师的心意，收摄自心，依照偈中佛法修行，再也不敢争论，因为大家都知道大师住世的时间不久了。

法海上座拜了两次，问道："和尚灭度之后，衣钵和法脉将要传付给谁呢？"

大师说："我在大梵寺讲法，一直到现在，所说的法要记录下来后，流通传播，叫作《法宝坛经》。你们要守护此经，代代传付授受，广度众生，只要依照此经的道理进行宣说，就是宣说正法。现在我只为你们说法，不再传付衣钵。因为你们信根已经淳厚成熟，见地决定，没有疑惑，能够担任弘法度生的大事。而根据达磨大师所传授的偈颂的意思，

曰：'吾[3]本来兹土，传法救迷情[4]，一华开五叶[5]，结果自然成[6]。'"

衣钵不应该再传付了。达磨大师的偈说：'吾本来兹土，传法救迷情，一华开五叶，结果自然成。'"

注释

1 **摄心**：收摄自心修行。

2 **抄录流行**：抄写、记录，而予以流通、传播。

3 **吾**：指达磨大师自称。

4 **迷情**：愚迷的有情众生。

5 **一华开五叶**："一华"，指达磨大师。"五叶"，指二祖慧可大师到六祖惠能大师共五位祖师。

6 **结果自然成**：禅宗顿悟成佛之法盛行于世。

原文

师复曰："诸善知识！汝等各各净心，听吾说法。若欲成就种智[1]，须达一相三昧、一行三昧。

"若于一切处而不住相，于彼相中不生憎爱，亦无取舍，不念利益成坏等事，安闲恬静，虚融澹泊，此名一相三昧。

"若于一切处行住坐卧，纯一直心，不动道场[2]，真成净土，此名一行三昧。

"若人具二三昧，如地有种，含藏长养，成熟其

译文

大师又说："各位善知识！你们各自澄净自心，听我说法。如果想要成就一切种智，就必须通达一相三昧、一行三昧。

"如果在一切地方都不执著境相，对于种种境相都不产生爱、憎等烦恼，也没有取舍之心，不考虑利益成败等情况，安闲恬静，虚怀淡泊，这就叫一相三昧。

"如果在一切地方，行住坐卧等行为中，都能安住纯粹之心，与真如相应，以不动的自心本性为道场，成就法性净土，这就叫一行三昧。

"如果有人能证得这两种三昧，就如同大地有种子，能含藏而长养，乃至果实

实。一相一行，亦复如是。我今说法，犹如时雨，普润大地；汝等佛性，譬诸种子，遇兹沾洽[3]，悉得发生。承吾旨者，决获菩提，依吾行者，定证妙果。

“听吾偈曰：‘心地含诸种，普雨悉皆萌，顿悟华情已，菩提果自成。’”

成熟。一相三昧和一行三昧，也是如此。我现在说法，就如同适时的雨水，普遍地滋润大地。你们的事佛性，就如同大地里的种子，遇到雨水而得到滋润，就都能发芽生长。能秉承我所说佛法的宗旨的，决定能获得菩提；依照我所说佛法而修行的，决定能证得佛果。

“你们听我的偈：‘心地含诸种，普雨悉皆萌，顿悟华情已，菩提果自成。’”

注释

1 **种智**：即一切种智，指成佛。

2 **不动道场**：自心本性就是远离动静的道场。

3 **沾洽**：雨水的滋润，这里指弟子们事佛性的无漏种子（因），与六祖大师所说法要（缘）因缘和合，则成就顿悟菩提之果。

原文

师说偈已，曰：“其法无二，其心亦然，其道清净，亦无诸相。汝等慎勿观静及空其心，此心本净，无可取舍。各自努力，随缘好去[1]。”

尔时徒众作礼而退。

大师七月八日忽谓门人曰：“吾欲归新州，汝等速理舟楫。”

译文

大师宣说了偈之后，说：“一切万法不是二法，自心也不是二法，佛道本自清净，也没有种种分别相可得。你们千万不要澄心静坐而观取静相，不要空心静坐、什么都不想，我们的自心本来清净，没有什么静相可取、动相可舍，没有什么空相可取、有相可舍。你们各自努力修行，随顺自己的因缘好自为之。”

这时，大众都行礼之后就退下了。

大师在七月八日的时候，忽然对门人说：“我想要回新州去，你们马上准备好车船。”

大众哀留甚坚。师曰:“诸佛出现,犹示涅槃。有来必去,理亦常然。吾此形骸,归必有所。”

众曰:“师从此去,早晚可回?”

师曰:“叶落归根[2],来时无口[3]。”

大众哀声挽留,心意非常坚固。大师说:“即使是诸佛出世,尚且还要示现涅槃。有生来就必定有死去,这是不变的道理。我的这副形骸,必定是要归去的。”

大众说:“大师从此离去之后,什么时候再回来?”

大师说:“我回到新州去就如同叶落归根一样,再回到这里来的时候已经去世了,不再开口说话。”

注释

1 **随缘好去**:随顺自己的因缘而去。

2 **叶落归根**:指六祖大师要回到新州圆寂,就犹如叶落归根一样。

3 **来时无口**:回来的时候不再开口,指以全身舍利的形式回来而为人供养,即已经去世。

原文

又问曰:“正法眼藏,传付何人?”

师曰:“有道者得,无心者通。”

又问:“后莫有难否?”

师曰:“吾灭后五六年,当有一人来取吾首。听吾记曰:‘头上养亲,口里须餐,遇满之难,杨柳为官[1]。’”

又云:“吾去七十年,

译文

大众又问道:“大师的正法眼藏,今后将传付给谁呢?”

大师说:“证道的人得到,无心的人通达。”

大众又问:“大师去世之后会遭受什么厄难吗?”

大师说:“我灭度五六年(即十一年)后,将会有一个人来取我的头。你们听我的预言:‘头上养亲,口里须餐,遇满之难,杨柳为官。’”

大师又说:“我去世后七十年,会有

有二菩萨从东方来，一出家、一在家[2]。同时兴化，建立吾宗，缔缉伽蓝[3]，昌隆法嗣。”

问曰：“未知从上佛祖应现已来，传授几代？愿垂开示。”

师云：“古佛应世已无数量，不可计也。今以七佛为始，过去庄严劫毗婆尸佛、尸弃佛、毗舍浮佛，今贤劫拘留孙佛、拘那含牟尼佛、迦叶佛、释迦文佛：是为七佛。”

两位菩萨从东方佛国而来，一位是出家菩萨，一位是在家菩萨，他们同时大兴教化，建立我的顿悟之教，建造和修葺寺庙，昌隆法脉传承。”

大众问道：“不知从之前的佛陀和祖师随应众生因缘而出世以来，[此顿悟成佛的法脉]已经传授了多少代？请大师垂悯开示。”

大师说：“古佛随应众生因缘而出世，已经无数无量，无法计算。现在从过去的第七佛为开始计算，过去庄严劫中三佛，毗婆尸佛、尸弃佛、毗舍浮佛；现在贤劫四佛，拘留孙佛、拘那含牟尼佛、迦叶佛、释迦文佛：这就是过去的七位佛陀。

注释

1 **头上养亲，口里须餐；遇满之难，杨柳为官**：这是六祖大师对自己去世后的预言。张净满为新罗国僧人金大悲以金钱雇佣，装扮成孝子的模样，来六祖大师塔要取大师首级，以供金大悲回国供养。后来张净满被抓捕，而管辖此地的刺史名叫柳无忝，县令名叫杨侃。

2 **一出家，一在家**：指马祖道一禅师和庞蕴居士。

3 **缔缉伽蓝**：建造修葺寺庙。“缔”，建造。“缉”，修葺。

原文

“已上七佛，今以释迦文佛首传第一摩诃迦叶尊者，第二阿难尊者，第三商那和修尊者，第四优波鞠多

译文

“以上的七位佛陀，现在以释迦牟尼佛最初所传的为第一祖，是摩诃迦叶尊者，第二祖是阿难尊者，第三祖是商那和修尊者，第四祖是优波鞠多尊者，

尊者，第五提多迦尊者，第六弥遮迦尊者，第七婆须蜜多尊者，第八佛驮难提尊者，第九伏驮蜜多尊者，第十胁尊者，十一富那夜奢尊者，十二马鸣大士，十三迦毗摩罗尊者，十四龙树大士，十五迦那提婆尊者，十六罗睺罗多尊者，十七僧伽难提尊者，十八伽耶舍多尊者，十九鸠摩罗多尊者，二十阇耶多尊者，二十一婆修盘头尊者，二十二摩拏罗尊者，二十三鹤勒那尊者，二十四师子尊者，二十五婆舍斯多尊者，二十六不如蜜多尊者，二十七般若多罗尊者，二十八菩提达磨尊者(此土是为初祖)，二十九慧可大师，三十僧璨大师，三十一道信大师，三十二弘忍大师。惠能是为三十三祖。”

“从上诸祖各有禀承，汝等向后递代流传，毋令乖误[1]。”

大师先天二年癸丑岁[2]

第五祖是提多迦尊者，第六祖是弥遮迦尊者，第七祖是婆须蜜多尊者，第八祖是佛驮难提尊者，第九祖是伏驮蜜多尊者，第十祖是胁尊者，十一祖是富那夜奢尊者，十二祖是马鸣大士，十三祖是迦毗摩罗尊者，十四祖是龙树大士，十五祖是迦那提婆尊者，十六祖是罗睺罗多尊者，十七祖是僧伽难提尊者，十八祖是伽耶舍多尊者，十九祖是鸠摩罗多尊者，二十祖是阇耶多尊者，二十一祖是婆修盘头尊者，二十二祖是摩拏罗尊者，二十三祖是鹤勒那尊者，二十四祖是师子尊者，二十五祖是婆舍斯多尊者，二十六祖是不如蜜多尊者，二十七祖是般若多罗尊者，二十八祖是菩提达磨尊者(在中土是初祖)，二十九祖是慧可大师，三十祖是僧璨大师，三十一祖是道信大师，三十二祖是弘忍大师。惠能是第三十三祖。”

“从上以来的诸位祖师各自有其所禀受的传承，你们向后人代代流传下去，不要有所违背和错误。”

大师在先天二年癸丑岁八月初三日(这一年十二月改年号为开元)在国恩寺斋饭结束后，对各位徒众说：“你们各自依位置安坐，我要跟你们告别了。”

法海呈白说：“和尚留下什么教法，

八月初三日(是年十二月改元开元)于国恩寺斋罢,谓诸徒众曰:“汝等各依位坐,吾与汝别。”

法海白言:“和尚留何教法,令后代迷人得见佛性?”

师言:“汝等谛听!后代迷人,若识众生,即是佛性;若不识众生,万劫觅佛难逢。吾今教汝,识自心众生,见自心佛性,欲求见佛,但识众生。只为众生迷佛,非是佛迷众生。自性若悟,众生是佛;自性若迷,佛是众生。自性平等,众生是佛;自性邪险,佛是众生。汝等心若险曲,即佛在众生中;一念平直,即是众生成佛。我心自有佛,自佛是真佛;自若无佛心,何处求真佛?汝等自心是佛,更莫狐疑。外无一物而能建立,皆是本心生万种法,故经云:‘心生种种法生,心灭种种法灭。’”

让后代的愚迷众生能够彻见佛性?”

大师说:“你们认真听!后世的愚迷之人,如果能明白众生的自心本性,就是见到了佛性;如果不能明白众生的自心本性,[那么向外去寻觅佛性,]千劫万劫也难以见到。我现在教你们,如果认识自心之众生,就能见到自心之佛性;如果想要见到自心之佛性,那就要认识自心之众生。只因为众生愚迷而不能见到佛性,不是因为佛性愚迷而不能见到众生。如果自心本性得以彻悟,那么众生就是佛;如果自心本性尚在愚迷,那么佛就是众生。如果自心本性的本来平等得以开显,那么众生就是佛;如果自心本性随顺邪险的染污因缘,那么佛就是众生。你们如果自心邪险弯曲,那就是佛性随顺染污因缘而为众生;你们如果心心念念平等正直,那么就是众生得成佛道。我自心即有佛陀,自心佛陀才是真正的佛陀;如果自心中没有佛陀,那么到哪里去寻求真正的佛陀?你们的自心即是佛陀,再也不要对此感到狐疑不信了。自心之外没有一法能够单独安立,一切万法都是由自心因缘而出生,所以佛经中说:‘种种心生而有种种法生,种种心灭而种种法灭。’”

注释

1 **乖误**:违背实情,产生错误。

2 **先天二年癸丑岁**:即公元 713 年。“先天”是唐玄宗年号。“癸丑”,713 年的干支纪年。

原文

“吾今留一偈与汝等别,名《自性真佛偈》,后代之人,识此偈意,自见本心,自成佛道。偈曰:‘真如自性是真佛,邪见三毒是魔王,邪迷之时魔在舍,正见之时佛在堂。性中邪见三毒生[1],即是魔王来住舍,正见自除三毒心,魔变成佛真无假。法身报身及化身,三身本来是一身,若向性中能自见,即是成佛菩提因。本从化身生净性,净性常在化身中[2],性使化身行正道[3],当来圆满真无穷。淫性本是净性因[4],除淫即是净性身[5],性中各自离五欲[6],见性刹那即是真。’”

译文

“我现在留下一个偈跟你们告别,叫作《自性真佛偈》。后代的学人,如果明白偈中大意,就能自见其自心本性,自成其佛果。偈道:‘真如自性是真佛,邪见三毒是魔王,邪迷之时魔在舍,正见之时佛在堂。性中邪见三毒生,即是魔王来住舍,正见自除三毒心,魔变成佛真无假。法身报身及化身,三身本来是一身,若向性中能自见,即是成佛菩提因。本从化身生净性,净性常在化身中,性使化身行正道,当来圆满真无穷。淫性本是净性因,除淫即是净性身,性中各自离五欲,见性刹那即是真。’”

注释

1 **性中邪见三毒生**:自心本性随染污因缘而有邪见、贪嗔痴三毒生起。

2 **本从化身生净性,净性常在化身中**:从众生的种种心念中,如实知见其真如实相,即是证得自心的清净本性;自心的清净真如本性,即是心心念念远离执著,而当下正见其无实体之空。

3 **性使化身行正道**:随顺自心本性,即是修行解脱成佛之正道。

4 **淫性本是净性因**：淫欲自体即是证得清净的自心本性之因，即如实知见淫欲没有实体性，就是证得清净的自心本性。

5 **除淫即是净性身**：除去淫欲即是清净的自心本性。敦煌本和惠昕本都作"除淫即无净性身"，更符顺六祖大师一贯的不二中道思想。

6 **性中各自离五欲**：自心本性即是远离对五欲的执著。

原文

"'今生若遇顿教门，忽悟自性见世尊，若欲修行觅作佛，不知何处拟求真[1]？若能心中自见真，有真即是成佛因，不见自性外觅佛，起心总是大痴人。顿教法门今已留，救度世人须自修，报汝当来学道者，不作此见大悠悠[2]。'"

师说偈已，告曰："汝等好住。吾灭度后，莫作世情悲泣雨泪，受人吊问[3]，身着孝服，非吾弟子，亦非正法。但识自本心，见自本性，无动无静，无生无灭，无去无来，无是无非，无住无往。恐汝等心迷，不会吾意，今再嘱汝，令汝见性。吾灭度后，依此修行，如吾在日；若违吾教，纵吾在世，亦无有益。"

复说偈曰："兀兀不修

译文

"'今生若遇顿教门，忽悟自性见世尊，若欲修行觅作佛，不知何处拟求真？若能心中自见真，有真即是成佛因，不见自性外觅佛，起心总是大痴人。顿教法门今已留，救度世人须自修，报汝当来学道者，不作此见大悠悠。'"

大师说完偈之后，对大家说："你们都要好自为之。我灭度之后，不要如同世俗之人一样悲伤哭泣流泪，接受世人的凭吊悼念，身上穿着孝服，[这样做的话，]就不是我的弟子的做法，也不符合佛陀正法的要求。你们只应认识自己的本心，见到自己的本性，本来就没有实体的动静，没有实体的生灭，没有实体的去来，没有实体的是非，没有实体的住往。担心你们内心迷惑，不明白我的心意，所以现在再次嘱咐你们，让你们如实知见自心本性。我灭度之后，你们要依照我的教法修行，那就如同我还在一样；如果违背我的教法，那么即使我还在世，也没有什么益处。"

善，腾腾不造恶[4]，寂寂断见闻，荡荡心无著[5]。”

大师又说偈道：“兀兀不修善，腾腾不造恶，寂寂断见闻，荡荡心无著。”

注释

1 **若欲修行觅作佛，不知何处拟求真**：如果想要通过修行而成就佛果，那么就是不知道佛在何处而想成佛。这里是指法身佛是无为法，不是修行而成的有为之果，不能通过修行而产生出来。如实知见一切有为法的无为法性，这就是成佛，即无佛可成而成佛。

2 **悠悠**：悠忽度日，毫无意义。

3 **吊问**：凭吊、悼念。

4 **兀兀不修善，腾腾不造恶**：既不修行善法，也不造作恶法，即远离对善恶等一切二法的执著，以不二智慧对待一切万法。“兀兀”，形容不动的样子。“腾腾”，形容自在无为的样子。

5 **寂寂断见闻，荡荡心无著**：没有见色闻声等虚妄分别相，内心没有虚妄分别心，即内破识缚、外破相缚，无所住而生心。“寂寂”，形容寂静的样子。“荡荡”，形容坦然安定的样子。

第三章

导读

本章的主旨在于，阐述六祖大师灭度时的种种感应，以及之后的真身舍利的安置及其他物品的处理。

原文

师说偈已，端坐至三更，忽谓门人曰："吾行矣！"奄然迁化[1]。于时异香满室，白虹属地[2]，林木变白，禽兽哀鸣。

十一月，广、韶、新三郡官僚，洎门人僧俗，争迎真身，莫决所之[3]。乃焚香祷曰："香烟指处，师所归焉。"时香烟直贯曹溪。十一月十三日，迁神龛[4]，并所传衣钵而回。

译文

大师说完偈之后，正身端坐到三更，忽然对门人说："我走了！"忽然就灭度了。这时奇异的香气充满整个房间，白色的长虹连地而起，山林中的树木都变白了，各种禽兽都哀声鸣叫。

十一月，广州、韶州、新州三郡的官属僚员，以及大师的门人和出家、在家信众，都争着要迎请大师的真身去供养，大家都不知道到底该把大师的真身安置到何处，于是就焚香祷告说："香烟所指的地方，就是大师真身所归去的地方。"这时，香烟直接飘往曹溪。十一月十三日，将大师真身的棺椁，以及五祖大师所传付的衣钵一起运回曹溪。

注释

1 **奄然迁化**：忽然就灭度了。"奄然"，忽然、突然。"迁化"，灭度、圆寂。

2 **属地**：连接于地。"属"，连属、连接。

3 **所之**：到达的地方，即在何处安置大师的真身。"之"，到、往，动词。

4 **神龛**：这里指装了大师遗体的棺椁。

原文

次年七月出龛，弟子方辩以香泥[1]上之，门人忆念取首之记，仍以铁叶[2]漆布固护师颈入塔。忽于塔内白光出现，直上冲天，三日始散。

译文

第二年七月，请大师真身出了神龛，弟子方辩用香泥塑着于真身之上。门人记起大师预言有人来盗取首级的话，就用漆布包上铁片来固定保护大师的颈部而入塔。忽然在塔内有白光出现，一直向上直冲天空，三天后才消散。韶州刺史将此事上奏韶州奏闻，奉敕立碑，纪师道行。

师春秋七十有六，年二十四传衣，三十九祝发，说法利生三十七载，嗣法四十三人，悟道超凡者莫知其数。

达磨所传信衣（西域屈眴布也），中宗赐磨衲、宝钵，及方辩塑师真相，并道具[3]，永镇宝林道场。留传《坛经》以显宗旨，兴隆三宝，普利群生者。

六祖大师法宝坛经（终）

皇上，并奉皇上之敕而立碑，来记录大师的道行。

大师享年七十六岁，二十四岁获得五祖大师的衣钵和法脉传承，三十九岁剃发出家，之后说法度化众生三十七年，获得大师传法而成为嗣法弟子的一共四十三人，听闻大师说法而悟道超凡的人不知道有多少。

达磨大师所传作为凭信之物的袈裟（用西域屈眴布制成），中宗皇帝御赐的磨衲袈裟和水晶宝钵，以及方辩所塑的大师真身像，还有修道用的其他器具，都永远留在宝林寺作为镇寺之宝。大师说法而记录下来的《坛经》，是用来开显顿悟成佛的宗旨，从而兴隆佛、法、僧三宝，普遍地利益众生的。

六祖大师法宝坛经（终）

注释

1 **香泥**：用涂香、末香加水、胶和成，形状如同稀泥。

2 **铁叶**：铁片。

3 **道具**：修道用的日常生活用品，例如三衣、什物等。

心经

《般若波罗蜜多心经》，简称为《心经》。综观此经的七种译本，可知其是观自在菩萨在佛陀的威神加被与印可之下，对舍利弗所说的经典，即观自在菩萨是此经的说法主，而舍利弗则是此经的请法主。但是，此经的内容，基本上都可见于《大般若经》中，主要是在其第二分、第四分，而且文字也基本一致。由此，窥基大师在其《般若波罗蜜多心经幽赞》中即说，“《大经》随机，义、文俱广，受、持、传、习，或生怯退，传法圣者录其坚实妙最之旨，别出此经”，即有此经是后人摘录《大般若经》而成之意。现代学者，持此论者也颇有其人。这种观点虽然很有文字内容上的依据，但是却很难因此否定七种译本中鸠摩罗什、玄奘译本之外其他五种译本中序分的具体内容，也很难仅仅依据翻译年代的先后而否定五种译本的真实性。这五种译本，都有序分的内容，明确描述说是观自在菩萨根据自身修证的功德智慧，为佛陀所加被，回答舍利弗的疑问而说此经。从佛法“佛佛道同”的原理上看，观自在菩萨宣说般若智慧的心要，在文字内容上同于释迦牟尼佛所说，可谓同理必证之解、题中必有之旨，难以以此而得出此经并非观自在菩萨所说，而是后贤摘录的结论。但是，在另一方面，尽管窥基大师等人认为是后贤摘录的看法不一定符合实际情况，但他们所认为的，此经法义堪称《大般若经》“坚实妙最”的精髓和核心，却是不易之论。

此经的译本迄至民国之前，共有七种，鸠摩罗什所译名为《摩诃般若波罗蜜大明咒经》，法月所译名为《普遍智藏般若波罗蜜多心经》，施护所译名为《佛说圣佛母般若波罗蜜多经》，玄奘、般若共利言等、智慧轮、法成等人所译都名为《般若波罗蜜多心经》。七种译本的篇幅，从二百六十余字到六百六十余字不等，其中施护所译最为丰富，而玄奘大师所译最为简练，也最为流行。除了鸠摩罗什和玄奘所译，其他五种译本都是序分、正宗分、流通分具足，尤其是其序分交代了此经的缘起，有着重要的意义。而从正宗分的内容来看，七种译本并无多少差别，大体只是文字上详略的不同。此次出版的《心经》采用玄奘译本，底本是台湾中华电子佛典协会（CBETA）所编修的《大正藏》本，笔者根据现代标点符号使用规范，对原标点进行了必要的改动，使之符合人们的阅读习惯。

此经的经题“般若波罗蜜多心经”中，“般若波罗蜜多”指的是智慧，包含着加行智、根本智、后得智的整体，但是侧重在根本智，以根本智所证真如空性，来破除法我执。“心”，在此经中，主要是心要、诀窍之意，表明此经的法义是一切般若经典的纲领宗要，乃至是一切佛法的纲领宗要，是久修行者、上根利机总持一切般若经典乃至一切佛法的关钥，所以经中自称所阐发的般若法义，以及可由此进证的般若智慧，乃是妙用难测、光明无量、最上第一、诸佛平等圆证的大咒语。另外，“心”还有真实心、真如心之意，即根本无分别智相应之心，或者是与空性相应之心，而根本无分别智与空性，正是此经所特别阐述的重点。进而，“心”也可有虚妄分别心之意，因为根本无分别智正是对虚妄分别心的破除，空性正是虚妄分别心的体性。总之，此经文字极为简练，而所述法义则极为宽广，可包含心的多层次内涵，而尤以心要为主。

此经的注释非常之多，从古到今有上百种，其中窥基大师的《般若波罗蜜多心经幽赞》、圆测法师的《佛说般若波罗蜜多心经赞》堪称典范。其中，窥基大师的著作，对般若智慧的修行内容有特别丰富的展开；而对于具体法义的辨析，有对中观、唯识诸家观点的综观和梳理，这一点，圆测法师的著作也是如此。我们主要参考二位大师的注释，并辅以法藏法师的《般若波罗蜜多心经略疏》，近代太虚大师的《般若波罗蜜多心经释义》《般若波罗蜜多心经讲记》，罗时宪《般若波罗蜜多心经讲录》等著作，从而来理解此经大义。

如前文已述，窥基大师赞叹此经为六百卷《大般若经》之“坚实妙最之旨”，即以最精炼、简少的文字概述了《大般若经》的核心要义，智慧高明的久修行者可以以此来总持六百卷《大般若经》而修行。但是，对于初学者而言，因为没有基础，没有广泛学习六百卷《大般若经》，所以对他们来说此经仅仅是260多个字，其丰富、深邃的内涵完全无法展开。例如经中“菩提萨埵依般若波罗蜜多故，心无挂碍；无挂碍故，无有恐怖，远离颠倒、梦想，究竟涅槃”，把菩萨从悟道到成佛的整个过程，无量的修行法门、善根、功德，全部包含在这几句话里；对于一个久修行者而言，这几句话可谓包含了整个三藏十二部的经典，内涵极为丰富，但是对于一个初学者来说，却仅仅是30多个汉字而已，没有什么内涵可言。因此，学习《心经》乃至《金刚经》，不能仅仅满足于此，而应该广学博闻，要进一步学习《文殊般若》《胜天王般若》《仁王般若》《小品般若》《大品般若》，乃至最好要学习六百卷《大般若经》；然后再回头来以《金刚经》《心经》总持全部的《般若》经典，使之成为修行的诀要，每一句话都能展开为无限丰富的内容。

第一章

导读

本章的主旨在于，阐述本经的说法主观自在菩萨的大乘佛法功德，已经证得八地菩萨以上(实为一生补处菩萨)的智慧，即无相、无功用而任运自在地现起无分别智，根本智与后得智前后刹那交替现起，平等不二。

除鸠摩罗什、玄奘译本之外，另外五种译本都有序分，主要是概述观自在菩萨的智慧功德，受舍利弗礼请而阐述其破除人我、法我二执而证得二空的般若智慧，于五蕴等一切法上而直见其无性之性，破除一切烦恼、业、苦。结合大乘佛法修行经十信、十住、十行、十回向、十地、等觉，而至妙觉成佛的位次和过程，可知随着菩萨智慧的不断胜进，所破除烦恼、业的不断深化，其所断除的苦厄也越来越微细：从伏断地狱道的极重苦厄，到伏断三恶道的苦厄，到出离三界的分段生死之苦厄，到净除一切有漏种子而远离变易生死之苦厄，有其一定的次第。彻底而言，直到圆满成佛之前，等觉仍有微细的行苦；而要断除一切极粗重乃至最微细的苦厄，其根本即在运用根本无分别智。根本无分别智的分证，意味着苦厄的分断；根本无分别智的圆满，则意味着苦厄的圆断。

观自在菩萨已经自证一生补处菩萨的功德，即将圆成佛果，在佛陀的威神加持之下，即以自证的智慧功德宣说妙法，以此来饶益众生。

原文

观自在菩萨[1]行深般若波罗蜜多[2]时，照见[3]五蕴[4]皆空[5]，度一切苦厄[6]。

译文

观自在菩萨入正观而证根本无分别智之时，现量知见五蕴等一切诸法无实体、非真实的真如实相，破除生死轮转等一切痛苦与灾难。

注释

1 **观自在菩萨**：根据另外六种译本，可知观自在菩萨即指观世音菩萨。一位菩萨，两种名称，译法不同，侧重有别。

2 **行深般若波罗蜜多**：菩萨入正观现见真如，即根本无分别智现行。"行"，进行、现观，不见能行能观、不见所行所观，远离自他、能所等一切分别。"深般若"，指直见真如的根本无分别智。

3 **照见**：明明了了地现量知见，即以无分别智而如实知见。

4 **五蕴皆空**：构成身心生命体的五蕴本身都无实体、非真实，无性为性。圆测法师根据当时所存的梵本，认为应该译为"五蕴等皆空"，"等"所包含的内容，即后文的十二处、十八界、缘起、四谛、智断等。

5 **度**：即"渡"，渡过、脱离、破除。

6 **苦厄**：一切痛苦与灾难。"苦"，苦苦、坏苦、行苦等生死轮转之苦。"厄"，三灾、八难等灾难。

第二章

导读

本章的主旨是以根本智所证空性为标准，破除对空性的种种怀疑和误解，阐明空性的本义、正义。

首先,以色法为例,色法与空性,彼此不是相异的关系,不是在色法之外有独立存在的空性,也不是在空性之外有独立存在的色法。这即是破除以为色法与空性是两种相互独立的事物,将空性视为与色法平列、相对的具体事物的误解。

其次,色法与空性,彼此是体用不二的关系,空性不是灭除了具体的色法之后的空无一物,也不是具体色法的虚空状态,也不是色法的其他某种状态。尤其是将“空”理解为“无”、“虚无”、“什么都没有”,是由望文生义造成的误会,可谓最为普遍,平常大众乃至学佛多年的人士,往往陷入其中而无法自拔。另一方面,这种误会又是危害最大的,在多种佛经里被严厉呵斥为“恶取空”见、“断灭空”见,可能直接导致消解和毁谤因果正见,从而造成肆无忌惮、无恶不作等严重后果。

种种误会的侧重虽然有所不同,但都是以为空性是与色法并列的具体实体、具体事物,或者事物的具体状态。实际上,空性不是实体,而是对实体的破除;空性也不是具体的事物,而是一切具体事物的本性、体性;空性也不是事物的某种具体状态,而是事物的某种具体状态的本性、体性。

首先,平常人们以为色法是实体性的,而佛法则认为色法没有实体,无实体就是空。其次,一切色法的产生,需要其具体的因素、条件,具体的因素、条件消失了,色法也就消失了,没有自然自成、永恒不变的色法。最后,在需要具体因素、条件而产生的色法上,破除实体性的妄执,这种如实的真相本身,也不是实体,没有实体性。以上所述的三个方面,即是唯识学所说的三种空(三无性):遍计所执性之空(无实体)、依他起性之空(因缘有)、圆成实性之空(实有不是实体有)。

色法与空性之间的关系是如此,受、想、行、识等法与空性之间的关系,也是如此,具体展开来说就是:受不异空,空不异受;受即是空,空即是受。想不异空,空不异想;想即是空,空即是想。行不异空,空不异行;行即是空,空即是行。识不异空,空不异识;识即是空,空即是识。

色法类似于今天所说的物质,受、想、行、识类似于今天所说的精神;合在一起,就是物质与精神所构成的宇宙人生,都是没有实体的,是因素、条件下的存在。

原文

"舍利子[1]！色[2]不异空，空不异色；色即是空，空即是色。受[3]、想[4]、行[5]、识[6]，亦复如是。"

译文

"舍利子！色法并非与空性相异，空性并非与色法相异；色法即是空性，空性即是色法。受法、想法、行法、识法，也都是如此。"

注释

1 **舍利子**：是释迦牟尼佛座前智慧第一的小乘弟子，其母亲名叫"舍利"；"舍利子"即"舍利"的儿子，又译为"舍利弗"。

2 **色**：以质、碍为体，即具有质量、体积的事物，大体同于现代"物质"一词，分为"形色""显色""表色""无表色"等类，包含眼根、耳根、鼻根、舌根、身根、色、声、香、味、触以及法处色等。

3 **受**：指接触外境而领受到的痛苦、快乐、不苦不乐等感受。

4 **想**：指对境相的认取作用，大体相当于感觉、知觉等感性认识。

5 **行**：内心造作善、恶等行为的心理功能。

6 **识**：内心整体的认识、思量、集起等功能，一般分为八种。

第三章

导读

本章的主旨是从三对、六个方面来遮诠式地阐述空性的特征，并依据空相而破除六个方面的法我执。

首先，前文依据根本智所证，阐述空性是五蕴等法的体性；五蕴等法是有为法，而空性则是无为法。如果要对此空性的特征予以描述，则只能以遮诠的方式展开。有为法是缘生缘灭、缘垢缘净、缘增缘减的，即生灭、垢净、增减都是依因缘而有，因而没有生灭、垢净、增减的实体和实体的生灭、垢净、增减。也就是说，因缘之下现象的生灭、垢净、增减，从实体性层面来说，是无有生灭、垢净、增减可言的，因为因缘现象本无实体。因此，缘生缘灭的体性是不生不灭，缘垢缘净的体性是不垢不净，缘增缘减的体性是不增不减，即一切缘起的事物是以不生不灭、不垢不净、不增不减为体性的。菩萨于缘起的事物上，如实知见其本性，就是以根本智证得一切事物不生不灭、不垢不净、不增不减的体性。简而言之，诸法空性的特征，即表现为这三对、六个方面：不生不灭、不垢不净、不增不减。

其次，五蕴等一切事物的空相，远离生灭、垢净、增减乃至一切的二元对立，无自他、能所等可得，因此，立足于诸法空相的立场，可知三乘佛法中一切用来破除人我执等障碍的法义，都没有实体可得，不能执以为实。

针对偏执心灵为实体我的众生，佛陀宣说五蕴的教法；针对偏执身体为实体我的众生，佛陀宣说十二入的教法；针对双执身体、心灵构成实体我的众生，佛陀宣说十八界的教法；针对追求缘觉乘佛法的利根众生，佛陀宣说十二因缘的教法；针对追求声闻乘佛法的利根众生，佛陀宣说四谛的教法。但是小乘人却又以此五蕴、十二入、十八界、十二因缘、四谛为实体，从而陷入法我执，此经即以诸法空性来观察诸法，五蕴、十二入、十八界、十二因缘、四谛都无实体可得。

针对追求圆满成佛的大乘佛法的众生，佛陀宣说六度等教法，破除其人我执与法我执。大乘六度的修行，指向两种结果，一是智果菩提，一是断果涅槃，菩提是能证之用，涅槃是所证之体。但是，如果妄执有能证的菩提可得，和所证的涅槃可得，那么就未能破除法我执，无法生得菩提和显得涅槃。此经以诸法空性来观察诸法，六度也无实体可得，菩提、涅槃也无实体可得。

总之，一切事物的本性即是空性，空性是破除一切实体性的；以如实证得此空性的根本智，来观察照见一切事物的本性，必然会破除一切实体性执著，不仅包括人我执，而且包括法我执，破无可破，无能无所，即是诸法空性的究竟义。

原文

“舍利子！是诸法空相[1]，不生不灭[2]，不垢不净[3]，不增不减[4]。是故空中无色，无受、想、行、识；无眼、耳、鼻、舌、身、意[5]；无色、声、香、味、触、法[6]；无眼界[7]，乃至无意识界[8]；无无明[9]亦无无明尽[10]，乃至无老死[11]亦无老死尽[12]；无苦、集、灭、道[13]；无智[14]，亦无得[15]。”

译文

“舍利子！这五蕴等一切事物的空性，没有生、灭可得，没有垢、净可得，没有增、减可得。因此，空性中无有色，无有受、想、行、识；无有眼、耳、鼻、舌、身、意；无有色、声、香、味、触、法；无有眼界，一直到无有意识界；无有无明，也无有对无明的断除，一直到无有老死，也无有对老死的断除；无有苦、集、灭、道四谛；无有三乘菩提，也无有三乘涅槃。”

注释

1 **是诸法空相**：这五蕴等一切事物的空性、真如、实相的特征。“是”，这，指前面所说的五蕴等。“空相”，即空性之相、之特征，即对空性进行描述。

2 **不生不灭**：从空性而言，无有生灭可得。因为生灭是一切有为法的现象，而空性则是有为法的本性，即无为法。

3 **不垢不净**：从空性而言，无有垢净可得。

4 **不增不减**：从空性而言，无有增减可得。

5 **眼、耳、鼻、舌、身、意**：即六根，六种认识外境的认知机制。

6 **色、声、香、味、触、法**：即六尘，六种所认识的外境。

7 **眼界**：十八界之一，同于十二处中的眼根。“界”，种类等义。

8 **意识界**：十八界之一，即意识。经文只例举最初的眼界和最后的意识界，中间省略了耳界等十六界。

9 **无明**：十二因缘中的无明支，即愚痴、没有智慧。

10 **无明尽**：断除无明，获得与人我空相应的智慧。

11 **老死**：十二因缘中的老死支，即投生之后的衰老、死亡。经文只例举最初的无明和最后的老死，中间省略了行、识等十支。

12 **老死尽**:断除老死之苦果。

13 **苦、集、灭、道**:即四圣谛。

14 **智**:智慧、菩提,三乘菩提。

15 **得**:涅槃,三乘涅槃。

第四章

导读

本章的主旨在于,阐述菩萨破除一切人我执与法我执,而证得根本无分别智,不断修行而证得种种殊胜之果。

菩萨在胜解行地资粮道中,即以相似般若智而渐渐伏除分别烦恼障、所知障的现行。进入加行道后,修行四寻思、四如实遍智,渐渐伏除俱生烦恼障、所知障,乃至在世第一法位后一刹那,断除二障(心无挂碍)而见道,登地而为初地菩萨。初地菩萨证得根本无分别智,一切能感恶趣的诸烦恼及所知障都断除,远离不活畏等怖畏(无有恐怖)。此后在修道位中,智慧不断胜进,乃至证得八地菩萨无功用无相住位,一切能障碍无生法忍的烦恼及所知障都断除(远离颠倒)。菩萨道修行圆满,一切烦恼、习气及所知障种子都断除,即一切微细虚妄分别都断除(远离梦想),证入妙觉果位,即成就圆满佛果(究竟涅槃)。于此可知,般若智慧(加行智、根本智、后得智)是菩萨修行,直到最终成佛的整个过程中贯穿始终的诀窍和精髓。过去诸佛之所以成佛,是依据此般若智慧;现在、未来诸佛正成佛、将成佛,同样要依据此般若智慧。

原文

“以无所得故，菩提萨埵[1]依般若波罗蜜多故，心无挂碍[2]；无挂碍故，无有恐怖[3]，远离颠倒[4]、梦想[5]，究竟涅槃[6]，三世诸佛依般若波罗蜜多故，得阿耨多罗三藐三菩提。”

译文

因为［破除了人我执和法我执，断除了一切相缚，］无所执著而证得无分别智，大乘胜义菩萨即依此无分别智，内心没有了烦恼障和所知障。因为没有烦恼障和所知障，所以无有不活畏、恶名畏、死畏、恶趣畏、大众畏等一切怖畏，远离种种颠倒和虚妄分别，彻底证得四种涅槃。过去、现在、未来的诸佛都依据无分别智，而证得无上正等正觉，成就圆满佛果。

注释

1 **菩提萨埵**：即菩萨的全称，指大乘胜义菩萨。

2 **挂碍**：烦恼障与所知障。“挂”，烦恼障。“碍”，所知障。

3 **恐怖**：不活畏、恶名畏、死畏、恶趣畏、大众畏等五种怖畏。

4 **颠倒**：一般指想倒、见倒、心倒、常倒、乐倒、净倒、我倒等七种颠倒。

5 **梦想**：一切凡夫众生都处于生死大梦中，都有自性、差别、总执、我、我所、爱、非爱、俱相违等八种虚妄分别，即称为梦想。

6 **涅槃**：断除二障而证得真如之体，分为自性清净涅槃、有余涅槃、无余涅槃、无住涅槃等四种。

第五章

导读

本章的主旨在于，总结般若智慧的无比功用，以秘密般若的形式，阐述其自利利他的功能。

前文的内容,可谓是显了般若,此处则是秘密般若,即以咒语的形式表述其殊胜的功能。其中,自利的功能,在于其有难测的妙用,能破除二障而获得真实的智慧光明,能超过二乘,乃至成就诸佛平等共证的功德。利他的功能,则在于断除一切众生的痛苦,使之证得涅槃的常乐。

至于咒语的含义,一般不予翻译,因为其中蕴含甚深的奥义和秘密。

原文

"故知般若波罗蜜多,是大神咒[1],是大明[2]咒,是无上[3]咒,是无等等[4]咒,能除一切苦,真实不虚,故说般若波罗蜜多咒。"

即说咒曰:"揭帝揭帝[5]般罗揭帝[6]般罗僧揭帝[7]菩提僧莎诃[8]。"

译文

"由此可知,般若智慧是广大而妙用难测的咒语,是广大而光明普照的咒语,是超过二乘、最为殊胜的咒语,是超过菩萨而唯为诸佛平等所证的咒语,能够断除一切痛苦,真实不虚,所以应宣说般若智慧的咒语。"

[于是,观自在菩萨]就宣说咒语:"揭帝揭帝般罗揭帝般罗僧揭帝菩提僧莎诃。"

注释

1 **神咒**:妙用难测的咒语,形容般若智慧的作用。"咒",咒语,即总持功德的秘密言句。

2 **明**:破除愚痴黑暗,获得智慧光明。

3 **无上**:超过小乘,最为殊胜。

4 **无等等**:超过菩萨的智慧,没有能与之相提并论,唯是佛陀所证的智慧。

5 **揭帝揭帝**:自度、度他。"揭帝",度。

6 **般罗揭帝**:度到彼岸。"般罗",彼岸。

7 **般罗僧揭帝**:自度、度他,一切众生都普度到彼岸。"僧",总体,普遍。

8 **僧莎诃**:快速,迅疾。

金刚经

《金刚般若波罗蜜经》简称《金刚经》，在玄奘大师所译的600卷《大般若波罗蜜多经》中，处于四处十六会的第二处第九会，在第577卷，不仅被视为《大般若经》的精要，也是中国佛教史上最为流行，对中国传统文化影响最为深远的佛经。

《金刚经》的译本，流传至今共有六种，一是姚秦鸠摩罗什所译，二是元魏菩提流支所译，三是陈朝真谛所译，这三个译本都名为《金刚般若波罗蜜经》；四是隋朝达磨笈多所译，名为《金刚能断般若波罗蜜经》；五是唐朝玄奘所译，单行则名为《能断金刚般若波罗蜜多经》；六是唐朝义净所译，名字与玄奘所译相同。其中，鸠摩罗什所译最为简练，玄奘所译则最为丰富，二者相差三千余字。另外，根据窥基在《金刚般若论会释》卷一中所述，玄奘大师先后两次翻译过此经，一是在贞观年间所译的单行本，一是在显庆年间译《大般若经》时而译，都在玉华寺译出。而菩提流支所译，流传至今有两个译本，详略相差二三百字。现行的六种译本，所依的梵本也不尽相同，内容详略也有所差别，玄奘在显庆年间重译之时，就曾对勘了当时所保存的四种梵本，从而将贞观年间所译的单行本的部分内容进行了精简。由此可知，因为传诵者读诵详略的不同，在印度流传的梵本本来就有多种，所以六种译本的详略差别，究竟是因所依据的梵本本身详略不同，还是因译者的裁剪有异所致，就不得而知了。

现行的六种译本中，最为流行的是鸠摩罗什所译，原因有二：一是所译最早，面世最先；二是语言非常精简流畅，很符顺中国人的习性。我们这里就采用此本作为依据。要注意的是，鸠摩罗什译本多采取意译，所译内容以精简为尚，其篇幅与其他五种译本相比，要少一千多字到三千余字不等，所以需要对勘其他五种译本，以如实了知其开合的不同，详略的差别，做适当的补充。例如，经文开头须菩提所提问题，其他五种译本都有三问，“如何住心？如何修行？如何降服其心？”而鸠摩罗什译本只有两问，缺了“如何修行？”而将此问合在“如何住心？”之内。又如，对“所谓佛、法，即非佛、法，是名佛、法”的翻译，其他五种译本大体相同，都有三句，而鸠摩罗什译本只有前两句，没有“是名佛、法”一句，但是，根据此经的内在逻辑和行文格式，就可知道，这只是简译而略掉而已，并非与其他五种译本不同。又如，经文结尾处偈颂的比喻，其他五种译本都有九种比喻，而鸠摩罗什译本则只有六种。虽然每种比喻都有特定的寓意，但也并不妨碍六种比喻可以涵括九种比喻的全部寓意，这也是开合的差别。了解到了六种译本之间的异同之实质，就不仅可知鸠摩罗什译本是完全可以采信的，而且也可知另外五种译本，尤其是着重直译和精准的玄奘译本以及文辞精美流畅的义净译本，有着很重要的参考价值，可以起到对照、补充、发明、开显等作用，避免因精简而引起的意义或缺和理解有误等问题，从而更完整、更准确地理解此经的义理。此次出版的《金刚经》即采用鸠摩罗什译本，底本是台湾中华电子佛典协会（CBETA）所编修的《大正藏》本，笔者根据现代标点符号使用规范，对原标点进行了必要的改动，使之符合人们的阅读习惯。

此经的经题“金刚般若波罗蜜经”，“金刚”是比喻，以极其坚固而无所不破的金属为喻体，或以所断的烦恼障、所知障为本体，或以能断的无分别智为本体。烦恼障以人我执为首，能障碍涅槃；所知障以法我执为首，能障碍菩提。这两种障碍虽然如同金刚一样坚固，但是无分别智可以破除。

从具体的内容来看，佛陀针对须菩提的两个问题，而回答的修行安住之法，包括十八种：一、发心，二、波罗蜜相应行，三、欲得色身，四、欲得法身，五、于修道得胜中无慢，六、不离佛出时，七、愿净佛土，八、成熟众生，九、远离随顺外论散乱，十、色及众生身中抟取中观破相应行，十一、供养给侍如来，十二、远离利养及疲乏、热恼故不起精进及退失等，十三、忍苦，十四、离寂静味，十五、于证道时远离喜动，十六、求教授，十七、证道，十八、上求佛地。这十八种修行法门，可分为三大类，前十六种是信行地菩萨所修，次一种是净心地菩萨所修，最后一种是上求佛地菩萨所修。其中，信行地菩萨所修的十六种法门，又可分为三类，发心是十住位菩萨所修；波罗蜜行、欲得色身、欲得法身，是十行位菩萨所修；其余十二种，是十回向位菩萨所修。上求佛地菩萨所修之法中，又包含六大类：一、国土净具足，二、无上见智净具足，三、福自在具足，四、身具足，五、语具足，六、心具足。心具足又可分为六种：一、念处，二、正觉，三、施设大利法，四、摄取法身，五、不住生死、涅槃，六、行住净。行住净又可分为三种，一、威仪行住，二、名色观破自在行住，三、不染行住。纵观十八种法门及其具体展开，可知《金刚经》乃是大乘佛法修行的总纲，包含了从信行地，经净心地、上求佛地，最后圆满成就佛果的全部法门，侧重在因位修行，而因满必果成，是无相因果的全体。经中，佛陀反复赞叹此经功德不可思议，其原因即在此。而从法门的详略来看，信行地、上求佛地菩萨所修的内容丰富，而净心地见道位菩萨所修内容精简，就犹如金刚、金刚杵一样，两头粗而中间细，这也是此经名为《金刚经》的原因之一。

而贯穿在十八种法门中的核心即是无分别智，又称为“般若”，一般有两种划分方法，一种是分为文字般若、观照般若、实相般若；一种是分为加行无分别智、根本无分别智、后得无分别智。两种划分开合有别，实质上并无不同。

先以第一种划分方法来看，文字般若引生闻慧，即听闻佛法而获得的正确见解。观照般若引生思慧和修慧，思慧指对文字有所超越的、决定而不可改变的态度、信念、胜解，修慧指与禅定（主要指第四禅）相应而超越文字的、能伏除对外对内种种虚妄分别的有漏智慧。实相般若即无分别智，超越有分别与无分别的两种极端，破除包含有分别与无分别在内的一切虚妄分别，无可名状，强名之曰无分别智。

以第二种划分方法来看，加行无分别智即包含了文字般若与观照般若，根本无分别智和后得无分别智对应于实相般若。或者说实相般若（无分别智）可以分为两种，一是进入正观契证真如实相的真智，于无有能所、自他等一切虚妄分别的当体，却又如实分别、知见无碍；于如实分别、知见无碍的当相，却又无自他、能所等一切虚妄分别：是有分别与无分别的体用一如不二。一是出离正观契合诸法缘起的俗智，以真智为依据、为根本，而善巧分别一切事物的缘起现象，展开破除一切烦恼、度化一切众生的作用。

结合两种划分方法，可知文字般若、观照般若或加行无分别智，对应了闻慧、思慧、修慧，它们都是有漏的智慧，无法真正破除人我执和法我执等障碍，而只有伏除其现行的作用；而实相般若或根本无分别智、后得无分别智，超越了有漏的智慧，是为无漏的智慧，才能真正破除人我执和法我执等障碍。究实而言，只有根本无分别智才有此作用，因此，此经所言的“金刚般若”主要即指实相般若中的根本无分别智。这种智慧是彻底的，所以称为“波罗密多”，即到达彼岸真实处的智慧。

由此，也可知此经即以达到和实现根本无分别智为宗旨，展开来说，可以分为体和用的两方面，即以根本无分别智为体，以断除一切疑惑为用，此经中最为精炼的表述是，“应无所住而生其心”。这个宗旨的焦点在根本无分别智，实际上完整的内涵则必然是包含了加行无分别智和后得无分别智在内，即证得根本无分别智之前和之后，都有伏、断种种疑惑的作用在。具体来说，“应无所住”指的破除一切执著，这不仅是发菩提心的前提，也是修行的诀要；“而生其心”指随顺清净的因缘而生清净心，展开就是“菩提心”，包含“愿菩提心”（誓愿）和“行菩提心”（六度万行）。“应无所住”侧重在否定众生的虚妄分别心等，是即有之空，于一切万法上放下实体执；“而生其心”侧重在肯定众生的如实知见心等，是即空之有，于一切万法上实践清净行。

对此经的注释，古往今来可谓汗牛充栋，有上百种之多，而最得其本义、最有价值，从而最具权威的，无疑是无著大师和世亲大师二人的《金刚般若波罗蜜经论》，后人注释此经能中其肯綮的，都是或者明合、或者暗合于二位大师的论著的。而二位大师的注释，精神本质虽然一致，但具体阐述却有其差别。窥基大师《金刚般若论会释》卷一对此进行了会通，各从四个方面总结了二位大师的异中之同与同中之异。总体而言，二位大师自身证德的差别，以及所针对对象的差别，造成了两种注释虽然精神本质完全一致，而内容、侧重有所不同的情况。根据二位大师传记可知，无著证得了三地菩萨（一说初地菩萨），世亲则是加行位菩萨，邻近初地菩萨。无著注释此经，以根本无分别智为核心、为彻始彻终的诀窍，不仅阐述了地前信行地（胜解行地）菩萨，包括十住、十行、十回向位菩萨修行的精要和所要破除的障碍，而且还阐述证得真如的初地菩萨，以及二地菩萨到等觉菩萨等上求佛地菩萨所修行的种种法门。简言之，无著的注释阐发了“应无所住而生其心”的整体，破除实体执和修行清净行的内容很完整。世亲注释此经，则是以根本无分别智为目标，主要阐述地前信行地菩萨修行过程中产生的种种疑障（二十七种），根据无分别智的精神而予以种种的破斥，以能胜进功德，进证真如实相而得根本无分别智。简言之，世亲的注释侧重在破除“应无所住”的实体执，“而生其心”的清净行隐在其中。与其证德相应，无著的论著针对的是地前、证道、地上三种菩萨，世亲的论著针对的主要是地前菩萨；无著的阐释以立为主，包含了大乘佛法的整个菩提道的内容纲要，世亲的阐释则以破为主，主要阐释加行道的内容纲要。依据这个根本的差别，其他细节上的差别，均可准而知之。

二位菩萨的注释，都是对此经本义的如实开显，有其层次之别，却无有优劣之分。从此经所蕴含的义理来说，此经位于600卷《大般若经》的结尾部分（第577卷），可包含前面经文所述甚深般若、广大般若的全部内涵，无著以其甚深透彻的智慧之眼抉择之、显明之，可谓厥功至伟！从此经不仅针对当时法会会众，而且针对像法时代将终、末法时代将至的浊恶众生来看，世亲菩萨侧重发挥此经破除疑障，以切实地指导浊恶众生修行而得益，可谓特别的契机之论！这应该是后世的高僧大德注释此经时，大多参考世亲菩萨的论著而展开的根本原因。

在这里，我们考虑到二位大师的注释本来密不可分，但又侧重有别，所以综合而参考之。又考虑到后世高僧大德的注释往往侧重遵循世亲的阐释方向，对无著所阐发的义理似乎有所忽略，因此参考之时便以无著之论为立意、述论的典据。也正因为这个原因，所以对经义的阐发，与后世高僧大德所说的在形式上、文字上、侧重上往往有所不同。在二位大师之外，我们还主要参考窥基大师的《金刚般若论会释》《金刚般若经赞述》，并辅以金刚仙《金刚仙论》、功德施《金刚般若波罗蜜经破取著不坏假名论》、智𫖮《金刚般若经疏》、吉藏《金刚般若疏》、宗泐《金刚般若波罗蜜经注解》、憨山《金刚决疑》、蕅益《金刚般若波罗蜜经破空论》等著作。

以无著的注释为主来理解此经，有一个非常重要的特点，即以善巧分别来阐释无分别智，这可谓实相般若的一体两面，完全符顺一切诸法的本性，也是以后得无分别智来诠释根本无分别智。因此,也许我们在阅读过程中，会有不同于以前的陌生感。但是,如果仔细思考和体会,就会知道，无著的阐释在理则上完全符顺缘起性空的不二中道,而且结合五十二个位次具体表诠菩萨修行的智慧境界,以及所要对破的无明烦恼，遵循着表中有遮，遮表不二的逻辑。这正如同此经中说，如果有人认为释迦牟尼佛有所说法，则是谤佛，因为陷入实体执，实际上佛陀不曾说一字；反之，如果有人认为释迦牟尼佛无所说法，则更是谤佛，因为陷入断灭见，实际上佛陀已经说法四十五年，何止千万亿字？要知道，正因佛陀不曾说一字，所以说了千万亿字；正因佛陀说了千万亿字，所以不曾说一字；如此无说而说，说而无说，无实无虚，虚实不二，不可名状，强言之曰说法！

正是因为这个原因，近代太虚大师读了法尊法师所译的弥勒《现观庄严论》之后，针对此论对解《大品般若经》，不禁赞叹道，“运瑜伽巧分别相，彰般若无分别性，得斯论而般若之眉目朗，瑜伽之精髓充矣”。当代罗时宪先生也将《现观庄严论》与《小品般若》进行对读，成其《八千颂般若经论对读》之作。无分别即巧分别，巧分别而无分别，这不仅仅是解读此经的关窍，而且本来就是此经精义之显现。

第一章

导读

与绝大多数佛经一样,《金刚经》全文也可分为三部分,即序分、正宗分、流通分,本章即是序分,主要交代佛陀宣说此经的因缘。

根据所述内容的侧重不同,又可分为通序和别序。通序一般交代此经的可信、听闻、时间、讲者、地点、听众等方面的情况,略似于记叙文的六要素。别序则交代佛陀宣说此经的具体因缘。

本章中所述此经的因缘可谓极为寻常,佛陀着衣、持钵、乞食、回来、吃饭、收衣、洗钵、洗脚、趺坐等寻常日用,正是极为透彻的般若智慧的开展,从而引发须菩提尊者关于以般若智慧安住自心、依般若智慧降服自心的疑问。

后世禅宗盛唱“搬柴运水无非是道”,可谓是五祖、六祖提倡此经而将其中般若智慧落实在禅门生活中的体现,也是此经中佛陀身教所及而开的一大修行法门。

原文

如是我闻:

一时,佛在舍卫国[1]祇树给孤独园[2],与大比丘[3]众千二百五十人俱。

尔时,世尊食时,着衣[4]持钵,入舍卫大城乞食。于其城中,次第乞[5]已,

译文

我阿难亲自听到佛是如此宣说的:

当时,佛陀住在舍卫国祇树给孤独园,一千二百五十位常随众跟佛陀住在一处。

一天,佛陀在正午之前的乞食时间,披上大衣,手持石钵,进入舍卫城乞食。在城中,按照顺序乞食之后,就回到住

还至本处。饭食讫，收衣钵，洗足已，敷座[6]而坐。	处。佛陀吃完了饭，收好大衣和石钵，洗了脚，展开坐具，跏趺而坐。

注释

1 **舍卫国**：舍卫本来是城市名，是憍萨罗国的都城，后来被用作国名，代指憍萨罗国，从而与南方的憍萨罗国区别开来。

2 **祇树给孤独园**：是位于舍卫城之南的一处精舍，略称祇园、祇树等，与竹林精舍一起并称佛教最早的两大精舍，佛陀曾多次在此说法。

3 **比丘**：本义为"乞士"，上而向佛陀乞法以长养智慧生命，下而向众生乞食以维持肉体生命。另外，还有破恶、怖魔、净命等义。

4 **衣**：即僧伽梨，是比丘入王宫、聚落时所须穿着的衣服。

5 **次第乞**：指按照顺序乞食，既不越贫从富，也不越富从贫，是平等大悲心的体现。

6 **敷座**：展开坐具。

第二章

导读

本章的主旨在于，阐明佛陀宣说般若智慧法门的因缘，其发起的因缘是须菩提的疑问。

佛陀于日常生活中的举手投足、语默动静，无处不是其圆满智慧的显现，无时不安住在与般若智慧相应的法性定，是即禅定而智慧、即智慧而禅定的定慧一体。解空第一的须菩提尊者，在佛陀的威神加持之下，于平常的日用云为中见出不平常的智慧功德，于无疑中有疑，所赞叹的两种功德，和所提的两个问题，可谓大乘佛法的核心，是善根尚未成熟的十信位菩萨，和善根已经成熟的十住、十行、十回向位菩萨乃至地上菩萨修行的关键。

佛陀出世说法的本怀，是开示悟入佛之知见，使一切众生都能彻底圆满觉悟而成佛。对于善根已经成熟的众生，佛陀慈悲摄受，说法度化，保护忆念，使之免于一切障碍，而能获得解脱乃至成就菩提。对于善根尚未成熟的众生，佛陀将大乘佛法传付之，或者将他们托付给善根已熟者，使他们不退舍大乘佛法，乃至增进功德，成熟善根，最终圆满成佛。

发菩提心、破除障碍的两个问题（或发菩提心、修菩萨行、破除障碍的三个问题）的彻底解决，可以说是获得终极圆满智慧的关键和核心，即要在举手投足、语默动静的日常生活中，时时处处不执著一切境相、远离一切颠倒，无所住而住于无分别智。

原文

时，长老[1]须菩提在大众中即从座起，偏袒右肩[2]，右膝着地，合掌恭敬而白佛言："希有[3]世尊！如来善护念[4]诸菩萨[5]，善付嘱[6]诸菩萨。世尊！善男子、善女人[7]发阿耨多罗三藐三菩提心[8]，应云何住[9]？云何降伏[10]其心？"

译文

这时，长老须菩提在僧团中，就从座位站起，袒露右肩，右膝跪地，双手合十，毕恭毕敬地向佛陀呈白道："希有罕见的世尊啊！如来善巧地保护忆念菩萨们，善巧地托付嘱咐菩萨们。世尊！善男子、善女人生成、证得无上正等正觉之心，应该如何安住自心？应该如何降伏自心？"

注释

1 **长老**：指出家受戒时间长、功德广大的比丘。

2 **偏袒右肩**：出家人披袈裟而袒露右肩，以表示尊敬。

3 **希有**：须菩提对佛陀的赞叹之词，形容佛陀智慧慈悲罕见，极难遇到。

4 **善护念**：指佛陀对于善根已经成熟的菩萨予以保护忆念，使之内德坚固，不受魔障。

5 **菩萨**：菩提萨埵的简称，指追求圆满觉悟宇宙人生真理的众生。

6 **善付嘱**：指佛陀以佛法嘱托善根尚未成熟的菩萨，或将善根尚未成熟的菩萨托付给善根已经成熟的菩萨，使之能如理修行，成熟善根和不退转。

7 **善男子、善女人**：指比丘、比丘尼、男居士、女居士等出家、在家的佛法四众弟子。

8 **发阿耨多罗三藐三菩提心**：简称发菩提心，有因位、果位的差别，这里通贯因位与果位，具体指的是亲证真如，成就一分法身。

9 **住**：菩萨亲证真如，成就一分法身，不住一切生死轮回之有为法，不住清净涅槃之无为法，以此不住而为安住于大乘佛法的无分别禅定。

10 **降伏**：菩萨在散心之时，远离凡夫和小乘的种种发心和颠倒。

原文

佛言："善哉，善哉！须菩提！如汝所说，'如来善护念诸菩萨，善付嘱诸菩萨'，汝今谛听[1]，当为汝说。善男子、善女人发阿耨多罗三藐三菩提心，应如是住，如是降伏其心。"

"唯然，世尊！愿乐欲闻。"

译文

佛陀说："好啊，好啊！须菩提！就像你所说的，'如来善巧地保护忆念菩萨们，善巧地托付嘱咐菩萨们'。你现在专心地听闻，我就会向你宣说。善男子、善女人生成、证得无上正等正觉之心，应该如此安住自心，如此降伏自心。"

"好，世尊！我很希望、很高兴想要听您讲。"

注释

1 **谛听**：认真、仔细地听闻。

第三章

导读

本章的主旨在于，阐述十住位菩萨所修的发心法门，即如何真实发菩提心。

发菩提心的内容有四个方面，即可展开为四心：广大心、第一心、常心、不颠倒心。想要普度尽虚空遍法界的一切众生，是为广大心，主要是第一住位菩萨所修；想要普度众生都能证得无余涅槃，是为第一心，主要是第二住位菩萨所修；依据不生不灭的真如本性，以一体平等的大慈悲心普度众生，永不舍弃，永无止息，是为常心，主要是第三住位菩萨至第六住位菩萨所修；破除我与非我的二元对立之妄执，没有能普度众生的自我可得，没有被普度的众生可得，是为不颠倒心，主要是第七住位菩萨至第十住位菩萨所修。从侧重的不同来看，前三心是慈悲，第四心是智慧，四心即是慈悲和智慧的整体。以慈悲心，可降伏不顾众生、急入涅槃的小乘心；以智慧心，可降伏贪爱眷属、沉迷生死的凡夫心。以慈悲心，可降伏凡夫的贪嗔痴等烦恼；以智慧心，可降伏小乘视生死、涅槃为二的颠倒。

智慧和慈悲是大乘佛法的核心，要想进入大乘佛法之门，必须于此生成、证入；要想降伏自心，必须以此来对治凡夫乐著生死和小乘执取涅槃的两种偏执；要想安住大乘而不断胜进乃至成佛，同样必须以此为根本而修行一切善法。

原文

佛告须菩提:"诸菩萨摩诃萨[1]应如是降伏其心:'所有一切众生之类,若卵生[2]、若胎生[3]、若湿生[4]、若化生[5],若有色[6]、若无色[7],若有想[8]、若无想[9]、若非有想非无想[10],我皆令入无余涅槃[11]而灭度[12]之。'如是灭度无量、无数、无边众生,实无众生得灭度者。何以故?须菩提!若菩萨有我相[13]、人相[14]、众生相[15]、寿者相[16],即非菩萨。"

译文

佛陀告诉须菩提:"菩萨们应该如此降伏自心:'所有一切众生之类,例如卵生、胎生、湿生、化生的众生,以及欲界、色界,和无色界空无边处天、识无边处天、无所有处天、非想非非想处天的众生,我都度化他们而使之证入无余涅槃。'如此度化不可测量、无法计数、无有边际的众生,而并无真实的众生证入无余涅槃。为什么呢?须菩提!如果菩萨有我、人、众生、寿者等相可得,那就不是真正的菩萨。"

注释

1 **菩萨摩诃萨**:能破除二种我执而不执取境相的菩萨,是为摩诃萨,即大菩萨。

2 **卵生**:通过破卵壳而生的众生。

3 **胎生**:要从母胎中出生的众生。

4 **湿生**:依靠湿气而出生的众生。

5 **化生**:无所依托,突然变化而出生的众生。

6 **有色**:欲界和色界的众生。

7 **无色**:无色界中空无边处天的众生。

8 **有想**:无色界中识无边处天的众生。

9 **无想**:无色界中无所有处天的众生。

10 **非有想非无想**:无色界中非想非非想天的众生。

11 **无余涅槃**:指断除了烦恼障,同时也灭除了过去业报所成的色身,即灰身灭智之涅槃。这里以无余涅槃通指声闻、缘觉、大乘都能成就的功德,表明发菩提心的菩萨要以三乘佛法通度一切众生。

12 **灭度**:灭障、除苦,即度化一切众生而使之都证入无余涅槃。

13 **我相**:在身心生命体上妄执有真实的自我。

14 **人相**:在身心生命体上妄执自我为人类,而与其他生命形式不同。

15 **众生相**:在身心生命体上妄执自我是由物质(色)和精神(受、想、行、识)和合而成。

16 **寿者相**:在身心生命体上妄执自我的生命有其一定的长短。

第四章

导读

本章的主旨在于,阐述十行位(前六行位)菩萨所修波罗密多相应行,即应如何修行布施、持戒、忍辱、精进、禅定、般若等菩萨行。

十行位中前六行位菩萨修行的具体内容就是布施等六度,乃至扩展为八万四千的善行。布施等六度的关系,是彼此相互含摄的,任何一度都可以包括其余五度。以布施为例,财施即布施度,无畏施包括持戒度、忍辱度,法施包括精进度、禅定度、般若度。这里即是以布施度来包含了其他五度,来展开菩萨的波罗密多相应之行。

六度的修行,各有其相应的果报,可总括为现在世的果报和未来世的果报,这是三世因果的规律。但是,菩萨修行却不可以此果报为自身的主观追求,而是须以破除我执、舍弃利益为起点、为动机,修行布施等度,而获得相应果报之后,继续以这种种果报作为资粮,修行布施等六度,来帮助一切众生,而不是贪图果报,自我享受,即以舍弃利益、破除我执为终点、为效果。简而言之,菩萨修行布施等六度,舍而得,得而舍,以"舍"为贯穿始终的追求。

以布施来含摄六度而论，如果是为了执取自身、获得利益为目的而布施，那么以舍弃自身利益为内蕴的布施就无法进行，即使进行，也是以实现舍弃小利益而换取更大利益等个人目的的伪布施。如果是为了执取他人的供养、恭敬而进行布施，或者是为了执取来世的人天福报而进行布施，那是自己与他人之间、现实与未来之间的一种交易，也不是大乘佛法的布施。以上的种种布施，都是贪图于生死轮回的凡夫所实行的布施，其结果就是获得生死轮回中的种种果报，从因到果，都是对生死轮回的增长。此外，即使是破除了凡夫的以我执为基础的执取心，但如果是以对生死轮回的厌离心、对清净涅槃的欣求心而布施，那么仍然不是大乘佛法的布施，而是小乘佛法的布施。这种布施，虽然与人我空的智慧相应，但是没有破除法我执，所以只能证得小乘的无余涅槃之果，而无法证得大乘的无余涅槃之果，更无法成就法身乃至圆满三身佛果。

大乘佛法的布施又称不住相布施，须破除布施者、受施者、所施物三者的实体性，即在布施之当下，不见有能布施之我、受布施之人、所布施之物可得。不见有能布施之我和受布施之人可得，就破除了人我执；不见有所布施之物可得，就破除了法我执。破除了人我执和法我执的不住相布施，符顺一切诸法皆无实体的本来真相，以此为因，所感的果就是大乘佛果，而与佛果相应的福德、智慧乃是无有限量、彻底圆满的，思维心所无法思维，测量心所无法测量。

原文

“复次，须菩提！菩萨于法应无所住[1]行于布施[2]，所谓不住色布施，不住声、香、味、触、法布施[3]。须菩提！菩萨应如是布施，不住于相。何以故？若菩萨不住相布施，其福德不可思量[4]。”

译文

“其次，须菩提！菩萨对于一切法，都应无所执取而进行布施，就是不执取色法，不执取声法、香法、味法、触法、法法等六境而进行布施。须菩提！菩萨应该如此布施，不执取任何境相。为什么？如果菩萨不执取境相而布施，其福德就广大到无法思维和度量。”

注释

1 **无所住**：菩萨布施，应无所执取，不追求未来的人天果报。“住”，执取、执著。

2 **布施**：以慈悲心而向人施舍利益、提供帮助，包括物质的帮助（财施），知识、智慧的帮助（法施），情感、意志的照顾和支持（无畏施）三种。

3 **不住色布施，不住声、香、味、触、法布施**：菩萨布施，也不追求现实的供养、恭敬等果报。

4 **不可思量**：不住相布施的福德，无法用凡夫的虚妄分别心和小乘的智慧去思维和度量。

原文

“须菩提！于意云何？东方虚空[1]可思量不？”

“不也，世尊！”

“须菩提！南、西、北方、四维[2]、上、下虚空可思量不？”

“不也，世尊！”

“须菩提！菩萨无住相布施，福德亦复如是，不可思量。须菩提！菩萨但应如所教住[3]。”

译文

“须菩提！你心里是如何想的？你认为东方虚空的广大能够思维和度量吗？”

“无法思维度量啊，世尊！”

“须菩提！南方、西方、北方、东南、西南、东北、西北、上方、下方等十方虚空的广大能够思维度量吗？”

“无法思维度量啊，世尊！”

“须菩提！菩萨不住相而进行布施，其福德也就像十方虚空一样，无法思维度量啊。须菩提！菩萨正应该按照如来所教导的这样［，无所执取而修行大乘六度等法］。”

注释

1 **虚空**：此处比喻不住相布施的福德是无相可得的、无限广大的。

2 **四维**：指东南、西南、东北、西北。四维加上东、南、西、北四方和上、下，就是十方。

3 **如所教住**：菩萨应遵照佛陀的教导，无所住而安住于大乘佛法，无所得而修行六度万行。“如”，遵循、遵照。

第五章

导读

本章的主旨在于，阐述十行位菩萨（第七行）发了真实菩提心之后，修六度万行等菩萨行，见到生、住、灭的化身佛成就了三十二相、八十种好等种种功德相，便以此为真实佛果，欲愿求得此有相之佛果。其问题的关键是第七行位菩萨未能体悟无相法身，未能做到以无相智慧而修行六度，因此以有相之修行，想要成就有相佛果。因为把化身佛的生、住、灭之身当作圆满佛果的所依（法身佛），以化身佛三十二相、八十种好等微少功德为法身佛的无量功德，所以就把自身修行所成就的有相、微少功德之果报身，当作无量功德所依的法身佛果，从而产生未得谓得、未证言证的增上慢。这是第七行位菩萨修行中的妄执，佛陀因而宣说无相法身佛果，破除此位中菩萨的慢心，而用以破除的关键，即在于不执取一切境相的无相智慧，因为只有用这种智慧，才能如实体悟无为法身佛果。

佛果是法身、报身、化身等三身圆满的。其中，法身佛不是具体的有为法，而是一切有为功德所依之不生不灭的真如理体，真如理体是远离了生灭、断常、一异、来去等二元对立的无为法。报身佛指的是对真如理体的如实知见，即对一切事物的现象和理体都能同时如实知见的圆满智慧，以及与之相应的种种心、心所法和圆满色身，所度化的对象是地上菩萨。化身佛指的是依据圆满智慧和众生的种种因缘，而显现出种种功德和相好色身等，开展具体的说法而度化众生等事业，所度化的对象是地前菩萨、小乘人和凡夫。三身佛之间的关系，是体、相、用的关系，不可视为彼此相互分离的三个，也不可视为彼此完全同一的一个，而是非一非三、即一即三的关系。

以不住相修菩萨行为因，所成就的相应佛果，是侧重在法身佛而言的。如果执取化身佛生、住、灭等有为法之相，那样就无法如实知见无为法之法身佛；反之，如果能于化身佛生、住、灭等有为法之相，如实知见其远离生、住、灭等相的体性，就是对法身佛的如实知见。乃至于一切事物的生、住、灭三相，如实知见其不生、不住、不灭的体性，都是对法身佛的如实知见。

原文

"须菩提！于意云何？可以身相[1]见如来[2]不？

"不也，世尊！不可以身相得见如来。何以故？如来所说身相，即非身相[3]。"

佛告须菩提："凡所有相[4]，皆是虚妄[5]；若见诸相非相[6]，则见如来。"

译文

"须菩提！你心里是如何想的？能够依据佛陀的生、住、灭等相来知见法身佛吗？

"不能的，世尊！不能够依据佛陀的生、住、灭等相而知见法身佛。为什么呢？如来所说的佛陀生、住、灭等相，并不是法身佛的无为相。"

佛陀告诉须菩提："众生所见到的一切化身佛的生、住、灭等种种相，都是众生心、意、识的虚妄分别；如果能够如实知见到这种种相并非无为法身相，这当体即是对无为法身相的如实知见。"

注释

1 **身相**：化身佛的生、住、灭等有为相，以及三十二相、八十种好等功德相之类。第七行位的菩萨尚未登地成圣，只能见到化身佛。

2 **如来**：于化身佛之相上的法身佛之体性。

3 **非身相**：不是无为法的法身佛。

4 **凡所有相**：具体指化身佛的生、住、灭等有为相，以及三十二相、八十种好等功德相。广而言之，可以延伸到一切被对象化了的事物，即成为了认识对象的事物。

5 **虚妄**:这里指实相真如、无为法身之外,一切有为法,包括有为无漏法,都是虚妄之法。

6 **诸相非相**:化身佛的生、住、灭等有为相,不是法身佛的无为相。

第六章

导读

本章的主旨在于,阐述十行位菩萨(第八行)应亲近善知识,听闻正法而如理思维,不断修习,成就言说法身。言说法身,指的是诠说无为法身的言教。前文中第七行位菩萨想要求证有相色身佛果,被佛陀否定,因此第八行位菩萨便要求证无相法身佛果,而首先便要发起四种亲近加行,即亲近诸佛等善知识,听闻正法言教,并如理思维以及修习。

对佛陀的言说法身产生真实的信心,以之为随顺乃至证得无为法身、真如实相的真实法;这种信心是成就无相法身佛果的因,所以其福德即是超越数量的无量之福德。这里要注意的是,真实信心即包含着福德与智慧的整体,二者是相应不二的关系,依据无相之般若智慧,而有无量之福德。地前菩萨的福德是世间波罗蜜行,地上菩萨的福德是出世间波罗蜜行,佛陀的福德是不二圆满的波罗蜜功德;地前菩萨的智慧是文字般若、观照般若(加行智),地上菩萨的智慧是实相般若(根本智、后得智),佛陀的智慧是不二圆满的一切种智——前前是后后的因,后后是前前的果。其中,最基础的是文字般若,即闻慧与思慧,第八行位的菩萨要求得言说法身,即是要获得文字般若。

关于三种般若之间,这里尤其强调文字般若与实相般若之间的关系,极需要辩证的态度。文字般若不是实相般若,但是要证得实相般若,必须要先具备文字般若;依据文字般若,才能生起观照般若,最终亲证真如实相。如果得到实相般若,则自然超越、舍弃对文字般若、观照般若的执著;

而得到实相般若之后，要随顺众生的因缘说法度化众生，同样需要以文字般若作为工具，引导众生获得文字般若，进而生起观照般若，证得实相般若。反之，如果没有文字般若，就不可能有观照般若；没有观照般若，更谈不上实相般若。同样，如果执著文字般若，也无法产生观照般若；如果执著观照般若，也无法证得实相般若。对于文字般若和观照般若，既不能缺乏，也不能执著——如果缺乏，就无法前进；如果执著，也不能前进。就像要乘船过河的人，如果没有船，就过不了河；如果过了河，还扛着船走路，就迈不动脚步。正确的做法是，还没有到对岸的时候，一定不能舍弃船，要坐在船上过河；到了对岸的时候，一定不能继续抓住船，甚至把船扛在肩上，要舍弃船继续上路。

原文

须菩提白佛言："世尊！颇[1]有众生得闻如是言说章句[2]生实信[3]不？"

佛告须菩提："莫作是说。如来灭后后五百岁[4]，有持戒、修福者[5]，于此章句能生信心，以此为实[6]。当知是人不于一佛、二佛、三、四、五佛而种善根，已于无量千万佛所种诸善根。

"闻是章句，乃至一念生净信者，须菩提！如来悉知悉见[7]，是诸众生得如是无量福德[8]。"

译文

须菩提回答佛陀说："世尊！是否有众生听闻无相因果的言教而能产生真实的信心？"

佛陀告诉须菩提："不要这么说啊。如来去世后第三个五百年的像法时代，有持戒、修福的地前菩萨，对于无相因果教法能产生信心，以此法门为真实。要知道这类菩萨不只是亲近了一佛、二佛、三、四、五佛，修种种波罗蜜行而种下殊胜的善法功德，而且是已经亲近了无法计数的千万诸佛，[修种种波罗蜜行而]有无量的善法功德。

"听闻无相因果的言教，乃至产生了一念净信的，须菩提啊！如来都能以佛智而知、以佛眼而见，这些众生都能获得如此无量的福德。"

注释

1 **颇**:是否、可否。

2 **如是言说章句**:指上文修行不住相之菩萨因行,得无为之法身佛果的因果法门。

3 **实信**:真实的信心,即与无相之实相相应、与般若智慧相应的信心。

4 **后五百岁**:指释迦牟尼佛去世后的第三个五百年,即像法时代将灭,末法时代将到之时。

5 **持戒、修福者**:"持戒者",指过去生中长劫亲近诸佛,听闻《金刚经》及其他种种大乘经典,如理思维,注重持戒而如说修行的地前菩萨。"修福者",指过去生中长劫亲近诸佛,以种种珍宝、财物等供养诸佛、布施众生,注重禅定而修行种种世间波罗蜜的地前菩萨。

6 **以此为实**:以大乘无相之因果法门为真实,即指对无所得实相法门有真实信心。

7 **悉知悉见**:佛陀以佛智现量而知,以佛眼无碍而见。

8 **无量福德**:指三个方面的福德:一、为诸佛所知见,即为诸佛所善付嘱、善护念;二、是亲证真如而获般若智慧的近因;三、是如实修行而最终圆满成就佛果的远因。

原文

"何以故[1]?是诸众生无复我相、人相、众生相、寿者相[2];无法相[3],亦无非法相[4]。何以故[5]?是诸众生若心取相,则为著我、人、众生、寿者;若取法相,即著我、人、众生、寿者。何以故[6]?若取非法相,即著我、人、众生、寿者。是故不

译文

"为什么呢?这些众生不再执取我相、人相、众生相、寿者相;不执取法相,也不执取非法相。为什么呢?这些众生如果内心执取境相,即是执取我相、人相、众生相、寿者相;如果执取法相,即是执取我相、人相、众生相、寿者相。为什么呢?如果执取非法相,即是执取我相、人相、众生相、寿者相。因此,不应执取法相,不应执取非法相。因为

应取法[7],不应取非法[8]。以是义故,如来常说:'汝等比丘,知我说法,如筏喻[9]者,法尚应舍,何况非法?'"

这个道理的缘故,如来常常说:'比丘们啊!你们要知道,我所说的种种法,就好像船筏之比喻一样,法尚且应该舍弃而不执取,何况非法呢?'"

注释

1 **何以故**:这里是提问前文修行戒定慧三学等四种因行而能产生真实信心的根本原因。

2 **无复我相、人相、众生相、寿者相**:不再有人我执四种相的现行。人我执有十六种错误的见解,这里以此四种为代表。

3 **法相**:指妄执五蕴、十二入、十八界等因素有真实的实体,即法我执。

4 **非法相**:指以法我空为真实的实体,即通常所说的"恶取空"见。

5 **何以故**:这里是提问菩萨如果执取境相,会有什么过患。

6 **何以故**:这里是提问菩萨如果执取无我性空,会有什么过患。

7 **不应取法**:不应该执取佛陀所说的言教之法,如果执取言教为实体,即是法我执。

8 **不应取非法**:不应该执取离开佛陀所言的言教之外,能够证得真如实相;如果执取不要言教、无言教为实体,也是法我执。

9 **筏喻**:《阿含经》中佛为比丘说法,以船筏为喻,喻指众生都有法我执,以法我空之言教来破除法我执,法我执固然要破除,但也同样不可妄执法我空之言教以及法我空为实体,而应如同船筏一样舍弃。

第七章

导读

本章的主旨在于，阐述十行位菩萨(第九行)应由言说法身而进一步证得真如，成就智相法身。智相法身分为两种，自利的即成就菩提，利他的即为他说法；菩提又分两种，能证的智慧和所证的真如，即以无分别智契证真如，即是成就智相法身。而依据无分别智进行善巧分别，说法以度化众生，乃是智相法身的作用。

前文佛陀说证得法身佛果的第一步，是成就言说法身；第二步就是要超越言说法身，而证得无相法身。而要证得无相法身，必定要成就无分别智。从无为法身的角度来看，本来就没有能证、所证等二元可得，真如实相远离有、无的二边，也不是执取的对象，也无法予以表达，所以说法者也无说、无示，而听法者则无闻、无得。无分别智与无相法身、言教与实相之间，不是非此即彼的关系，而众生总是无法脱离或执取为一、或执取为异的两个极端，这里侧重要破除执取为一的极端。

首先，实相法身佛无所谓成与不成、是与不是的问题，而是远离一切二元对立，是一切事物的真实体性。但是这种真实体性又并非离开具体的因缘而独存，而是体现在具体的因缘之中。从化身佛与法身佛非一的角度来说，释迦牟尼佛是化身佛，是顺应众生的因缘而示现的成佛，而并非真实法身佛，不是真实成就佛果；从化身佛与法身佛非异的角度来说，释迦牟尼佛的体性就是法身佛，因为不是实体的成佛，没有实体性的佛可成，所以恰恰是因缘的成佛，符顺清净因缘而真实成佛。法身佛与化身佛，即是如此体用不二的关系，无佛可成所以成佛，圆满成佛而无佛可成；无佛可是所以是佛，毕竟是佛而无佛可是。

其次，无为法无所谓说与不说、闻与不闻的问题，而是远离一切二元对立，是一切事物的真实体性。同样，这种真实体性又并非离开具体的因缘而独存，而是体现在具体的因缘之中。佛法，即是成佛之法（般若），或佛之本性（涅槃）；说法、闻法，与前文成佛、是佛的问题，是同样的内在逻辑。总之，证得佛法而宣说佛法，是佛陀利他的因果，由证佛果而说佛因；听闻佛法而证得佛法，是众生自证的因果，由闻佛因而证佛果。

最后，众生听闻佛法乃至亲证佛法，即符顺清净的因缘，证得般若智慧，不断胜进而断除无明烦恼至于尽净，其中的过程有着种种的差别，即分证无为法和圆证无为法的差别，而分证之中，又有小乘四向、四果阿罗汉，大乘初地菩萨到等觉菩萨的种种不同。能证的智慧和所证的无为法同样是体用不二的关系，无差别所以有差别，有差别所以无差别。

原文

“须菩提！于意云何？如来得阿耨多罗三藐三菩提耶？如来有所说法耶？”

须菩提言：“如我解佛所说义，无有定法[1]名阿耨多罗三藐三菩提，亦无有定法如来可说。何以故[2]？如来所说法，皆不可取[3]、不可说[4]，非法[5]、非非法[6]。所以者何[7]？一切贤圣，皆以无为法而有差别[8]。”

译文

“须菩提！你是怎样看的？如来成就了无上正等正觉吗？如来有所说的实相法吗？”

须菩提回答说：“按照我理解的佛陀您所说的道理，没有决定的事物可称为无上正等正觉的，也没有决定的实相法是如来可以宣说的。为什么呢？如来所说的实相法，都是无法执取、思维的，是无法宣说、阐释的，所说的法不是实相本身，但也不是离开实相而独存的。为什么如此说呢？一切贤圣都在证得无为法的智慧上有其深浅等差别。”

注释

1 **无有定法**：没有决定有、决定无之法。决定有，指实体有、一向有；决定无，指总体无、一向无。

2 **何以故**:这里是提问佛陀所说法为什么不是定法。

3 **不可取**:众生在听闻佛法时,是无法执取、思维佛陀所宣说的实相法身的。

4 **不可说**:佛陀在宣说佛法时,其语言文字是无法将实相法身予以宣说、阐释的。

5 **非法**:如来所说的言教,即五蕴、十二入、十八界等法,并非实相法身。

6 **非非法**:如来所说的言教,虽然不是实相法身,但实相法身不是离开五蕴等法而独存,可由言教而进一步证得。

7 **所以者何**:这里是提问佛陀所证法为什么不是定法,同时是提问能否通过佛陀所说的非定法而亲证。

8 **以无为法而有差别**:真如无有差别可言,但从能证真如的智慧上可有分证和圆证的差别。另外五种译本都大致译为"一切圣人为无为法所显现"。"无为法",指真如实相、无为法身。

第八章

导读

本章的主旨在于,阐述十行位菩萨(第十行)要想成就智相法身,必须从因上着手,通过受、持、解说此经,成就福相法身。只有成就了福相法身之因,才能成就智相法身之果,以无分别智契证真如实相。

言教虽然不就是实相,但是是佛陀自证实相之后,对实相的同类相续、自然任运的流露,是完全符顺实相的,即以语言文字的形式来勉强表述超越语言文字的实相,使得无法思维、无法言说的实相,能通过思维和言说而予以显示,这是由果到因,源正而流清。同时,通过对佛陀所说言教的闻、思、修,产生依赖于语言文字的闻慧,渐渐超越语言文字的思慧,以及与禅定心相应的修慧，乃至获得超越一切粗细思维的般若智慧（根本智），即由言说、思维的形式和途径，证得超越言说、思维的实相，这是由因到果，溯流而至源。

正是因为可以由言教而达到实相，所以说言教是三身圆满的佛果之因。其逻辑是，由佛法而成就佛果，由佛果而流出佛法，佛法与佛果，正是互为因果的关系。因不是果，果不是因，但是，因必至果，果必有因；对于因果，不能妄执为一，也不能妄执为异。

将佛法落实到具体的经典，此《金刚经》所宣说的即是无相法身的因果，具足一切佛法，是成就圆满佛果的圆满之因，因此，受、持此经的全部经文，或一章、一段经文，乃至能完整包含无相法身因果法义的一个偈颂、一句话，并为人解说，自然有无量的福德，必然能因此而成就佛果。相较之下，以遍满三千大千世界的珍宝布施佛陀，只能获得有漏的人天福报，自然远远不及受、持此经并为他人解说的福德。这里所说的受、持经典，为人解说，分别从自利和利他的角度，作为两种典型的修行方法，代表了行持经典的十种如法行：书写、供养、施他、谛听、披读、受持、开演、讽诵、思惟、修习。也就是说，这十种如法行中的任何一种修行方法，都具有同样无量的功德、福德，都是成就圆满佛果的因；以其中的任何一种方法来行持《金刚经》，也是佛陀圆满成就、所能自证和宣说的成佛之法，而不是凡夫、小乘人所能成就、所能自证和宣说的。

原文

“须菩提！于意云何？若人满[1]三千大千世界[2]七宝[3]以用布施，是人所得福德，宁[4]为多不？”

译文

“须菩提！你是怎样想的？如果有人用遍满三千大千世界的七宝来布施，此人所获得的福德，是不是很多呢？”

注释

1 **满**：盛满、装满、遍满。

2 **三千大千世界**：佛教以一日、一月、一须弥山等构成一个小世界，合此小世界一千为小千世界，一千个小千世界构成一个中千世界，一千个中千世界构成一个大千世界，即此三重千世界是三千大千世界。

3 **七宝**：七种极为珍贵的珍宝，即金、银、毗琉璃、颇梨、车渠、码瑙、赤真珠。

4 **宁**：表疑问，是否、岂非、难道。

原文

须菩提言："甚多，世尊！何以故？是福德[1]，即非福德性[2]，是故如来说福德多[3]。"

"若复有人于此经中受、持[4]乃至四句偈[5]等、为他人说，其福胜彼[6]。何以故？须菩提！一切诸佛及诸佛阿耨多罗三藐三菩提法[7]，皆从此经出。须菩提！所谓佛、法[8]者，即非佛、法[9]。"

译文

须菩提回答说："是很多啊，世尊！为什么呢？这种有漏布施而得的人天福德，并非能成就佛果的无量福德，所以如来说它的福德很多。"

"如果有人领受、明记此经的经文，甚至只领受、明记经中最少的一个四句偈颂，向他人解说其义理，所获得的福德是远远超过以三千大千世界七宝布施所获的福德的。为什么呢？须菩提！十方三世一切佛陀及其成就的无上正等正觉，都从此经而出生。须菩提！一切诸佛所成就的佛果，及其所自证、宣说的成佛之法，并非凡夫、小乘所能成就，所能自证、宣说的。"

注释

1 **是福德**：指以三千大千世界的七宝布施所得的福德。"是"，此、这个。

2 **非福德性**：以大量七宝布施的福德虽然极多，但是是以我执为基础的住相布施，只能得到人天有漏的果报，不能得到出世间果报，无法因此圆满佛果。

3 **福德多**：这里是说以七宝布施虽然不能得到出世间的果报，但是并非没有有漏的人天福报，而是有着极多的人天福报。

4 **受、持**："受" 指在内心领受经典的义理，"持" 指将此义理明记不忘。这是修行佛法的一种基本方法。

5 **四句偈:**四句话构成的一个偈颂,是为字数最少的偈颂。只要是能完备地阐述无相法身的义理,乃至少到一句话、几个字,都可以称为四句偈。因此,这里所说的四句偈,不能机械地对应为经中的具体某一个偈颂。

6 **其福胜彼:**受、持经典,以及为他人解说的福德,远远超过以三千大千世界的七宝布施的福德。

7 **一切诸佛及诸佛阿耨多罗三藐三菩提法:**报身佛、化身佛的成就要以此经为生起之因,法身佛的成就要以此经为了悟之因。

8 **佛、法:**一切诸佛所成就的佛果,以及所自证和宣说的成就法身佛之法。

9 **即非佛、法:**不是凡夫、小乘所能成就、所能自证和宣说的。

第九章

导读

从本章开始,便是十回向位菩萨修行过程中需要避免的十二种障碍,其中,前九种障碍,主要是前九回向位菩萨所断,第十至第十二种障碍,主要是第十回向位菩萨所断。

本章的主旨在于,阐述第一回向位菩萨首先要避免修道过程中,获得殊胜功德所产生的我慢心。这里是以小乘圣人入正观证果,以及出观之后以后得智分别自己已经证果,来类比大乘十回向位菩萨入正观证得殊胜功德,而出观之后以后得智分别自己已经证得殊胜功德,说明菩萨有我慢烦恼,需要破除。

总体来说,小乘圣人正入观证果时,同样是无分别智,远离有分别和没有分别的两个极端,其我慢烦恼不会现起。出观之后,前三果圣人的烦恼种子随逐,如果分别说自己已经证果,则我慢成为现行,有人我执四相生起;第四果阿罗汉则没有烦恼种子随逐,只有法我执种子随逐,如果产生分别说自己已经证果，则法我执现行，依据法我执而说其有我执四相。

具体来说，首先，小乘四种果位圣人在入正观之时、出正观之后，从生空真如的角度来说，都是无可分别的，不是思维分别的对象。小乘人入正现观证得四种果位之时，当体即是解脱，破除人我执，人我空智（又称生空智）与人我空真如（又称生空真如）相应，体用不二，没有能证的我和所证的真如之分别，超越了思维和语言，不可执取，无法宣说。证得四种果位之后，根据对证果之时的回忆，即以解脱知见而自知证得解脱，于无可分别中勉强分别为能证之智与所证真如，并依据这种世俗智（解脱知见），借用语言文字，安立种种名相，而对其所证解脱予以宣说。

再次，小乘四种果位的圣人证道之后，依据其解脱知见而自知已证解脱和方便宣说所证之解脱，都是与真智相应的俗智之表现；而如果与法我执相应，与习气之我相应，那么“我已悟道”“我已证果”之类的思维分别，即是微细的虚妄分别。

最后，此经的请法主须菩提尊者是释迦牟尼佛座前解空第一的弟子，证得四果阿罗汉，远离烦恼障和三昧障，成就六万三昧等种种功德。最为殊胜的是，须菩提尊者成就了无诤三昧，以三昧力恒常防护自心，从而伏除习气，不仅内证无诤的智慧，而且显现为外行无诤的功德，让众生不对自己产生贪、嗔、痴心。而且，关键的是，他自己并没有“我证得了无诤三昧”的分别。

原文

“须菩提！于意云何？须陀洹[1]能作是念，‘我得须陀洹果’不？”

须菩提言：“不也，世尊！何以故？须陀洹名为入流[2]，而无所入[3]，不入色、声、香、味、触、法，是名须陀洹。”

译文

“须菩提！你心里是如何想的？初果须陀洹人能如此思维分别，‘我证得了须陀洹果’吗？”

须菩提回答说：“不能啊，世尊！为什么呢？须陀洹称为入圣法之流，而又无有能证入和所证入，不再入执取色、声、香、味、触、法的生死之流，这才称为须陀洹。”

"须菩提！于意云何？斯陀含[4]能作是念，'我得斯陀含果'不？"

须菩提言："不也，世尊！何以故？斯陀含名一往来[5]，而实无往来[6]，是名斯陀含。"

"须菩提！你心里是如何想的？二果斯陀含人能如此思维分别，'我证得了斯陀含果'吗？"

须菩提回答说："不能啊，世尊！为什么呢？斯陀含称为于人天中一次往来，而实际没有往来之相可得，这才称为斯陀含。"

注释

1 **须陀洹**：小乘佛教断除见惑，证得初果阿罗汉。

2 **入流**：即须陀洹的意译，指证入圣法真如之流，进入圣人之流。又作"逆流"，即违逆了有能所、我法等二元对立的生死之流。

3 **无所入**：初果阿罗汉证果之时，不见有能证之我、所证之果可得，即没有能入之我和所入之圣流。

4 **斯陀含**：小乘佛教断除见惑之后，进一步断除了欲界九品思惑的前六品，证得二果罗汉。

5 **一往来**：即斯陀含的意译，指尚需在人间、天上各投生一次，才能断除所剩欲界三品思惑。

6 **实无往来**：二果罗汉于人天往返投生，不见有能往返之我和所投生之人天可得。

原文

"须菩提！于意云何？阿那含[1]能作是念，'我得阿那含果'不？"

须菩提言："不也，世尊！何以故？阿那含名为不来[2]，而实无来[3]，是故名阿那含。"

译文

"须菩提！你心里是如何想的？三果阿那含人能如此思维分别，'我证得了阿那含果'吗？"

须菩提回答说："不能啊，世尊！为什么呢？阿那含称为不再来欲界投生，而实际没有不来欲界投生之相可得，这才称为阿那含。"

注释

1 **阿那含**:小乘佛教断除了欲界所有九品思惑,证得三果阿罗汉。

2 **不来**:即阿那含的意译,指从此投生色界、无色界,再也不会投生欲界。

3 **实无来**:根据另外五种译本及相关注疏,可知是“实无不来”的省略,指三果阿罗汉不见有不来欲界之相可得。

原文

“须菩提!于意云何?阿罗汉[1]能作是念,‘我得阿罗汉道[2]’不?”

须菩提言:“不也,世尊!何以故?实无有法[3]名阿罗汉。世尊!若阿罗汉作是念,‘我得阿罗汉道’,即为著我、人、众生、寿者。”

译文

“须菩提!你心里是如何想的?四果阿罗汉人能如此思维分别,‘我证得了阿罗汉道’吗?”

须菩提回答说:“不能啊,世尊!为什么呢?实际没有所证的菩提道叫作阿罗汉道。世尊!如果阿罗汉人如此思维分别,‘我证得了阿罗汉道’,就是有执取我相、人相、众生相、寿者相的微细习气。”

注释

1 **阿罗汉**:小乘佛教断除三界所有见、思二种烦恼,证得四果阿罗汉。

2 **道**:相对于前三果阿罗汉而言,四果阿罗汉证得了尽智、无生智,达到了小乘佛教声闻菩提道的极果,所以独称为“道”。

3 **实无有法**:指四果阿罗汉不见有所证之声闻菩提道可得。

原文

“世尊!佛说我得无诤三昧[1],人中最为第一,是第一离欲[2]阿罗汉。我不作是念,‘我是离欲阿罗汉’。世

译文

“世尊!佛陀说我证得了无诤三昧,声闻乘人中解空第一,是阿罗汉中离欲第一。我不如此思维分别,‘我是离欲阿罗汉’。世尊!如果我如此思维

尊！我若作是念，‘我得阿罗汉道’，世尊则不说须菩提是乐阿兰那[3]行者！以须菩提实无所行[4]，而名须菩提是乐阿兰那行。”

分别，‘我证得了阿罗汉道’，那么世尊就不会说须菩提是安住于无诤三昧的修行人。因为须菩提实际没有这种思维分别之执取，所以称须菩提是安住于无诤三昧。”

注释

1 **无诤三昧**：不对众生产生贪、嗔、痴心，也保护众生，使之不对自己产生贪、嗔、痴心，从而免于一切诤竞的禅定。“诤”，烦恼的异名。

2 **离欲**：远离对色、声、香、味、触等五种外境的执取，于五种外境而能自在，安住其所证得的种种三昧。

3 **阿兰那**：即“无诤”的音译，又译作“寂静”。

4 **实无所行**：指须菩提远离烦恼障和三昧障，没有“我是离欲阿罗汉”、“我获得无诤三昧”的执取。

第十章

导读

本章的主旨在于，阐述第二回向位菩萨因成就福相法身，受持佛法，从而能广遇诸佛，广学博闻，破除少闻的障碍。

少闻之障，有两个方面的内容，一是数量上，一是质量上。从数量上说，少学寡闻是所知障，即不能对一切诸法进行善巧分别；而广学博闻能对治所知障，由对一切诸法进行善巧分别的出世善根，能破除对一切诸法的邪妄执著。从质量上说，因为少学寡闻，所以无法契证无分别智，于闻法时不能破除能分别、所分别的执著，于说法时不能破除能说法、所说法的执著；

而广学博闻，能由言教而契入无分别智，与真如实相相应，能善巧分别而又无能分别、所分别的执著，广宣正法而又无能说法、所说法的执著。如此体用一如，少闻即是数量上的少学寡闻与质量上执著有能闻、所闻的统一，既少遇诸佛而少有听闻佛法，又执著有听闻佛法的能所、自他；而多闻即是数量上的广学博闻与质量上不执著有能闻、所闻的统一，既值遇一切诸佛而听闻一切佛法，又如实了知而没有能所、自他的执著。

落实到无相因果、成就法身的角度，释迦牟尼佛的前身善慧菩萨于然灯佛前闻法证得无生法忍而受记，其根本内涵在于证得不生不灭的真如实相，证得一切有生有灭的实体性诸法彻底不可执取，不见有能证之我可得，不见有所证之法可得，破除人我执与法我执的真正智慧。因此，善慧菩萨受记之时，也不见有能受记的我可得，不见有所受记的成佛之法可得，如此这般的受记，才是无所受记而受记的真受记。同理，然灯佛对善慧菩萨未来成佛的预言（授记），也不见有能授记的我可得，不见有所授记的善慧菩萨和成佛之法可得，如此这般的授记，才是无所授记而授记的真授记。其中的理路，同样是于真如实相的证得（无生法忍）是无能无所的，而以具体的因缘却有能说、所说和能闻、所闻的授记和受记可得。

善慧菩萨在值遇然灯佛之前，已经受持了无量佛法，值遇了无量诸佛，可谓数量上的广学博闻；但是值遇到然灯佛而证得无生法忍，从七地菩萨登上八地菩萨位，彻证无自无他、无能无所的真如实相，可谓质量上的广学博闻。佛陀正是以自身修行菩萨道，破除少闻障的经历，引导十回向位菩萨同样应如此无有执著而广学博闻，广学博闻而无有执著。

原文

佛告须菩提："于意云何？如来昔在然灯佛[1]所，于法[2]有所得不？"

"世尊！如来在然灯佛所，于法实无所得[3]。"

译文

佛陀对须菩提说："你心里是如何想的？如来的过去身善慧菩萨，在然灯佛前受记之时，对于实相真如有所证得吗？"

"世尊！如来当初在然灯佛前，对于实相真如无所证得[，而如此证得]。"

注释

1 **然灯佛**:过去世古佛,出生时全身光明如灯,取名然灯太子,后来出家修道成佛,称为然灯佛。释迦牟尼佛的前身为善慧菩萨,用五茎莲花供养然灯佛,又以头发覆盖地上的泥泞,请然灯佛脚踩头发而过。然灯佛当时为善慧菩萨授记,预言善慧菩萨九十一劫之后,将会成佛,叫释迦牟尼佛。

2 **法**:所证实相真如。

3 **实无所得**:善慧菩萨当时证得无生法忍,即以正智证得不生不灭之真如实相,破除了对实体的执著,即没有实体可得,没有能证与所证的分别,从而登上八地菩萨位。

第十一章

导读

本章的主旨在于,阐述第三回向位菩萨应远离小攀缘作念修道的障碍,而应契证无分别智,成就与无分别智相应的清净心、心所,于此而庄严清净佛土。

诸佛菩萨所成就的清净佛土,是以内证无分别智,圆满清净心、心所法,成就法身庄严,而有外在事相上种种七宝所庄严的有为法佛土,有清净的外在环境、物质世界等。经典中之所以常陈述清净佛土的种种七宝等庄严,目的是在于引导众生产生欣乐之心,以之为内心所缘、所观的对象,即指方立相而修行净土法门,即是小攀缘作念修道之法,是诸佛度化众生的一种方便法门,普被三根,尤其对于末法时代的众生来说,绝对是最为适宜、最为有效的无上法门。但是,在十回向位菩萨修行过程中,这却是必须远离、必须超越的一种修行障碍。

究实而言,诸佛的清净佛土,指的即是实相真如,是清净法身佛所居住处，远离生灭(常)、远离染净(寂)、远离真俗(光)等二元对立，是法身、解脱、般若三德的全体，这种胜义的佛土，如同法身佛一样是不可执取、无法宣说的。总之，清净法身佛(正)与清净佛土(依)，是体用不二的关系，从体上来说同是实相真如，从用上来说则表现为不二的依报和正报，而不可视为截然割裂的两种事物。

要想圆满成就清净佛土，即要以远离一切执取、分别的般若智慧为根本，不执取一切境相，修行六度万行，度化一切众生；以不可执取、无法宣说的清净菩萨行，自净其心，心净则佛土净，即可成就清净的佛土。反之，如果以攀缘、观想诸佛净土而修行，乃至以净化外在环境、物质世界等为成就七宝庄严的净土，有我是能净化者、佛土是所净化者等种种执取的心，就不是修行净土之因，也无法成就净土之果。这种方便法门，实质上是以诸佛慈悲加持的愿力为增上缘，以期得生诸佛净土，值遇诸佛，广学博闻，如理思维，乃至契证真如，得无分别智，但最终还是得走此自净其心，心净则佛土净的修行之道。如此，可谓殊途同归，方便不失究竟，究竟不离方便。总之，成就净土的关键，不是净化外在环境、物质世界，而是净化自心；净化自心的关键，在于破除一切执取之心。

原文

“须菩提！于意云何？菩萨庄严佛土不？”

“不也，世尊！何以故？庄严佛土者，则非庄严[1]，是名庄严[2]。”

“是故，须菩提！诸菩萨摩诃萨应如是生清净心[3]，不应住色生心，不应住声、香、味、触、法生心，应无所住而生其心[4]。”

译文

“须菩提！你心里是如何想的？菩萨是要成就七宝庄严的清净佛土吗？”

“不是的，世尊！为什么呢？菩萨成就庄严的清净佛土，并非以七宝等种种清净的有为法来成就，而是以远离一切障垢、具足一切功德的实相真如为胜义庄严的清净佛土。”

“因此，须菩提！一切大菩萨应如此而生清净心，不应执取色法而生心，不应执取声、香、味、触、法等法而生心，应无所执取而生六度万行之心。”

注释

1 **非庄严**：诸佛净土并非以七宝等种种清净的有为法而成就的庄严佛土。

2 **是名庄严**：实相真如远离一切障垢，具足一切功德，不是七宝等有为法，不离七宝等有为法，这才是胜义的清净佛土。

3 **清净心**：不执取境相，而与实相真如相应的心，这是成就诸佛净土的因。

4 **无所住而生其心**：不执取能所、根尘等有为相，而生六度万行之心，即以般若智慧而修行善法、度化众生。

第十二章

导读

本章的主旨在于，阐述第四回向位菩萨应远离舍弃众生而不度的障碍，而以报身、化身等殊妙高大之身，广度一切凡夫乃至贤圣众生。前文说菩萨应远离小攀缘作念修道之障，并非是对诸佛以清净佛土、清净佛身而指方立相度化众生的方便法门的否定，而是从体性上指出创造清净佛土、成就清净佛身的根本在于契证无分别智，破除一切能所、自他的二元分别。这里，更从相用上来说，破除二元分别、成就无分别智，必然会圆满清净佛土、成就清净佛身，而以指方立相等方便法门度化一切众生。可以说，这里遵循的是此经一贯的精神，即体用一如不二的智慧，从体性上，破除对指方立相等净土法门的执著；而从相用上，指方立相等净土法门恰恰是诸佛度化众生的无上法门。如果菩萨修行过程中，要舍弃指方立相等净土法门，这恰恰是舍弃度化众生而成为修行障碍，是需要破除的。

诸佛所圆满成就的报身或化身被称为高大身、殊妙身等，而这种高大身、殊妙身并非凡夫有漏法的果报，并非无量相好所庄严的有为法，而是远离有漏因果的清净身，乃无身之身、无物之物，其体性是法身，不生不灭，湛然常住，是无漏无为法。

经典中常将报身佛或化身佛的高大身、殊妙身比喻为须弥山王，须弥山是由众生的共业所感的依报，它并不执取自身的高大，并不思维分别自身超胜于其他诸山，以此来比喻报身佛、化身佛由菩萨的般若智慧和慈悲功德而成就，同样并不执取自身的殊胜，并不思维分别自身超胜于一切菩萨。这个比喻的相似点在于二者都无分别、不执取，并非指报身佛或化身佛如同须弥山一样是有漏果报、是有为法。

诸佛即以此高大、殊妙之报身或化身而立相，以其创造的净土而指方，即以此指方立相的方便法门度化一切有缘的凡夫乃至贤圣众生。十回向位菩萨修行过程中，即应如此成就众生。

原文

“须菩提！譬如有人[1]，身如须弥山王[2]，于意云何？是身为大不？”

须菩提言：“甚大，世尊！何以故？佛说非身[3]，是名大身[4]。”

译文

“须菩提！譬如佛的报化身，其身高大，犹如须弥山王，你心里是如何想的？佛的报化身高大吗？”

须菩提回答说：“非常高大啊，世尊！为什么呢？佛陀所说佛的报化身，并非种种相好庄严的有为有漏之形相身，而是具备无量功德、八大自在的无为无漏之身。”

注释

1 **人**：这里指报身佛或化身佛。

2 **须弥山王**：须弥山意译为妙高山，是一小世界的中心，形状是上下大、中间小。

3 **非身**：报身佛或化身佛并非有漏法果报，并非有为法，并非种种相好所庄严的形相之身。

4 **大身**：报身佛或化身佛是对实相真如的如实知见，是对本具十力、四无所畏等无量功德和慈悲的圆满开显，远离生灭，湛然常住，是无身之身，具有八大自在之身。

第十三章

导读

本章的主旨在于，阐述第五回向位菩萨应远离一切随顺于外道邪论而产生的种种执著和散乱，破除闻思佛法的障碍，而能对大乘佛法进行广大听闻，积集成为无为法身的智慧资粮。

前文阐述领受、明记此经经义的福德超过以遍满三千大千世界的七宝布施的福德，这里更以超乎人们想象的譬喻来阐述其福德的无量广大，来衬托领受、明记此经经义的福德之无量广大，其主要原因在于，众生受到外道邪论的误导，内心产生种种执著和散乱，执著于以七宝等珍财进行财施，追求生死轮回中的人天福报，不能修习大乘佛法之智慧因，无法成就无为法身。因此，这里便以领受、明记和讲说此经经义的无量福德，破除众生为外道邪论所误导而产生的执著和散乱，劝导十回向位菩萨修行受、持、读诵、解说正法等十法行。

领受、明记此经经义的功德，还表现在使得处所和人都因此尊贵，与佛齐平。如果有人能领受、明记此经经义，则侧重自利，是自证实相法身之因，必能成就无为法身之果。如果宣说此经经义，则侧重利他，是代表佛陀而度化众生，与佛陀出世说法度化众生无有差别。因此，凡是宣说此经的处所，即使是一片空地，众生都应如同礼敬供养佛陀的舍利塔一样礼敬供养此处空地；凡是领受、明记此经经义的人，都犹如诸佛菩萨出世一样，众生都应如同礼敬供养诸佛菩萨一样礼敬供养此类人。

此经阐述无为法身的因果法门，如同金刚一样能破除一切烦恼，成就一切功德，这是大乘佛法的精髓，是声闻、缘觉乘圣者无法成就，也无法宣说的，因为他们都没有破除法我执，仍然对境相有其执取。此经的大乘佛法，只有佛陀才能宣说，也是十方三世一切诸佛共同宣说，并非释迦牟尼佛所独自宣说，释迦牟尼佛所说并非与十方三世一切诸佛有所差别。于此可知，现在的诸佛菩萨，正是过去领受、明记和宣说此经之人；现在领受、明记、宣说此经之人，正是未来的诸佛菩萨——此经是一切诸佛菩萨之本母，是十方三世一切诸佛菩萨所各各自证的，也是十方三世一切诸佛菩萨所共同宣说的。

原文

“须菩提！如恒河中所有沙数，如是沙等恒河[1]，于意云何？是诸恒河沙宁为多不？”

须菩提言：“甚多，世尊！但诸恒河尚多无数，何况其沙？”

“须菩提！我今实言告汝，若有善男子、善女人以七宝满尔所[2]恒河沙数三千大千世界以用布施，得福多不？”

须菩提言：“甚多，世尊！”

译文

“须菩提！譬如恒河中所有沙子的数量，如同这沙子一样多的恒河，你心里是如何想的？这所有的恒河中的沙子是不是非常多啊？”

须菩提回答说：“是非常多啊，世尊！就这些恒河而言尚且多到无法计算，何况这所有恒河中的沙子呢？”

“须菩提！我现在实话告诉你，如果有善男子、善女人用七宝遍满这所有恒河中沙子一样多的三千大千世界，并且用来进行布施，其所得的福德多不多啊？”

须菩提说：“非常多啊，世尊！”

注释

1 **如是沙等恒河**：恒河中有无数的沙子，每一粒沙子各代表一条恒河，如同恒河中沙子一样多的恒河。

2 **尔所**：如此、那么多的。

原文

佛告须菩提："若善男子、善女人于此经中乃至受、持四句偈等，为他人说，而此福德胜前福德。

"复次，须菩提！随说是经[1]，乃至四句偈等，当知此处，一切世间天、人、阿修罗皆应供养，如佛塔庙[2]，何况有人尽能受、持、读诵？须菩提！当知是人成就最上、第一、希有[3]之法。若是经典所在之处，则为有佛[4]，若尊重弟子[5]。"

译文

佛陀告诉须菩提说："如果有善男子、善女人领受、明记此经经义，乃至少到四句偈等经义，为他人解说，而这个法施的福德超过前面所言财施的福德。

"再次，须菩提！不管是谁、不管是在什么地方宣说此经经义，乃至少到宣说四句偈等经义，要知道，一切世间的天、人、阿修罗都应该礼敬供养此人、此处，如同礼敬供养佛陀的塔庙一样，何况有人能全部领受、明记和读诵此经呢？须菩提！要知道此人成就了最为殊胜，无人能超过，小乘人无法成就，世间凡夫所不具备的智慧。只要是此经所存在的地方，就是有佛存在的地方，[应礼敬供养；就是有菩萨存在的地方，]要如同尊重菩萨一样地应礼敬供养。"

注释

1 **随说是经**：不管是谁宣说此经，不管是在什么地方宣说此经。"随"，无论、不管。这段文字总说此经的无比殊胜和尊贵，在地则地尊、在人则人尊，所以行文往往用"互文"修辞，前后文内容相互补充、发明。

2 **如佛塔庙**：如同礼拜供养佛陀的舍利塔一样，要如此礼拜供养宣说此经的空地。"塔庙"，即佛陀的舍利塔。

3 **最上、第一、希有**：受、持、读诵此经的人，必定成就无上菩提，这是最殊胜的，没有谁能超过的，小乘人所无法成就的，世间凡夫所不具备的。

4 **则为有佛**：不管是谁在受、持、读诵此经，一切众生都应如同礼拜供养佛陀一样礼拜供养此人。因为此人受、持、读诵此经，就是在代表佛陀在流通大乘佛法，度化众生。

5 **若尊重弟子**：不管是谁在受、持读诵此经，一切众生都应如同礼拜供养菩萨一样礼拜供养此人。"弟子"指的是菩萨。

原文

尔时，须菩提白佛言："世尊！当何名此经？我等云何奉持？"

佛告须菩提："是经名为《金刚般若波罗蜜》，以是名字，汝当奉持。所以者何？须菩提！佛说般若波罗蜜，则非般若波罗蜜[1]。

"须菩提！于意云何？如来有所说法不？"

须菩提白佛言："世尊！如来无所说[2]。"

译文

这时，须菩提呈白佛陀说："世尊！应当如何命名此经呢？我们如何信奉遵行呢？"

佛陀告诉须菩提说："此经的名称是《金刚般若波罗蜜》，以此名字，你应当信奉遵行。为什么如此说呢？须菩提！佛陀所说的般若波罗蜜，不是声闻、缘觉乘的般若波罗蜜。

"须菩提！你心里是如何想的？如来宣说了什么佛法吗？"

须菩提呈白佛陀说："世尊！如来没有宣说任何佛法。"

注释

1 **非般若波罗蜜**：佛陀所说此大乘般若波罗蜜法，不是凡夫、小乘执取法相所知的般若波罗蜜。

2 **如来无所说**：此般若波罗蜜法，是十方三世一切诸佛所共同宣说的，并非释迦牟尼佛独自证得和宣说的。

第十四章

导读

本章的主旨在于,阐述第六、第七回向位菩萨应以随顺契合实相的观慧,破除对于内外色法和众生世界的一合相之实体执。

众生以恒河沙数三千大千世界的七宝进行布施,获得生死轮回中的人天福报,在享受人天福报时,其贪欲等烦恼不断增长,借助其福报的力量大造恶业,继而无量劫堕落三恶道,承受无量的痛苦,这种布施七宝的世间善行被称为“第三世怨”。之所以如此,是因为众生的二种我执没有破除。

而受、持、讲说此经,甚至少到四句偈,也是无漏的智慧之因,必能感得、成就无为法身之果,其原理即在于能破除二种我执,而证得实相法身。针对众生对内外色法(物质)的实体性执著,例如小乘和外道认为物质的最小基本单位是极微,七宝及外在世界都是由极微所构成的一合相,佛陀即宣说有关极微的言教,从而破除对粗显物质例如七宝、外在世界之一合相的实体性执著。而且,极微本身,也仅仅是佛陀以智慧予以安立的方便之说,引导修行人以假想慧对粗显的七宝、外在世界进行分析,分析到无法再分析的地步而安立极微的假名,实际上极微也并非真实,不是实体有。此外,众生的心灵(心灵与内色法即构成个体生命)无法在空间单位上予以分析,而在时间单位上可分析为刹那心,同样只是假名安立的方便之说,现在不能安住,过去已经灭失,未来尚未产生,也并非真实,也不是实体有。大乘佛法正是以这样的观慧,引导众生破除人我执和法我执,破除能布施的自我的真实性,即破除由身心五蕴构成的自我之一合相;破除所布施的七宝乃至外在世界的真实性,即破除由极微构成的七宝乃至外在世界之一合相的真实性,以此入于正观,即可引生根本智,证得真如实相,成就无为法身之佛果。

以恒河沙数三千大千世界的七宝进行布施，所感得的人天福报将会成为增上缘而引发如同大千世界所有极微一样繁多的贪欲等烦恼，从而增长无量的生死轮回之因。而此经的经义，其实质则在于破除极微色、刹那心的实体性，破除二种我执和一切烦恼，从而证得无为法身之果。这就是受、持、讲说此经甚至少到四句偈的福德，远远超过以恒河沙数三千大千世界的七宝进行布施的福德之原理。如果同样是以七宝进行布施，那么在有二我执的凡夫那里，世界和极微都成为烦恼之因；而在受、持、讲说此经经义的众生那里，世界和极微却能成为慧观之对象，引生正观，成为证得无为法身佛果之因。

原文

“须菩提！于意云何？三千大千世界所有微尘是为多不？”

须菩提言：“甚多，世尊！”

“须菩提！诸微尘[1]，如来说非微尘[2]，是名微尘[3]。如来说世界[4]，非世界[5]，是名世界[6]。”

译文

“须菩提！你心里是如何想的？三千大千世界中所有的极微是不是很多啊？”

须菩提回答说：“非常多啊，世尊！”

“须菩提！无量多的极微，如来说并非实体性的极微，而是假名安立的极微。如来所说的众生世界，也并非实体有的众生世界，而是因缘假有的众生世界。”

注释

1 **微尘**：指极微，外道和小乘所认为的构成具体物质的最小基本单位。在这里，极微还用来比喻以财物布施获得人天福报而产生的贪等烦恼。

2 **非微尘**：外道和小乘执著极微是实体有的，实际上佛陀所说的极微只是破除对粗显物体的实体执的方便法门，其本身并非实体有。在这里，用来作比喻的极微也并非贪欲本身，贪等烦恼也不是实体有。

3 **是名微尘**：极微仅仅是佛陀以其圆满智慧分析而安立的假名。在这里，极微还用来描述人天福报所引生的贪等烦恼，贪等烦恼也是假名安立的缘起有。

4 **世界**：指三千大千世界，这里更侧重指众生世界，即由身心五蕴（侧重在心，即受、想、行、识四蕴）所构成的众生。

5 **非世界**：众生由身心五蕴构成，众生之个体我固然不是实体有，构成其个体我的五蕴也不是实体有。

6 **是名世界**：众生是由因缘而成的，即假名众生，五蕴也是如此，即假名五蕴。

第十五章

导读

此章的主旨在于，阐述第八回向位菩萨应修行亲近供养诸佛所需要的正观之观慧。

菩萨修行福德、智慧二种资粮至于圆满，才能成就佛果。在小乘佛教看来，需要三大阿僧祇劫修行之后，继续修行一百劫的梵福，才能成就三十二大丈夫相、八十种随形好的佛果。如果由愚痴和悭贪的原因，而不亲近供养诸佛，就会缺乏福德之因，因此必须由智慧和无贪等因，才能乐于亲近供养诸佛，以积集无量福德。而亲近供养诸佛，不能执取具备三十二大丈夫相、八十种随形好的化身佛之相，否则，所得福德同样是有漏有量的。所以一方面，因法身佛无相，要亲近无相法身佛，必须受、持、解说此经。另一方面，法身佛又不离相而独存，要以与法身佛相一致、相符顺的般若智慧，修行一切善法，才能积集无量福德，成就三十二大丈夫相、八十种随形好，即成就化身佛。

总之，受、持、解说此经经义是成就法身佛之因，化身佛是法身佛所现之现象，二者不可相离，但也不是相同，都不可执取，一旦执取，即落入有漏有量的范围，而无法成就无漏无量的福德。这里，即劝导众生以受、持此经经义为前提和基础，以随顺实相的观慧而亲近供养诸佛，修行一切善法，积集无漏无相的福德资粮。

原文

“须菩提！于意云何？可以三十二相[1]见如来[2]不？”

“不也，世尊！不可以三十二相得见如来。何以故？如来说三十二相，即是非相[3]，是名三十二相[4]。”

译文

“须菩提！你心里是如何想的？能够通过三十二种大丈夫相来亲近供养法身佛吗？”

“不能啊，世尊！不能通过三十二种大丈夫相得以亲近供养法身佛。为什么呢？如来说三十二种大丈夫相，不是法身佛之相，而是化身佛之相。”

注释

1 **三十二相**：三十二种大丈夫相，是转轮圣王或佛陀所具备的殊胜而微妙的相貌，而以佛陀的为圆满。小乘佛教经典描述在修行过程中，救治遍满三千大千世界的盲人恢复光明等，是一梵福，而修满一百梵福，才能成就一种大丈夫相。

2 **如来**：这里是指法身佛。

3 **即是非相**：化身佛的三十二大丈夫相、八十种随形好等，都不是法身佛之相。

4 **是名三十二相**：化身佛的三十二大丈夫相、八十种随形好等，是福德因缘所成就，不离法身佛，也不即法身佛。

第十六章

导读

本章的主旨在于，阐述第九回向位菩萨应远离懈怠等障碍。

前文以两种不同数量的外在珍财七宝进行布施，其福德都比不上领受、明记此经经义的福德，这里继续从内在的身命布施的福德进行比较，说明其同样比不上领受、明记此经经义的福德。

内在身命的布施，一生布施一次身命，生生世世坚持不懈，布施恒河沙数次的身命，这在世间道德来看，是不可想象的伟大，但是，在大乘佛法看来，因为没有破除我执，所以这种伟大的奉献精神仍然是与烦恼相应的，其果报仍然是三界之内的人天有漏福报，仍然远远比不上领受、明记此经经义的福德。之所以如此，是因为领受、明记此经经义是破除我执，证得实相智慧之因，必定成就无为法身之果。这里，更有一层深义，即是激励地前菩萨要不惜身命，而去领受、明记此经经义，乃至追求证得实相的般若智慧，从而真正发心并精进修行菩萨道。

相比较而言，没有领受、明记此经经义的众生在以身命而奉献的时候，身体不免受到痛苦的考验，心灵难免产生傲慢、嗔恨、愚痴等烦恼，因此其福德必然有其局限。而领受、明记此经经义，进而破除我执，证得般若智慧，正是能从根本上破除身心种种的痛苦及傲慢、嗔恨、愚痴等局限，所以其福德即不受烦恼的局限，因而是无限、无量的。另外，即使为了追求般若智慧，乃至是与般若智慧相应的奉献身命的行动本身，也只是般若智慧的作用，相对终极的圆满觉悟而言，也只是助缘，并非正因（正因是般若智慧），所以比起领受、明记此经经义而言，其福德仍然是小而且次要的。

此经的这种深刻义理，是极难相信的，当初在佛陀座前闻法的小乘圣者例如须菩提等人，因为已经证得阿罗汉果，过去生曾种了大乘佛法的善根，所以并不难相信。但是，末法时代即将来临时众生的大乘善根种子不深，不能得到佛的加持，所以极难相信。而在这样浊恶的时代，能够产生清净的信心，就能够证得实相，获得般若智慧，成就超越一切凡夫乃至小乘圣者的大乘功德，证得初地菩萨。这种菩萨圣者的信心，则是与般若智慧相应的智信或者证信，其对此经经义的理解、领受、明记都是与破除了人我执、法我执等种种虚妄分别的般若智慧相应的，是后得智的作用，而将人我执、法我执等一切虚妄分别破除尽净，则成圆满佛果。这里，以未来浊恶时代中尚且还有能够领受、明记此经经义，进而证得般若智慧的菩萨，让佛陀座前的懈怠菩萨产生惭愧之心，从而激发其精进修行而不退堕。

原文

“须菩提！若有善男子、善女人以恒河沙等身命布施，若复有人于此经中，乃至受、持四句偈等，为他人说，其福甚多[1]。”

尔时，须菩提闻说是经，深解义趣[2]，涕泪悲泣[3]，而白佛言：“希有，世尊！佛说如是甚深经典，我从昔来所得慧眼[4]，未曾得闻如是之经。世尊！若复有人得闻是经，信心清净[5]，则生实相[6]，当知是人成就第一希有功德。世尊！是实相者，

译文

“须菩提！如果有善男子、善女人用恒河沙数一样多的身命来布施，如果另外有人领受、明记此经经义，甚至少到四句偈等，向他人解说，他所获得的福德［比用恒河沙数一样多的身命来布施所获得的福德都］要更多。”

这时，须菩提听闻佛陀宣说此经，深入悟解无为法身之甚深道理，不禁流泪，悲声哭泣，呈白佛陀说：“希有难得啊，世尊！佛陀宣说如此甚深的经典，我依据过去所证得的智慧观察，不曾听闻过如此甚深的经典。世尊！如果还有人能够听闻此经，产生清净的信心，就能证得无分别智，要知道此人能成就无有人能超过、凡夫和小乘所无法成就的功德。世尊！大乘佛法中的实相，不是凡夫、小乘所能了知和证得的，

则是非相[7]，是故如来说名实相[8]。

因此如来宣说为只有大乘菩萨才能证得、佛陀才能圆满的实相。

注释

1 **甚多**：受、持、讲说此经经义，比以恒河沙数身命布施的福德更多。

2 **义趣**：指此经所说无为法身之甚深道理。

3 **涕泪悲泣**：流泪，悲声哭泣。须菩提深解此经深义，从来未曾听闻，其大乘法无我智的善根种子产生作用，所以流泪哭泣。

4 **慧眼**：小乘人所证得的人我空智慧，以此智慧而直见人我空真如。

5 **信心清净**：听闻此经经义，对无为法身能产生决定的信心，与实相相应，没有怀疑之浊垢，即为清净之信心。

6 **则生实相**：以清净信心为基础，依据经义而修行，未来必定能证得无分别智。实相本无生与不生的二元对立，这里指的是入正观而实相现前，证得实相而得无分别智，称为"生实相"。

7 **则是非相**：法身如来无为实相，远离一切境相、分别，不是凡夫外道所能证得，也不是小乘圣者所证得的人空实相。

8 **说名实相**：这是大乘佛法所言的实相，是地上菩萨才能证得，佛陀才能圆满的实相。

原文

"世尊！我今得闻如是经典，信、解、受、持不足为难，若当来世后五百岁，其有众生得闻是经，信、解、受、持，是人则为第一希有。何以故？此人无我相、人相、众生相、寿者相[1]。所以者何？我相即是非相[2]，人相、众生

译文

"世尊！我现在听闻如此甚深的经典，相信、理解、领受、明记此经经义，不会感到困难，如果在佛陀去世后第三个五百年的像法时代，如果有众生能够听闻此经，相信、理解、领受、明记，此人则是无有人能超过、凡夫和小乘所无法成就的人。为什么呢？此人没有我相、人相、众生相、寿者相等人我之相。为什么如此说呢？我相即是无实体性的，人相、众生相、寿者

相、寿者相即是非相。何以故？离一切诸相[3]，则名诸佛。”

相等都是没有实体性的。为什么呢？证得一切境相都没有实体性之实相，即称为诸佛。”

注释

1 **无我相、人相、众生相、寿者相**：指破除了人我执，证得与人空相应的无分别智。

2 **我相即是非相**：指破除了法我执，证得与法空相应的无分别智。之后的“人相、众生相、寿者相即是非相”都是说的这个道理。

3 **离一切诸相**：一切能分别、所分别、人我相、法我相等都是虚妄分别相，如实了知这所有虚妄分别相非实体、不可得，即是远离。

原文

佛告须菩提：“如是，如是！若复有人得闻是经，不惊、不怖、不畏[1]，当知是人甚为希有。何以故？须菩提！如来说第一波罗蜜[2]，非第一波罗蜜[3]，是名第一波罗蜜[4]。”

译文

佛陀告诉须菩提说：“是这样，是这样！如果还有人听闻此经经义，能够不惊异、不恐怖、不畏惧，要知道此人是非常希有难得的。为什么呢？须菩提！如来所宣说的般若波罗蜜，是大乘佛法所独有，不是凡夫、小乘所能证得、能宣说的，而是诸佛菩萨才能证得和宣说的。”

注释

1 **不惊、不怖、不畏**：听闻大乘无为实相之佛法，没有恐惧之身相，获得了闻慧；思维之时，内心决定无疑，产生了思慧；与禅定相应修行之时，决定不会诽谤，产生了修慧。

2 **第一波罗蜜**：般若波罗蜜是大乘佛法六种波罗蜜中的首要，超胜于其他五度，称为“第一波罗蜜”。

3 **非第一波罗蜜**：般若波罗蜜不是凡夫、小乘人所能证得和宣说的。

4 **是名第一波罗蜜**：这就是佛陀所证、所说的大乘般若波罗蜜。

第十七章

导读

本章的主旨在于，阐述第十回向位菩萨应远离不能安忍种种痛苦的障碍，修行忍辱波罗蜜。菩萨要想成就与无为法身相应的无量福德，便应该无量劫修行无量福德之因。

释迦牟尼佛在三大阿僧祇劫的修行过程中，其前身忍辱仙人曾被歌利王割斩断截身体，但他发愿成佛之后最先度化此恶王，这被看作证得忍辱波罗蜜的象征。因为忍辱仙人证得了忍辱波罗蜜，内不见有被割斩断截之我，外不见有能割斩断截之歌利王，彼此不二，平等一如，这是入实相正观，与根本智相应，所以无有一切取相之心。忍辱仙人又依据此根本智，以后得智观察此恶王无故伤害菩萨，其恶因恶缘必然感得无量无边恶果苦报，于是以无相智慧、无我慈悲心而发愿，一旦成佛，要最先度此恶人出离生死轮回。这里，也正是以长期修行对相续苦的安忍，劝导激励地前的胜解行地菩萨，应当远离对一切境相的种种执取发菩提心，登上初地菩萨之位，证得忍辱波罗蜜，而能安忍极苦。

离相发菩提心，有三种障碍需要破除，即生死流转之苦、众生违害之苦、缺乏资具受用之苦，因此，需要远离执取自我之心，远离执取现实果报之心，远离执取未来人天果报之心。

远离执取现实果报之心是因，远离生死流转之苦是果，关键在于不执取外在的色、声、香、味、触、法之境，不被外境所束缚（相缚）。一旦执取色等外境以为真实，即执取现实果报，希图众生的礼敬供养，便会产生希求、追恋、悭惜等种种贪染心，即由相缚而产生粗重缚，以此而造种种与烦恼相应的业行，增长生死流转的因果。

远离执取自我之心是因，远离众生违害之苦是果，关键在于破除法我执和人我执。如果没有人我执和法我执，那么利益众生就没有劳倦、疲乏，而能慈悲、勇猛。反之，一旦有人我执和法我执，众生的礼敬供养固然会成为激发贪欲之因，众生的违害也会成为痛苦和嗔心之因，从而造成利益众生之心的疲乏和退转。

远离执取未来人天果报之心是因，远离缺乏资具受用之苦是果，关键在于破除对所施之物、布施之善的执取。一旦执取所施之物、布施之善，内心就被有限的物和善所局限，未来所感得的果报即有其限量，资具受用便有所缺乏，不能随顺一切众生的因缘而进行广大布施。

这里主要以譬喻来说法，执取未来人天果报，如同进入暗处；没有远离执取之心，如同没有光明；未来果报有漏有限，不能出离执取心，如同眼睛看不到任何事物。反之，不执取未来人天果报，如同有光明；远离执取之心，如同有眼睛；能感得无漏无限福德，能出离执取心，如同眼睛能看到任何事物。

原文

"须菩提！忍辱波罗蜜[1]，如来说非忍辱波罗蜜[2]。何以故？须菩提！如我昔为歌利王[3]割截身体，我于尔时无我相、无人相、无众生相、无寿者相。何以故？我于往昔节节支解时，若有我相、人相、众生相、寿者相，应生瞋恨。"

译文

"须菩提！地上菩萨所能证得的忍辱波罗蜜，佛陀说这不是执取境相的凡夫、小乘人和地前菩萨所能证得的。为什么呢？须菩提！例如我过去生被歌利王割斩截断身体，我在当时没有我相，没有人相，没有众生相，没有寿者相。为什么呢？我在那时全身被一部分一部分地进行肢解之时，如果有我相、人相、众生相、寿者相，必定会产生嗔恨之心。"

注释

1 **忍辱波罗蜜**：这里指初地菩萨破除二种我执，与般若智慧相应的忍辱行。

2 **非忍辱波罗蜜**：不是地前菩萨、凡夫、小乘人所能证得的，因为他们修忍辱行之时，没有破除二种我执，执取能忍之我、施辱之他等相。

3 **歌利王**：意译应为恶王、恶生王、斗诤王等，是阿若憍陈如的前身。释迦牟尼佛的前身为忍辱仙人，歌利王恶逆无道，率领宫女到野外游玩。因为宫女围绕仙人听法，歌利王产生嫉妒、嗔恨之心，于是用刀割截仙人的耳鼻手足等。忍辱仙人已经破除二种我执，悲悯歌利王而发愿成佛之后最先度化他。

原文

"须菩提！又念过去于五百世作忍辱仙人，于尔所世无我相、无人相、无众生相、无寿者相。是故，须菩提！菩萨应离一切相发阿耨多罗三藐三菩提心[1]，不应住色[2]生心，不应住声、香、味、触、法生心，应生无所住心[3]。若心有住[4]，则为非住[5]，是故佛说'菩萨心不应住色布施'。"

译文

"须菩提！我又记得那之前五百世都是修行忍辱的修行人，在那么多世里都没有我相，没有人相，没有众生相，没有寿者相。因此，须菩提！菩萨应当远离执取一切境相而发无上正等正觉心，不应当执取色法而发心，不应当执取声、香、味、触、法等法而发心，应当不执取一切境相，心与真如相应。如果内心有所执取，就不能与实相真如相应，因此佛说'菩萨的心不应当执取色法而布施'。"

注释

1 **发阿耨多罗三藐三菩提心**：这里指初地菩萨正观真如理体而发菩提心。

2 **不应住色**：这里指菩萨布施，不应该执取现实的果报，得到礼敬、供养等。后面的"不应住声、香、味、触、法"也是此意。

3 **无所住心**：心与无相真如相应，不执取自我等相。

4 **若心有住**：如果执取色等境相，即为色等境相所动摇，从而产生种种烦恼。

5 **则为非住**：那么就没有与真如实相相应，没有能无所住而住于般若智慧。

原文

"须菩提！菩萨为利益一切众生，应如是布施。如来说：'一切诸相，即是非相[1]。'又说：'一切众生，则非众生[2]。'须菩提！如来是真语[3]者、实语[4]者、如语[5]者、不诳语[6]者、不异语[7]者。须菩提！如来所得法[8]，此法无实无虚[9]。须菩提！若菩萨心住于法[10]而行布施，如人入暗，则无所见；若菩萨心不住法而行布施，如人有目，日光明照，见种种色。"

译文

"须菩提！菩萨为了利益一切众生，应该如此布施。如来说：'一切境相，都是虚妄分别之假相。'又说：'一切众生，都是因缘而有的假名众生。'须菩提！如来是宣说真语、实语、如语、不诳语、不异语的人。须菩提！如来所证得的真如实相，并非实体之有，也并非空无一物。须菩提！如果菩萨内心执取境相而进行布施，就如同一个人进入黑暗之处，什么都看不见；如果菩萨内心不执取境相而进行布施，就如同一个人双目明亮，又有日光明照，就能见到各种事物。"

注释

1 **一切诸相，即是非相**：一切众生的名相，都是虚妄分别之相，并非真如实相。这里是破除法我执。

2 **一切众生，则非众生**：一切众生都是五蕴等所成的缘起假名众生，并非真实的实体性众生。这里是破除人我执。破除法我执和人我执，都是指菩萨布施，不应该执取自我。

3 **真语**：总体宣说世俗谛法相的言教。一说，宣说佛菩提的言教。

4 **实语**：具体宣说依据世俗谛修行之法的言教。一说，宣说小乘佛法的言教。

5 **如语**：总体宣说胜义谛的言教。一说，宣说大乘佛法的言教。

6 **不诳语**：不欺骗众生的言教。

7 **不异语**：具体宣说依据胜义谛修行之法的言教。一说，对过去、未来、现在之事进行授记的言教。

8 **如来所得法**：佛陀所证的真如实相，所成就的无为法身。

9 **无实无虚**：佛陀所证的真如实相、无为法身，既不是实体，不是所执取的对象，不能用语言来表述；也不是空无，不离所执取的对象，不离语言的表述。

10 **心住于法**：内心执取所施之物、布施之善，以及未来的人天果报。

第十八章

导读

本章的主旨在于，阐述加行位中的暖位菩萨修习智慧资粮，应远离对于禅定的耽味执著，而能依禅定修观慧，即以领受、明记、读诵此经为主要修行方式，修习修慧。

首先，以领受、明记、读诵等三种方式修习修慧，以此亲近法身如来，得到如来的忆念。对大乘佛法进行广大而没有颠倒的听闻，便能产生闻慧；领受在心，明记不忘，反复读诵，则能产生思慧；以此思慧，配合禅定修习则产生修慧。三种智慧相应，即是证得法身如来的正因，就如同磁石吸铁一样，必然能得到诸佛的忆念。

其次，对此经的经义，只要产生信从、随喜之心，而没有怀疑、违背，其福德即超过每日三个时段都用恒河沙数的身命进行布施所得的福德，更何况对此经以领受、明记、读诵等方法进行修习！

再次，此经是佛陀专为大乘菩萨所说的成就无为法身佛的法义，其功德之广大，无法思维、表达，没有任何法门能与之相提并论。外道凡夫因为有我见等人我执，小乘人因为有法我执，所以没有因缘听闻此经，即使有缘听闻，也无法产生信从、随喜心，更谈不上领受、明记、读诵此经了。

再次，因为此经的功德极为广大，是成就无为法身的正因，所以此经所在之处与已经领受、明记、读诵此经的人，一切天人、人类、阿修罗都应礼敬供养。

最后，此经破除二种我执而证得实相智慧，是灭除一切罪业的无上法门。所谓罪业，是由于众生在无明愚痴中，产生种种烦恼而发动的；领受、明记、读诵此经，修习修慧，破除对所取境相和能取心识的执著，即从根本上灭除一切罪业，即“罪从心生，还从心灭”。

此经所含摄的福德，根据修习修慧的四加行位菩萨的智慧功德，前面四种通过布施珍财和身命修习福德的方式，已经无法用来对比和突出四加行位菩萨领受、明记、读诵此经修习修慧的福德之大。因此，佛陀即以自身过去世经过两大阿僧祇劫的修行来对比，在证得八地菩萨、遇到然灯佛而得授记之前，已经遇到了无量诸佛，都亲近供养，修行福德，但是这种福德的修行并非成就无为法身的正因，所以其功德仍然无法与领受、明记、读诵此经的功德相提并论。

领受、明记、读诵此经的功德，在成就无为法身之前，有其世间的功德，例如感得转轮圣王、四天王、忉利天王、大梵天王等殊胜的果报。此经中，佛陀并没有宣说这些世间功德，那是因为凡夫众生往往会执著这些世间福报，反而对证得般若智慧乃至成就无为法身产生怀疑，大大违背佛陀开、示、悟、入佛之知见的本怀。

原文

“须菩提！当来之世，若有善男子、善女人能于此经受、持、读诵，则为如来以佛智慧悉知[1]是人，悉见[2]是人，皆得成就无量、无边功德。须菩提！若有善男子、善女人初日分[3]以恒河沙等身布施，中日分复以恒河沙等身布施，后日分亦以恒河沙等身布施，如是无量百千万

译文

“须菩提！未来的时代里，如果有善男子、善女人能对于此经经义领受、明记、读诵，就会被佛陀以佛智而了知，被佛陀以佛眼而明见，都能够成就无有限量、无有边际的无漏功德。须菩提！如果有善男子、善女人在上午用恒河沙数的身命来布施，中午又用恒河沙数的身命来布施，下午也用恒河沙数的身命来布施，如此持续无量百千万亿劫的时间都用身命进行布施；如果另外有人听闻此经经义，能信从、随喜而不怀疑、违背，他的福德就超过亿劫[4]以身布施；若复有人闻此经典，信心不逆[5]，其福胜彼[6]，何况书写、受、持、读诵、为人解说？”

每天三个时段都以身命进行布施，并且持续布施无量百千万亿劫的人的福德，何况那些书写、领受、明记、读诵此经，为人解说此经经义的人呢？”

注释

1 **悉知**：佛陀以佛智而完全了知。

2 **悉见**：佛陀以佛眼而完全明见。

3 **初日分**：古印度将一日一夜分为昼三时和夜三时，合称昼夜六时或昼夜六分，每一时(分)相当于现在的四个小时。

4 **劫**：时间单位，指一个宇宙形成、安住、毁坏、空无的完整过程。

5 **信心不逆**：对此经经义信从、随喜，没有怀疑、违背。

6 **彼**：指每天三个时段都用恒河沙数的身命进行布施，并且持续布施百千万亿劫时间的人的福德。

原文

“须菩提！以要言之，是经有不可思议[1]、不可称量[2]、无边[3]功德，如来为发大乘者说[4]，为发最上乘者说[5]。若有人能受、持、读诵、广为人说，如来悉知是人，悉见是人，皆得成就不可量、不可称、无有边、不可思议功德，如是人等则为荷担[6]如来阿耨多罗三藐三菩提。何以故？须菩提！若乐小法者[7]，著我见、人见、众生见、寿者见[8]，则

译文

“须菩提！简要地说，此经有无法思维和宣说的，不可称叹和度量的，无有边际的广大功德，如来专为那些定性大乘而发了菩提心的人宣说，专为那些不定种性而发了菩提心的人宣说。如果有人能够领受、明记、读诵此经，广为他人解说此经经义，如来则以佛智了知此人，以佛眼明见此人，都能够成就不可测量、不可称说、无有边际、不可思维和宣说的无漏功德，这类人就是能承担传承如来无上正等正觉法脉的大丈夫。为什么呢？须菩提！如果是欣乐小乘佛法的人，以及执著我见、人见、众生见、寿者见等的外道凡夫，

于此经不能听受、读诵、为人解说。”

那么对于此经是没有意乐和智慧来听闻、领受、读诵，以及为人解说的。”

注释

1 **不可思议**：此经经义的功德无法通过意识进行思维，无法通过语言进行宣说。“思”，指以意识进行思维。“议”，指以语言进行宣说。

2 **不可称量**：此经经义的功德无法进行称说和度量，指没有与此经齐等或者超过此经的。“称”，称说。“量”，量度、测量。

3 **无边**：没有边际、界限。

4 **为发大乘者说**：为五种性位中的定性大乘菩萨宣说此经，引导其发大乘菩提心，这里体现此经直指佛果的大乘特征。

5 **为发最上乘者说**：为五种性位中的不定种性菩萨宣说，引导其发大乘菩提心，这里强调此经经义相对于声闻、缘觉乘而言，是最殊胜的、无上的。

6 **荷担**：承担、担任。“荷”，用脊背背负。“担”，用两肩挑起。

7 **若乐小法者**：指心意狭小，以自度出生死轮回为目的的小乘人。

8 **著我见、人见、众生见、寿者见**：指执取个体人我执的外道凡夫。

原文

“须菩提！在在处处[1]若有此经，一切世间天、人、阿修罗所应供养；当知此处则为是塔，皆应恭敬、作礼、围绕、以诸华香而散其处。

“复次，须菩提！善男子、善女人受、持、读诵此经，若为人轻贱，是人先世罪业，应堕恶道，以今世人轻贱故，先世罪业则为消灭，当得阿耨多罗三藐三菩提。”

译文

“须菩提！任何地方，只要有此经存在，一切世间的天人、人类、阿修罗都应进行供养。要知道，此处就是佛陀的法身舍利塔，都应该恭敬、礼拜、右旋，以种种香花而供养。

“另外，须菩提！善男子、善女人领受、明记、读诵此经，如果被他人轻蔑贱视，（这是由于）此人过去世的罪业，应当堕落恶道受苦，因为当今遭到世人轻蔑贱视的缘故，过去世的罪业就于此消灭，定当成就无上正等正觉。”

注释

1 **在在处处**:任何地方,任何处所。

原文

“须菩提!我念过去无量阿僧祇[1]劫,于然灯佛前,得值八百四千万亿那由他[2]诸佛,悉皆供养承事,无空过者;若复有人于后末世,能受、持、读诵此经,所得功德,于我所供养诸佛功德,百分不及一,千万亿分、乃至算数[3]、譬喻[4]所不能及。须菩提!若善男子、善女人于后末世有受、持、读诵此经所得功德,我若具说[5]者,或有人闻,心则狂乱[6],狐疑不信[7]。须菩提!当知是经义不可思议,果报亦不可思议。”

译文

“须菩提!我记得过去世无量阿僧祇劫以前,在然灯佛之前,我曾遇到八百四千万亿那由他位佛,全部都供养亲近,没有一个是白白遇到而不亲近供养的。如果有人在未来末法将至的时代,能领受、明记、读诵此经,其所得到的功德——我供养那么多佛所得的功德与之相比,都比不上其功德的百分之一、千万亿分之一,乃至一切用来计算的数字、用来形容的譬喻,都无法描述其功德之大。须菩提!如果有善男子、善女人在未来末法将至的时代能领受、明记、读诵此经,所得到的功德,我如果全部都予以宣说的话,有的人听了,内心就会执著于世间福报而不追求佛果,对成佛之法会怀疑而不信从。须菩提!要知道此经的经义不可思维和宣说,果报也不可思维和宣说。”

注释

1 **阿僧祇**:古印度的数量单位,第一个单位是俱胝,俱胝是一千万,俱胝的平方是阿庾多,阿庾多的平方是那由他,以此类推,到第一百零五个单位,就是“阿僧祇”。

2 **那由他**:见前一注释。

3 **算数**:用以计算的数字。

4 **譬喻**：打比方。

5 **具说**：指将受、持、读诵此经所感得的世间果报，也全部都予以宣说。“具”，全部，都。

6 **狂乱**：指凡夫往往执著世间果报，而不追求圆满觉悟的佛果。“狂”，指沉迷于世间果报。“乱”，指远离佛果。

7 **狐疑不信**：对此经成就无为法身因果的经义产生怀疑，失去信心。

第十九章

导读

本章从文字上看，须菩提重新提问如何发菩提心、安住自心、降伏自心，与此经开头非常相似，佛陀的回答也非常相似，但实际上所针对的实际修行阶段的修行问题却是不一样的。本章的主旨是针对进入顶位菩萨会出现的问题，提出解决之道。

菩萨由第十回向位修行进入暖位之后，分别（由后天的学习和教育而形成的）人我执和法我执已经伏除，而俱生（无始以来就有的）人我执和法我执却仍然会有所生起，或者以种子、或者以现行的形式，有我能发心、我能安住自心、我能降服自心等分别（所知障），其中，“发心、安住自心、降服自心”是所执取，“我”是能执取，即这种微细的能取和所取仍然存在。具体来说，进入暖位，对名言、境相、名言和境相的自体、名言和境相的差别相进行下品的推寻观察；进入顶位，则是进行上品的推寻观察。这两种位次的推寻观察，都是结合其具体的禅定心进行的，所以都是修习修慧的过程。在这两种位次里，都是伏除所执取的名言、境相、名言和境相的自体、名言和境相的差别相；但是，因为没有伏除能执取的心，所以产生前面所说的那种更微细的能执取和所执取的二元对立，以及由此为基础而有的喜悦、掉动、高举和我慢等烦恼，这障碍着进入忍位、世第一法位，以及进一步见道而登上初地。

对此，佛陀的教导侧重在以无相智慧，来伏除能执取之我，即伏除基于俱生法我执而有的俱生人我执。这里的无相智慧，即侧重在禅定心中，进一步产生没有能发心、能安住自心、能降服自心的自我可得之决定见，从而破除进入忍位、世第一法位以及证得初地的障碍。

原文

尔时，须菩提白佛言："世尊！善男子、善女人发阿耨多罗三藐三菩提心，云何应住？云何降伏其心？"

佛告须菩提："善男子、善女人发阿耨多罗三藐三菩提者，当生如是心，'我应灭度一切众生，灭度一切众生已，而无有一众生实灭度者'。何以故？须菩提！若菩萨有我相、人相、众生相、寿者相[1]，则非菩萨[2]。所以者何？须菩提！实无有法[3]发阿耨多罗三藐三菩提者。"

译文

这时，须菩提请示佛陀说："世尊！善男子、善女人发无上正等正觉心，应该如何安住自心？如何降伏自心？"

佛陀告诉须菩提说："善男子、善女人发无上正等正觉心，应当产生如此的如理心，'我应当度化一切众生得入无余涅槃，度化一切众生入了无余涅槃，而实际上并没有一个实体性众生入了无余涅槃'。为什么呢？须菩提！如果菩萨有我相、人相、众生相、寿者相等我执，那么就不是真正见道的菩萨。为什么这么说呢？须菩提！实际上没有能发无上正等正觉心的我可得，也没有所发的无上正等正觉心可得。"

注释

1 **我相、人相、众生相、寿者相**：这里指俱生的人我执，或者说是以随眠种子的形式所存在的人我执。

2 **非菩萨**：不是真正破除了烦恼障和所知障而证得平等真如的地上菩萨。

3 **无有法**：不仅没有所发的实体之菩提心，而且没有能发菩提心的实体自我。

第二十章

导读

本章的主旨在于，阐述忍位、世第一法位菩萨要进一步求请和遵循佛陀的言教教导，从而破除对能取之心识的实体性执著。菩萨修行到四加行的顶位，对所取境相进行上品的推寻观察，进入到忍位、世第一法位，从而获得所取境相没有实体的决定见，以及推寻观察能取的心识也没有实体，乃至进而证得真如而见道，登上初地菩萨之位。在从推寻观察能取的心识没有实体，到证得真如而见道，这是非常重要、非常关键的一步，尤其是忍位菩萨，需要佛陀的言教作进一步的指导。

首先，成佛之果不是可得和可说的对象。如果成佛之果是可得的对象，那么当时善慧菩萨以殊胜的修行为因，就应该能证得成佛之果；如果当时善慧菩萨已经获得成佛之果，那么然灯佛以及后来的诸佛，就不会授记说善慧菩萨将来会成佛。反之，然灯佛以及后来的诸佛，都授记说善慧菩萨将来会成佛，正可以反证当时善慧菩萨并没有以殊胜的修行为因，并未证得成佛之果。

其次，授记成佛与证得佛果，不是有所得的，而是无所得的，既没有常、一、主宰、自在的实体性自我可得，也没有常、一、主宰、自在的实体性佛果可得。因此，如果善慧菩萨当时内心尚有我执，并且执著有佛果可得，那么然灯佛就不会为其授记；正是因为善慧菩萨当时已经破除了二种我执，没有能得佛果之自我，也没有所得之佛果，证得无生法忍，所以然灯佛才为其授记。

再次，授记成佛与证得佛果是事相，其根本的理体依据，即是诸法的真如实相。授记成佛与证得佛果，即是心与真如实相完全相应冥契，且没有能相应冥契之心可得，也没有所相应冥契之真如可得，这就是事相与理体的不二。所谓成佛，即是证得真如实相；证得真如实相，即是成佛。成佛是远离实体之有和虚无之无的两极的，实体之有是我执，虚无之无是断见，都是不符顺真如实相的。

最后，从顶位证入忍位，关键就在于推寻观察能执取之我非实体（中忍位），并产生印证忍可的决定见（上忍位），这需要佛陀的教导。这里主要以无相、无住的智慧来破除顶位菩萨的疑惑，与前文破除暖位菩萨的喜动、我慢等烦恼，侧重点有所不同。在这里，顶位菩萨则是着重在禅定心中，推寻观察能发心、能修行、能安住自心、能降服自心的心识本身不可得，乃至产生决定见，破除对内在自我的微细执著。上忍位之后，世第一法则是对所执取之境相和能执取之心识皆无实体的双重印证，这种印证因为时间极为短暂，只有一刹那，所以不作阐述和强调。

原文

“须菩提！于意云何？如来[1]于然灯佛所，有法得阿耨多罗三藐三菩提不？”

“不也，世尊！如我解佛所说义，佛于然灯佛所，无有法得阿耨多罗三藐三菩提。”

佛言：“如是，如是！须菩提！实无有法如来得阿耨多罗三藐三菩提。须菩提！若有法如来得阿耨多罗三藐三菩提者，然灯佛则不与我授记，‘汝于来世，当得作佛，号释迦牟尼’。以实无有法得阿耨多罗三藐三菩提，是

译文

“须菩提！你心里是如何想的？当初在然灯佛那里，有能证的善慧菩萨证得了无上正等正觉吗？”

“没有，世尊！根据我所了知佛陀所说的道理，当初在然灯佛那里，没有能证的善慧菩萨证得无上正等正觉。”

佛陀说：“是的，是的！须菩提！确实没有能证的善慧菩萨证得无上正等正觉。须菩提！如果有能证的善慧菩萨证得无上正等正觉，那么然灯佛就不会给善慧菩萨授记说，‘你在未来将会成佛，名字叫释迦牟尼佛’。因为确实没有善慧菩萨证得无上正

故然灯佛与我授记，作是言，‘汝于来世，当得作佛，号释迦牟尼’。”

等正觉，所以然灯佛当时就给善慧菩萨授记，这样说道，‘你在未来将会成佛，名字叫释迦牟尼佛’。”

注释

1 **如来**：指释迦牟尼佛的前身。

原文

“何以故？如来者，即诸法如义[1]。若有人言，‘如来得阿耨多罗三藐三菩提’[2]。须菩提！实无有法，佛得阿耨多罗三藐三菩提。须菩提！如来所得阿耨多罗三藐三菩提，于是中无实无虚[3]，是故如来说，‘一切法皆是佛法[4]’。须菩提！所言一切法者，即非一切法[5]，是故名一切法。”

译文

“为什么呢？所谓如来，就是诸法的真如实相。如果有人说，‘如来证得了无上正等正觉’。须菩提！确实没有能证的佛陀，证得无上正等正觉。须菩提！如来证得无上正等正觉，这中间没有实体，也不是空无，因此如来说，‘一切法的真如实相，只有佛陀才能圆满证得’。须菩提！如来所说一切法的真如实相，不是其他人所能证得的，所以称为佛陀所证的真如实相。”

注释

1 **诸法如义**：法身如来即是一切法的真如实相；证得一切法的真如实相，即是成就法身佛果。

2 此句之后，其他五种译本都有“此人不实语”或大体相似的译文。

3 **无实无虚**：诸佛所证真如实相，不能根据名言、境相而执取，因为真如实相不是实体法，所以说“无实”；但是真如实相又不离开名言、境相而独存，因为要根据佛陀所说法义，从而证得无为真如，所以说“无虚”。

4 **一切法皆是佛法**：只有佛才能圆满证得一切法的真如实相。“一切法”，指真如实相，即一切法的本性。“皆是佛法”，指只有佛才能圆满证得真如实相，其他人则无法圆满证得。

5 **即非一切法**：一切法的真如实相，不是外道所能证得的，也不是小乘人和大乘菩萨所能圆满证得的。

第二十一章

导读

本章的主旨在于，阐述证得初地果位的地上菩萨，获得了两种智慧，分别与法身、报身相应，同时又应远离“我能度众生”等骄慢心。

前文讲四加行位菩萨修行所破除的执著和所证得的智慧，经过世第一法位一刹那之后，即获得无漏智慧，证得真如，成为大乘圣者中的初地菩萨。证得初地菩萨，即能获得百法明门，即通达蕴、处、界等种种法的智慧，但其中最重要、最核心的是体证真如、利益众生的两种智慧，即种性智和平等智，所以以此为代表来宣说初地菩萨的功德。种性智是指初地菩萨证得清净真如，从此生在如来家，决定能传承佛的种性。清净真如是诸佛无所住而住之家，初地菩萨以无分别智而证得清净真如，由此而说是生在如来之家，成为诸佛真正的儿子(智慧之子)，所以能传承诸佛普度一切众生成佛的智慧之事业。这是与诸佛报身相应的智慧，也即是初地菩萨的报身。平等智是指初地菩萨证得清净真如，远离我、我所等执著，度化一切众生之时，没有自我与非我的二元对立，获得远离粗恶平等、法无我平等、断苦相应平等、不望报平等、同得证道平等等五种平等心，能够统摄一切众生为无我之真我。这是与诸佛法身相应的智慧，也即是初地菩萨的法身。

初地菩萨虽然证得种性智和平等智，但是在心未与真如相应的时候，即出了无漏正观智的时候，依于法我执的俱生我执的微细习气就会产生现行，即产生“我能度化众生”“我度化众生证入无余涅槃”等我慢心。菩萨的我慢等慢心，从初地菩萨到十地菩萨，都会以各各不同的形式而存在，因此必须在菩萨修行的过程中，每一地都被分分破除。尤其是七地菩萨以前，“我能度众生”“我度化众生证入无余涅槃”等我慢心，会障碍菩萨平等度化众生之心，所以此经侧重呵斥和破除这种我慢心。而用来破除的智慧，是一以贯之的无相智，即没有自我与众生的实体可得，没有实体性的菩萨可得，破除依于法我执的俱生我执的微细习气，使心与生空、法空真如相应，无所住而安住于真如实相。

原文

“须菩提！譬如人身长、大[1]。”

须菩提言：“世尊！如来说人身长、大，则为非大身[2]，是名大身[3]。”

“须菩提！菩萨亦如是，若作是言‘我当灭度无量众生’，则不名菩萨。何以故？须菩提！实无有法名为菩萨，是故佛说‘一切法无我、无人、无众生、无寿者’。”

译文

“须菩提！犹如有人的身体非常高、大。”

须菩提说：“世尊！如来所说高、大的身体，并非实体性的高、大的身体，而是因缘所成的高、大的身体。”

“须菩提！菩萨也是如此，如果菩萨这样说，‘我要灭度无量众生’，那么就不叫作真菩萨。为什么呢？须菩提！实际上并没有实体性的菩萨，因此佛说‘一切万法都没有我相、人相、众生相、寿者相’。”

注释

1 **人身长、大**：以长、大的人身来比喻诸佛的法身和报身。“长身”，远离二障之法身，这里具体指初地菩萨所获得的种性智。“大身”，周遍一切处所，具足无边功德之报身，这里具体指初地菩萨所获得的平等智。

2 **非大身**：不是妄想分别之身。

3 **是名大身**：这就是诸佛尽除二障、圆满菩提，所证得的法身和报身。

第二十二章

导读

从本章开始，阐述地上菩萨修行后得智，要圆满成就佛果，须从国土、无上见智、福德自在、身、语、心等六个方面，净除一切杂染种子，圆满一切清净功德，即舍弃烦恼障的一切种子习气，而开显大涅槃；舍弃所知障的一切种子习气，而成就大菩提。

本章的主旨在于，从第一个方面阐述地上菩萨应修行无相智慧，庄严清净国土。

诸佛的清净国土分为四种。一、与法身佛相应的法性土，即指真如，无形无相，与诸佛法身体同用异，为法身佛所受用。二、与报身佛自受用身相应的自受用土，即与大圆镜智等四种智慧相应之清净国土，遍一切处，尽未来际，以无量珍宝庄严，为诸佛自身所受用。三、与报身佛他受用身相应的他受用土，即依据诸佛大慈悲和十地菩萨的功德因缘所化，大小、胜劣等各不相同，为诸佛他受用身和十地菩萨所受用。四、与化身佛相应的变化土，即依据诸佛大慈悲和地前菩萨、声闻、缘觉、凡夫等有缘众生的因缘所化，清净、污秽等各不相同，为诸佛化身和地前菩萨、声闻、缘觉、凡夫等有缘众生所受用。四种清净佛土中，前二种清净佛土是根本，依据前二种清净佛土，结合所度化的众生的因缘，能变现后面二种清净佛土。证得法身真如、成就四种智慧，即成就法性土和自受用土，是此经劝导地上菩萨应修行成就的。

总之，从体性上来看，诸佛、菩萨、众生、国土，都无非真如实相。具足一切烦恼障、所知障，而无法证得真如实相的，就是凡夫众生；破除烦恼障、所知障而未尽净，证得真如实相未能圆满的，就是菩萨；破除烦恼障、所知障至于尽净，证得真如实相至于圆满的，就是诸佛；国土是依报，与正报相应，即与凡夫众生相应的是污秽国土，与菩萨相应的是一分清净之国土，与诸佛相应的是圆满清净之国土。于此可知，诸佛、菩萨、众生、国土的差别，都是依据真如实相之体性，在相用上的差别。地上菩萨要修行成就圆满清净的佛土，关键即在于与真如实相相应，增进人无我、法无我的智慧至于圆满；反之，如果有"我要庄严清净佛土"之心，就是人我执、法我执的种子习气产生现行，是对庄严清净佛土的障碍。

原文

"须菩提！若菩萨作是言，'我当庄严佛土'，是不名菩萨。

"何以故？如来说庄严佛土[1]者，即非庄严[2]，是名庄严[3]。

"须菩提！若菩萨通达无我、法[4]者，如来说名真是菩萨。"

译文

"须菩提！如果菩萨这么说，'我要庄严清净的佛土'，那么他就不叫作真正的菩萨。

"为什么呢？如来所说的庄严清净的佛土，不是庄严七宝等有相的清净佛土，而是庄严无相的智慧。

"须菩提！如果菩萨通达人无我、法无我的智慧，如来说这种菩萨就是真正的菩萨。"

注释

1 **庄严佛土**：菩萨修行成就清净的佛土是指无相的庄严，即圆满大圆镜智、平等性智等种种智慧，即是庄严佛土。

2 **即非庄严**：菩萨修行成就清净的佛土不是指创造七宝等珍宝所构成的国土，不是指有相的庄严。

3 **是名庄严**：这就是菩萨修行所真正庄严的佛土，不是七宝等有相的清净国土，也不离七宝等有相的清净国土。

4 **无我、法**：指人无我、法无我之真如实相。

第二十三章

导读

本章的主旨承接前文，是第二个方面，即劝导地上菩萨修行智慧，成就无上的清净见、智，即成就度化众生的圆满意业。清净见侧重在能见的五眼，清净智侧重在如实了知所见的境相，实则清净见、智没有能见和所见的二元对立，而是不二的圆满智慧。

首先是修行成就无上的清净见，指的是成就诸佛的五眼。前文侧重在破除二种我执，证得二空所显的真如实相，让人怀疑佛陀只有慧眼，只劝导菩萨修行证得佛陀殊胜圆满的慧眼。这里，将佛陀的清净见展开为五眼，即佛陀有同于欲界众生的肉眼，在一切肉眼中最为殊胜；佛陀有同于色界天人的天眼，在一切天眼中最为殊胜；佛陀有同于小乘圣者所证得的慧眼，在一切慧眼中最为殊胜；佛陀有同于大乘菩萨所证得的法眼，在一切法眼中最为殊胜；佛陀独证佛眼，是与凡夫、小乘圣者、大乘菩萨所不共的，这是贯穿于前四种眼的圆满智慧，也是佛陀所具有的四眼最为殊胜的原因所在。

之所以要劝导菩萨修行成就诸佛的五眼，这要从侧重自行和侧重化他的两个角度来看。从侧重自行的角度来看，因为肉眼无法见到被障碍的事物，因此需要修行成就天眼；天眼虽然破除一切障碍，但是与肉眼一样仍然是见到虚妄分别之下的假相，因此需要修行成就慧眼；慧眼虽然能见到诸法的真实法性，但是不能如实见到诸法的缘起法相，因此需要修行成就法眼；法眼虽然如实见到诸法法相，但是并未圆满，因此需要修行成就佛眼。从侧重化他的角度来看，菩萨以肉眼见到一切众生承受生、老、病、死等无量的生死轮回之苦，产生慈悲之心，想要了知一切众生轮回于三界六道的痛苦，因此须修行成就天眼；要救度众生出离生死轮回、成就真实涅槃，因此须修行成就慧眼；要如实了知众生的根机和度化众生的种种方便，因此须修行成就法眼；要破除一切障碍，成就一切功德，度化一切众生，因此需要修行成就佛眼。

其次是修行成就无上的清净智，指以诸佛的五眼于一刹那如实了知一切诸法性相。诸法包括色、心二法，色法以恒河沙为例，则恒河沙是因缘所成，无有实体，是缘起、性空一如之沙，于一刹那如实了知，这是如实了知色法性相。而对心法的了知，是佛法所强调的重心，更为广大和微细。恒河沙数恒河沙数的诸佛国土中，有无量无边的众生，都有恒河沙数恒河沙数的心、心所法，而诸佛以其五眼，能于一刹那如实了知，其原因即在于一切心、心所法都无实体、非真实，是因缘而起的假有。五眼即相当于四智，而一刹那如实了知一切诸法性相则相应于大圆镜智。

原文

"须菩提！于意云何？如来有肉眼[1]不？"

"如是，世尊！如来有肉眼。"

"须菩提！于意云何？如来有天眼[2]不？"

"如是，世尊！如来有天眼。"

"须菩提！于意云何？如来有慧眼[3]不？"

"如是，世尊！如来有慧眼。"

"须菩提！于意云何？如来有法眼[4]不？"

"如是，世尊！如来有法眼。"

"须菩提！于意云何？如来有佛眼[5]不？"

"如是，世尊！如来有佛眼。"

译文

"须菩提！你心里是如何想的？如来有肉眼吗？"

"是的，世尊！如来有肉眼。"

"须菩提！你心里是如何想的？如来有天眼吗？"

"是的，世尊！如来有天眼。"

"须菩提！你心里是如何想的？如来有慧眼吗？"

"是的，世尊！如来有慧眼。"

"须菩提！你心里是如何想的？如来有法眼吗？"

"是的，世尊！如来有法眼。"

"须菩提！你心里是如何想的？如来有佛眼吗？"

"是的，世尊！如来有佛眼。"

注释

1 **肉眼**:指人类的肉体眼睛,由欲界粗糙的地、水、火、风等四大所构造,只能见到具备了光线、距离、空间等合适条件之下的现实事物。

2 **天眼**:指天人的眼睛,分为报得和修得两种,由色界微细的地、水、火、风等四大所构造,能见到肉眼所无法见到的现实事物。

3 **慧眼**:指小乘圣者所证得的真谛之智慧,正观诸法平等、性空之法性。

4 **法眼**:指大乘菩萨所证得的俗谛之智慧,如实了知诸法法相,了知众生根机,以及度化众生的种种方便法门。

5 **佛眼**:指佛陀所证得的一切种智,如实知见诸法性相而无所遗漏。

原文

“须菩提!于意云何?恒河中所有沙,佛说是沙不?”

“如是,世尊!如来说是沙[1]。”

“须菩提!于意云何?如一恒河中所有沙,有如是等恒河,是诸恒河所有沙数佛世界,如是宁为多不?”

“甚多,世尊!”

佛告须菩提:“尔所国土中所有众生若干种心,如来悉知。何以故?如来说诸心[2],皆为非心[3],是名为心[4]。所以者何?须菩提!过去心不可得,

译文

“须菩提!你心里是如何想的?恒河中所有的沙子,佛说这是沙子吗?”

“是的,世尊!如来说这是沙子。”

“须菩提!你心里是如何的想法?例如整条恒河中所有的沙子的数目,有这么多条恒河,这所有恒河中所有的沙子一样多的诸佛世界,这所有的世界是不是非常多啊?”

“是很多,世尊!”

佛陀告诉须菩提说:“这所有诸佛国土中所有众生的无量种心,如来都能如实了知。为什么呢?如来说这所有众生的无量种心,都不是与真如实相相应的智慧心,而是六根、六境、六识相和合而产生的虚妄分别心。为什么这么说呢?须菩提!过去心已经灭去[,所以非真实,不可得];现在心无法持续安住[,所以非真实,不

现在心不可得，未来心不可得。”

可得］；未来心并未到来［，所以非真实，不可得］。”

注释

1 **如来说是沙**：这里是指佛陀破除了一切实体性执著，而能如实了知和宣说沙子的缘起、性空之性相一如的真相。

2 **诸心**：众生根、境、识三者和合而有的虚妄分别之心。

3 **皆为非心**：众生的虚妄分别心都不是与真如相应的真实心。

4 **是名为心**：这就是众生因缘而有的虚妄分别之心。

第二十四章

导读

本章的主旨承接前文，是第三个方面，即劝导地上菩萨修行与智慧相应的福德，成就无漏、无量的圆满福德。大乘六度行中，布施、持戒、忍辱是属于福德行，与禅定、般若的智慧行，是福德、智慧的二足，通过精进修行，到达圆满的地步，才能成就佛果。

修此福德行的核心，在于要与般若智慧相应；反之，成就了般若智慧的地上菩萨，又要不断、无尽地修行福德。福德、智慧二者彼此互为因缘，彼此相互增上，相应一如，修行至于圆满的地步，才是佛果的圆成。

原文

“须菩提！于意云何？若有人满三千大千世界七宝以用布施，是人以是因缘得福多不？”

译文

“须菩提！你心里是如何想的？如果有人用遍满三千大千世界的七宝来布施，此人以这种因缘获得的福德多吗？”

“非常多，世尊！此人以这种因缘所

"如是,世尊!此人以是因缘得福甚多。"

"须菩提!若福德有实[1],如来不说得福德多[2];以福德无故[3],如来说得福德多[4]。"

获得的福德是非常多的。"

"须菩提!如果是与实体执相应的福德行,那么如来不会说所获得的福德多;因为地上菩萨的福德行不与实体执相应,而与真如实相相应,所以如来说能获得无量的福德。"

注释

1 **若福德有实**:如果以取相福德之行,追求实体性的福德。

2 **如来不说得福德多**:因为是取相的善行,所得的福德是人天福报、生死之因,不是无漏、无量的福德,所以佛陀不说这种福德是多的。

3 **以福德无故**:地上菩萨修布施、持戒、忍辱等福德之行,是与真如、智慧相应,而不是无明、我执相应,不执著有实体性的福德。

4 **如来说得福德多**:地上菩萨的福德之行是与智慧相应的,其果报是无漏、无量的佛果,所以佛陀说这种福德是多的。

第二十五章

导读

本章的主旨承接前文,是第四个方面,即劝导地上菩萨修行与智慧相应的梵福,以成就圆满具足的三十二种大丈夫相和八十种随形好,即成就度化众生的圆满身业。初地菩萨证得真如实相,即证得一分法身佛;从初地到十地乃至等觉菩萨的修行过程,就是不断胜进,分分圆满法身佛的过程,同时也是不断成就报身佛、化身佛功德的过程。菩萨修行圆满成就佛果,意味着法身佛功德和报身佛智慧、化身佛慈悲等整体的圆满成就。

这里，佛陀以报身佛、化身佛的相好圆满与法身佛之间的一异关系发起疑问，一方面是开显圆满佛果的三身圆满，劝导地上菩萨生起欲愿心而修行其相应的梵福；另一方面又是在强调其修行梵福以成就种种相好的关键，仍然是要与无相智慧相应。与无相智慧相应的关键，是要远离以法身佛、报身佛、化身佛为一或为异的两种执著，既不能以法身佛与报身佛、化身佛为一而取相修行梵福，从而陷入法我执；也不能以法身佛与报身佛、化身佛为异而取消修行梵福，从而退入小乘心。

原文

"须菩提！于意云何？佛可以具足色身[1]见不？"

"不也，世尊！如来不应以具足色身见。何以故？如来说具足色身，即非具足色身[2]，是名具足色身[3]。"

"须菩提！于意云何？如来可以具足诸相[4]见不？"

"不也，世尊！如来不应以具足诸相见。何以故？如来说诸相具足，即非具足[5]，是名诸相具足[6]。"

译文

"须菩提！你心里是如何想的？法身佛能够通过圆满具足八十种随形好的身体见到吗？"

"不能，世尊！法身佛不能通过圆满具足八十种随形好的身体见到。为什么呢？如来说报身佛、化身佛圆满具足八十种随形好，并非法身佛圆满具足八十种随形好，这是依据法身佛之体性和所度化的众生之因缘，而显现的圆满具足八十种随形好的报身佛、化身佛。"

"须菩提！你心里是如何想的？法身佛能够通过三十二种大丈夫相见到吗？"

"不能，世尊！法身佛不应当通过圆满具足三十二种大丈夫相见到。为什么呢？如来说报身佛、化身佛圆满具足三十二种大丈夫相，并非法身佛圆满具足三十二种大丈夫相，这是依据法身佛之体性和所度化的众生之因缘，而显现的圆满具足三十二种大丈夫相的报身佛、化身佛。"

注释

1 **具足色身**:指诸佛的身体成就了八十种随形好。八十种随形好,指诸佛的身体有无见顶相等八十种非常美好的姿态。

2 **即非具足色身**:报身佛、化身佛具足八十种随形好,并非法身佛之具足。

3 **是名具足色身**:报身佛、化身佛的八十种随形好,是依据于无相之法身佛,随顺众生因缘而显现的圆满色身。

4 **具足诸相**:指诸佛的身体成就了三十二种大丈夫相。三十二相,指诸佛的身体有足安平相等三十二种非常伟岸的相貌。

5 **即非具足**:报身佛、化身佛具足三十二种大丈夫相,并非法身佛之具足。

6 **是名诸相具足**:报身佛、化身佛的三十二种大丈夫相,是依据于无相之法身佛,随顺众生因缘而显现的圆满形相。

第二十六章

导读

本章的主旨承接前文,是第五个方面,即劝导地上菩萨修行与般若智慧相应的语业,为地上菩萨、小乘人、地前菩萨以及凡夫众生宣说种种言教,即成就度化众生的圆满语业。

地上菩萨要成就圆满语业,其关键是与般若智慧相应。菩萨修行入正观根本智时,正智与真如冥一无分,无法说法。出正观后以后得智说法,有其分别和宣说,但这是与真如相应的分别与宣说,即于分别和宣说之时,心中没有能分别、所分别与能宣说、所宣说的二元对立,因此这种分别和宣说,是与无分别、无相智相应的善巧分别、如实分别和善巧宣说、如实宣说。

地上菩萨修行根本智与后得智至于圆满,其说法的语业至于圆满,即是成就三身佛果。与地上菩萨说法相对应,法身佛说法对应于根本智,实际上无法可说，或者是无说之说，即圆满证得真如实相即是说法，远离思维分别相，远离语言名字相。报身佛、化身佛对应于后得智，相用上有法可说，或者是有说之说，以思维分别相、语言文字相而说法，但是破除了二种我执，所以没有能思维分别、所思维分别和能言辞宣说、所言辞宣说的二元对立相可得，即于思维分别相上而没有思维分别之执，于语言文字相上而没有语言文字之执。针对法身佛无说之说和报身佛、化身佛有说之说的两种说法情况，如果认为法身佛如同报身佛、化身佛一样，以思维分别相、语言文字相说法的话，那是谤佛；如果认为报身佛、化身佛是破除二种我执之外，又以真如为对象，宣说实体性的真如之法的话，那同样是谤佛。

结合地上菩萨说法（因位）和三身佛说法（果位）的情况，就可知所谓说法，是无法可说和有法可说的统一（不二一如）。从法身佛的角度、真如实相不可说的角度、所说并非实体之法的角度，即是无法可说，所以说“佛陀说法四十九年，却未曾说过一字”；从报身佛和化身佛的角度、因缘法可说的角度、所说并非离真如实相而独存的角度，即是有法可说，所以说“佛陀未曾说过一字，却说法四十九年”。没有二种我执而说法，不断说、无尽说，当体即是不说，是无法可说；无法可说、不说法，其当相即是不断说、无尽说，当体即是没有二种我执。简而言之，以无我真如实相智慧为依据，不断地说法就是不说法，有法可说就是无法可说；不说法就是不断地说法，无法可说就是有法可说。地上菩萨修行这种不二中道的语业至于圆满，才能成就三身佛果。

原文

“须菩提！汝勿谓如来作是念，‘我当有所说法’。莫作是念。

“何以故？若人言‘如来[1]有所说法’，即为谤佛，不能解我所说故。

译文

“须菩提！你不要认为如来有这种分别，‘我应当说法度化众生’。你不要有这种分别。

“为什么呢？如果有人说，‘如来宣说了种种佛法’，那这是毁谤佛，因为他不能如实了解我宣说佛法的真义。

“须菩提！所谓宣说佛法，并非对真如

“须菩提！说法者[2]，无法可说[3]，是名说法[4]。”

实相有所宣说，而是根据众生的因缘进行的宣说。”

注释

1 **如来**：这里指法身佛。

2 **说法者**：报身佛、化身佛为度化众生而宣说佛法。

3 **无法可说**：真如实相是无法以语言文字等进行宣说的。

4 **是名说法**：报身佛、化身佛根据所度众生的因缘而宣说种种言教，种种言教并非离真如实相而单独存在。

第二十七章

导读

从本章开始，其主旨承接前文，是第六个方面，阐述佛的心所作用圆满，具体又从三念处、正觉、施设大法利、摄取法身、不住生死和涅槃、行住净等六个方面展开。本章即是第一个方面，劝导地上菩萨修行成就诸佛的三念处功德。

三念处功德，指的是诸佛以大悲心而度化众生，宣说种种破除我执、开显智慧的法门，面对有、无、或有或无信心的三类弟子，诸佛都无所住而安住于无所得的智慧，不见真如实相有增有减，不起或踊跃欢喜、或惆怅忧愁、或忧喜交加等一切烦恼和习气。

而要成就诸佛的三念处功德，其关键在于正观一切众生无有实体性，而是因缘和合之众生，真如实相中众生本不可得。发心修行之众生是随顺清净因缘，不发心不修行之众生是随顺杂染因缘；而清净因缘、杂染因缘都没有实体可得，即真如实相不会因为众生随顺清净因缘而有增，不会因为众生随顺杂染因缘而有减。地上菩萨修行空观观众生实体不可得，修行假观观众生随顺染净因缘而显现染净之果，既不陷入实体执，也不陷入断灭空，在正观之时没有能观、所观可得，如此无所住而安住，安住于无所住的智慧，修行圆满即可成就诸佛三念处功德。

原文

尔时，慧命[1]须菩提白佛言："世尊！颇有众生于未来世闻说是法，生信心不[2]？"

佛言："须菩提！彼非众生[3]，非不众生[4]。

"何以故？须菩提！众生、众生者[5]，如来说非众生[6]，是名众生[7]。"

译文

这时，慧命须菩提呈白佛陀说："世尊！在未来末法即将来临的时代，会有听闻了此经的甚深法义，能产生信心，或者无法产生信心的众生吗？"

佛陀说："须菩提！他们并非有实体性的众生，也并非没有缘起假名的众生。

"为什么呢？须菩提！所谓众生、众生者，如来说不是实体性的众生，而是因缘而起的众生。"

注释

1 **慧命**：以智慧为生命，这里形容须菩提深解佛义，与前文"长老"相一致。

2 **生信心不**：这里是选择疑问句，包含三种情况：能产生信心的众生和无法产生信心的众生，以及有时有信心、有时又没有信心的众生。

3 **非众生**：从胜义谛来说，没有实体性之众生，众生当体即是真如实相。

4 **非不众生**：从世俗谛来说，有因缘而起之众生，众生当相即是缘起事相。

5 **众生、众生者**：这是劝导地上菩萨修行空、假二种正观，远离有无、断常等边见，即"众生"是空观，破除对众生的实体性执。"众生者"是假观，安立众生的缘起相。

6 **非众生**：修行空观。

7 **是名众生**：修行假观。

第二十八章

导读

本章的主旨承接前文，是第二个方面，劝导地上菩萨修行成就诸佛的无上正觉的功德。无上正觉的核心在于破除了一切“有之执”和“空之执”，不同于声闻、缘觉乘只能破除人我执而未能破除法我执，也不同于菩萨尚有人我执和法我执的微细习气未能破除尽净。破除“有之执”，指诸佛彻底不见有能证的无上正觉可得，彻底不见有所证的真如实相可得。破除“空之执”至于尽净，指诸佛虽然不见有能证的无上正觉可得，而如是得无上正觉，无得而得，得而无得，一如不二；诸佛虽然不见有所证的真如实相可得，而如是证得真如实相，无得而得，得而无得，一如不二。说“无得”，是因为诸佛破除二种我执至于尽净，正智与真如体用不二，无有能、所的分别可得；说“有得”，是因为诸佛彻底随顺诸法不生而生、不灭而灭的清净缘起，正智与真如虽然体用不二，但于无分别的当体能如实知见一切诸法的性相而不谬。

正是因为一切诸佛都彻底圆满无分别智，所以诸佛法身无有分别可言，一体平等；又因为诸佛如实知见一切诸法的性相而不谬，所以诸佛自受用身无有胜劣之别，相用平等。这是侧重在诸佛的自利功德上来说，而从利他功德上来说，一切诸佛利他功德普皆圆满，其他受用身和化身虽有种种的不同，寿命、色身、神通、福报等都有种种的不同，这是根据所度化众生的智慧、福德、功德等善根的差别而显现的，诸佛本身的利他智慧、慈悲与功德等并无高下之别。犹如天上的明月，根据人间水的多少、清浊、深浅等有种种不同的印现，而明月本身并无差别可言。

诸佛圆满成就佛果，无所得而得，得而无所得，其因即是在因位菩萨修行之时，即以无所得的智慧修行一切善法，修行一切善法而与无所得的智慧相应。无所得的智慧具体表现在破除我见、人见、众生见、寿者见四相为代表的种种妄执,即要破除一切的实体执(有之执)而至于尽净。修行一切善法具体表现为四念处等三十七道品,乃至十八不共法等无量无漏善法,即要破除一切的空无执(空之执)而至于尽净。这样,破除实体执而不落于空无执,破除空无执而不落于实体执。以一切皆空的智慧而随顺于无量的清净缘起,以无量的清净缘起而依据于一切皆空的智慧,即空而有,即有而空,无相而相,相而无相,非善而修一切善,修一切善而非善,行于中道,因果交彻,至于圆满,即是成就圆满佛果。

因此,地上菩萨要圆满成就佛果,正是要不断修行这种不二中道的智慧、福德,成就其无上正觉。

原文

须菩提白佛言:"世尊!佛得阿耨多罗三藐三菩提,为无所得耶?"

"如是,如是!须菩提!我于阿耨多罗三藐三菩提乃至无有少法可得[1],是名阿耨多罗三藐三菩提。复次,须菩提!是法平等[2],无有高下[3],是名阿耨多罗三藐三菩提;以无我、无人、无众生、无寿者,修一切善法[4],则得阿耨多罗三藐三菩提。须菩提!所言善法者[5],如来说非善法[6],是名善法[7]。"

译文

须菩提呈白佛陀说:"世尊!佛陀证得无上正等正觉,是没有实体性的无上正等正觉可得的吗?"

"正是,正是!须菩提!我证得无上正等正觉,甚至没有丝毫的无上正等正觉可得,也甚至没有丝毫的真如实相可得,而这就是成就无上正等正觉。其次,须菩提!一切诸佛的法身、自受用身是没有胜劣之别的,[一切诸佛的他受用身、化身虽然有寿命、色身、神通、福报等无量的不同,]实际上并无高下之别。菩萨以无我相、无人相、无众生相、无寿者相的般若智慧,修行一切善法,就能证得无上正等正觉。须菩提!所说的成就无上正等正觉的无漏善法,如来说并非取相的有漏善法,这才是真正的善法。"

注释

1 **无有少法可得**:包含“无有少法”和“无可得”的两方面。“无有少法”是指无上正等正觉无有实体,虽然诸佛证得无上正等正觉,而没有能证、能觉者可得。“无可得”(无所得)是指真如实相没有实体,虽然诸佛以正智证得真如实相,而没有所证、所觉者可得。

2 **是法平等**:一切诸佛同证无上正等正觉,所显实相法身佛、所成四智报身佛无有胜劣之别。“是法”,承接前文可知是指“阿耨多罗三藐三菩提”。

3 **无有高下**:一切诸佛为地上菩萨所示现的他受用身佛,为地前菩萨和小乘人、凡夫等示现的化身佛,其寿命、色身、神通、福报等虽然根据众生的因缘而有种种差别,而实际上并无高下之别。

4 **一切善法**:指四念处、四正勤乃至十八不共法等种种无漏善法。

5 **善法者**:无相、无漏的种种善法。

6 **非善法**:不是取相、有漏的善法。

7 **是名善法**:这就是以无相之因,可得无相之果的无漏善法。

第二十九章

导读

本章的主旨承接前文,是第三个方面,劝导地上菩萨修行成就诸佛建立正法言教度化众生的功德。诸佛度化众生,使没有善根的得以培植善根,善根未熟的得以成熟,善根成熟的获得解脱,最终都能成就无上正等正觉,而其最根本的方法即是建立正法言教,将自身所证的智慧、慈悲、功德等以语言文字,根据众生种种不同的机缘而予以种种不同的建立,引导众生发心、修行乃至成佛。

诸佛度化众生的功德彻底圆满，所建立的种种正法言教都以圆满成佛为终极目标，因此，领受、明记乃至为人解说正法言教，即指向圆满成佛的终极结果，其福德是无漏、无量的，无法用七宝等珍财布施的福德进行类比。

地上菩萨要成就诸佛圆满说法建立正法言教以度化众生的功德，关键在于要与般若智慧相应，以无所得为方便而建立正法言教。诸佛度化众生，其法身佛是报身佛、化身佛乃至一切诸法的体性，远离能所的二边，无所谓有度化众生的心念和行为，仅仅是从众生以正智证得法身真如的角度，说这就是法身佛说法度化众生，其实并没有一个具体的法身佛动念说法的行为可言。报身佛（他受用身）以大圆镜智、平等性智、妙观察智、成所作智等四智菩提为体，远离一切能度、所度、能说、所说的虚妄分别，而以不二中道的智慧，随顺地上菩萨的因缘而说法建立正法言教。化身佛同样如此，以成所作智为体，随顺地前菩萨、小乘人、凡夫的因缘，而示现种种的差别，示现动念度化众生，建立正法言教，实际上犹如化人为化人说法，并无能度、所度、能说、所说的虚妄分别。

诸佛在说法度化众生的时候，远离我相等一切虚妄分别相，却往往说“我”，或说“有我”，这是说的缘起假名我，或者是为了度化善根尚浅，不能直接听闻领受“无我”言教的愚痴众生，以“有我”之教而作方便引导的权宜之说。正是因为权宜说法的需要，所以佛陀宣说二乘、三乘、五乘佛法，实际上并没有实体性的二乘、三乘、五乘佛法乃至一乘佛法可得，因为所依据的因缘之凡夫众生，也是没有实体可得的。没有实体之凡夫，所以有因缘之方便说法；因为有因缘之方便说法，所以没有实体之言教正法可得。地上菩萨即应以如此彻底的无相智慧，说法度化众生，以此为因，才能成就相应的圆满佛果。

原文

“须菩提！若三千大千世界中所有诸须弥山王，如是等七宝聚，有人持用布施；若人以此《般若波罗蜜经》，乃至四句偈等，受、持、读诵、为他人说，于前福德百分不及一，百千万亿分乃至算数、譬喻所不能及。须菩提！于意云何？汝等勿谓如来作是念，‘我当度众生’。须菩提！莫作是念。

“何以故？实无有众生如来度者，若有众生如来度者，如来则有我、人、众生、寿者。须菩提！如来说有我者[1]，则非有我[2]，而凡夫之人以为有我[3]。须菩提！凡夫者，如来说则非凡夫[4]。”

译文

“须菩提！如果三千大千世界中所有的须弥山王，都用金银等七宝遍满，有人拿来布施；如果有人对此《般若波罗蜜经》，甚至少到四句偈等法义，进行领受、明记、读诵、为他人解说，那么，前面所说用金银等珍财进行布施的福德与这种法布施的福德相比，前者比不上后者的百千万亿分之一，其差距甚至用算数、譬喻都无法描述。须菩提！你心里是如何想的？你们不要认为如来有这样的想法，‘我应当度化众生’。须菩提！不要有这种想法。

“为什么呢？实际上没有众生是如来所度化的对象，如果有众生是如来所度化的对象，那么如来就有我相、人相、众生相、寿者相。须菩提！如来说有缘起假名我，并非是说有实体我，而凡夫众生却以为有实体我。须菩提！所谓凡夫，如来说并非有实体的凡夫。”

注释

1 **有我者**：有因缘和合之假名我，也是为度化那些善根较浅，对“无我”之说感到恐怖的众生，所施设的方便之说。

2 **则非有我**：并非有实体性我。

3 **凡夫之人以为有我**：凡夫有实体执，或者根据佛的言教，随言起执，以为佛说有实体之我。

4 **则非凡夫**：众生没有破除二种我执，假名为凡夫，并非有实体性的凡夫；一旦破除二种我执，即非凡夫。

第三十章

导读

本章的主旨承接前文，是第四个方面，劝导地上菩萨修行无相正观，无所入而入、无所住而住于无相之法性定，以圆满证得法身功德为根本，而成就具足无量色身相好、无量音声功德的报身佛、化身佛。

诸佛以无相智慧为本，修行一切善法而成就无上正等正觉，报身佛、化身佛以无量色身相好、音声功德作为入道因缘，引导众生发心修行。而凡夫、小乘人却因为色身相好、音声功德而产生妄执，以具足三十二相、八十种好的报身佛、化身佛为诸佛之实体；以修行布施等善行而具足三十二相、八十种好之福德为成就圆满佛果的正因缘；以诸佛音声庄严宣说的正法言教之功德为实体；以诸佛音声所建立的正法言教为真如实相。因此而生起观想、思维，进入识心相应的禅定，安住于这种分别取相的禅定，以之为修行成就佛果的无上法门。

地上菩萨修行正道，正是远离凡夫、小乘人的邪观、邪定，刹那无所住而住于一切诸法性相不二的法性定，修行后得智至于圆满，证得真如实相至于圆满，度化众生至于圆满，定不离慧，慧不离定，定体慧用，体用不二，开显大般涅槃，圆成四智菩提，即是成就圆满佛果。

原文

"须菩提！于意云何？可以三十二相观如来不？"

译文

"须菩提！你心里是如何想的？可以依凭三十二相而观如来吗？"

须菩提言："如是，如是！以三十二相观如来。"

佛言："须菩提！若以三十二相观如来者，转轮圣王则是如来。"

须菩提白佛言："世尊！如我解佛所说义，不应以三十二相观如来。"

尔时，世尊而说偈[1]言："若以色见我[2]，以音声求我[3]，是人行邪道[4]，不能见如来[5]。（彼如来妙体，即法身诸佛，法体不可见，彼识不能知。）

"须菩提！汝若作是念，'如来不[6]以具足相故，得阿耨多罗三藐三菩提'。须菩提！莫作是念！如来不以具足相故，得阿耨多罗三藐三菩提。"

须菩提说："是的，是的！依凭三十二相而观如来。"

佛陀说："须菩提！如果依凭三十二相而观如来，那么转轮圣王就是如来。"

须菩提对佛陀说："世尊！根据我理解佛陀所说的道理，不应当依凭三十二相而观如来。"

这时，世尊说偈道："若以色见我，以音声求我，是人行邪道，不能见如来。（彼如来妙体，即法身诸佛，法体不可见，彼识不能知。）

"须菩提！你如果这样想，'如来不（"不"字疑为衍文）因为具足三十二相的缘故，证得无上正等正觉'。须菩提！不要这样想！如来不因为具足三十二相的缘故，证得无上正等正觉。"

注释

1 **偈**：另外五种译本，都有两偈八句，译文大体一致，今依据元魏菩提流支译本而补充后四句。

2 **若以色见我**：指凡夫、小乘人以报身佛、化身佛的色身相好来观法身佛。

3 **以音声求我**：指凡夫、小乘人以报身佛、化身佛的八种美妙音声和六十种庄严音声来观法身佛。

4 **邪道**：凡夫、小乘人以色身相、音声相来取相观佛，进入与心、意、识分别相应的禅定，而不是与无分别智相应的法性定，因此入邪观，得邪定。

5 **不能见如来**：凡夫、小乘人以邪观入邪定，因此无法见到真如实相，无法见到法身佛。

6 **不**:根据玄奘译本等另外四种译本(义净译本缺文),“不”字疑衍。

第三十一章

导读

本章的主旨承接前文,是第五个方面,劝导地上菩萨成就无住涅槃的功德,以般若智慧不见有生死可住,所以不住生死,不舍涅槃;不见有涅槃可住,所以不住涅槃,不舍生死。

凡夫执著常、一、主宰、自在的自我,住著于生死轮回,舍弃破除我执的涅槃。小乘人则要破除人我执,舍弃生死轮回,住著于涅槃。在大乘佛法看来,凡夫以生死为恒常,以涅槃为断灭;小乘人以涅槃为恒常,以生死为断灭。二者都陷于妄执,凡夫陷于人我、法我之二种我执,小乘人则陷于法我执。

菩萨破除人我执,所以既不像凡夫一样住著于生死轮回,又破除法我执,所以不像小乘人一样住著于有余、无余二种涅槃。不住著于生死轮回,断除烦恼至于尽净,即不舍弃涅槃;不住著于二种涅槃,说法度化无量众生,即不舍弃生死。因此,菩萨既不以生死为恒常,也不以涅槃为恒常;既不以生死为断灭,也不以涅槃为断灭。而在生死轮回中,以智慧、慈悲为因,发心、修行而证果,因果历历不爽,无有断坏。地前菩萨发菩提心,修行世间六度万行,积集福德,随顺于无相般若智慧,经过四加行地的修慧观察,而证得般若智慧之果。初地至七地菩萨以清净菩提心,修行出世间六度万行,不断胜进种种功德,加功用行修行种种无漏福德,而成就八地菩萨无功用自然任运无生法忍之果。八地至等觉菩萨以无功用自然任运无生法忍,得种种自在,一刹那间遍恒沙国土,说无量法门,度无量众生,圆满根本智、后得智而成就佛果。总之，菩萨修行的地前有漏福德，和地上无漏福德，或随顺于无相智慧，或相应于无相智慧，成为登地证得无相智慧，或证得无功用道、四智菩提的增上缘；同时又是地上菩萨成就色身相好，庄严国土，乃至报身佛、化身佛圆满色身相好，圆满佛土种种庄严的因缘。

菩萨成就种种无相因果的关键，在于以无相智慧修布施等一切善行，因为能破除二我执而不取相，不贪著人天有漏果报，所以能成就无漏无量的果报，即成就初地至八地，乃至佛地的种种色身相好、国土庄严等果报。

原文

"须菩提！汝若作是念，'发阿耨多罗三藐三菩提者，说诸法断灭相[1]'。莫作是念。何以故？发阿耨多罗三藐三菩提心者，于法不说断灭相[2]。须菩提！若菩萨以满恒河沙等世界七宝布施；若复有人知一切法无我，得成于忍[3]，此菩萨胜前菩萨所得功德。须菩提！以诸菩萨不受福德[4]故。"

须菩提白佛言："世尊！云何菩萨不受福德？"

"须菩提！菩萨所作福德，不应贪著[5]，是故说不受福德。"

译文

"须菩提！你如果这样想，'发了无上正等正觉心的菩萨，宣说诸法断灭无有因果之法'。不要这样想。为什么呢？发了无上正等正觉心的菩萨，对于一切诸法不会宣说断灭无有因果之法的。须菩提！如果菩萨用遍满恒河沙数等三千大千世界的七宝进行布施，又如果有人能了知一切诸法没有人我与法我，证得无生法忍，这类菩萨所获得的功德远超过前一类菩萨所获得的功德。须菩提！这是因为这类菩萨不执取福德的缘故。"

须菩提呈白佛陀说："世尊！菩萨如何不执取福德？"

"须菩提！菩萨所修行的福德，不应贪着其有漏果报，因此说菩萨不执取福德。"

注释

1 **诸法断灭相**：认为菩萨修行福德不能导致佛果，如同小乘圣者一样进入有余涅槃和无余涅槃。

2 **不说断灭相**：这里体现菩萨不舍生死、不住涅槃的功德。菩萨修行福德而不取相，福德虽然没有实体，但是有其缘起因果；菩萨以此于生死中度化众生，而不住涅槃，即不说断灭相。

3 **得成于忍**：这里体现菩萨不住生死、不舍涅槃的功德。菩萨修行证得初地菩萨的果位，成就无生法忍，修行一切善法，成就无量、无漏的福德。

4 **不受福德**：菩萨修行福德，与无相智慧相应，不执著其有漏果报。

5 **不应贪著**：菩萨修行福德，不以我执为基础，不以获取有漏的人天福报为目的，而是以无相智慧为基础，以成就无漏无量的佛果为目的。

第三十二章

导读

本章主旨承接前文，是第六个方面，劝导地上菩萨要成就于无住涅槃中度化众生而安住清净的功德，具体又展开为威仪行住清净、名色观自在行住清净、不染行住清净等三个方面。

本章的主旨，则侧重在劝导地上菩萨成就行、住、坐、卧乃至示现生灭的威仪行住清净功德。

诸佛的威仪行住清净功德侧重在身业方面，诸佛的法身本无生灭、来去可言，它是报身佛、化身佛等一切诸法的无有实体生灭、来去的本性，体现为报身佛、化身佛依据菩提本愿和所度化众生的因缘而缘生缘灭、缘来缘去的相用。诸佛的三身是体用不二的整体，法身佛是生而不生、灭而不灭、来而不来、去而不去，报身佛、化身佛则是不生而生、不灭而灭、不来而来、不去而去。

诸佛受无量、无漏的福德而不执取，即成就无量相好的色身、无量清净庄严的佛土，而随顺众生的因缘所感，显现为众生入道、进道的增上缘，为众生所受用。地上菩萨以其般若智慧为根本，不执取于生死轮回中度化众生的种种世间有漏果报，无所住而住于真如实相，而往来六道做人王、天王等度化众生，以此人王、天王等福报庄严为度化众生的增上缘，为众生所受用。如此至于圆满，即成就清净的佛果。

原文

“须菩提！若有人言，‘如来[1]若来[2]若去[3]、若坐[4]若卧[5]’，是人不解我所说义。

“何以故？如来者，无所从来[6]，亦无所去[7]，故名如来。”

译文

“须菩提！如果有人说，‘如来有实体性的成佛，有实体性的涅槃，有实体性的说法度化众生，有实体性的宣唱涅槃时至’，那么这人没有理解我所说的道理。

“为什么呢？所谓如来，无有成佛而成佛，无有涅槃而涅槃，所以称为如来。”

注释

1 **如来**：指法身佛。

2 **若来**：报身佛、化身佛证道成佛，度化众生。

3 **若去**：报身佛、化身佛度化众生的机缘已尽，示现涅槃入灭。

4 **若坐**：报身佛、化身佛坐师子座，宣说佛法之时。

5 **若卧**：报身佛、化身佛卧床，宣唱涅槃时至。

6 **无所从来**：法身佛没有前际，没有实体的成佛。

7 **无所去**：法身佛没有后际，没有实体的涅槃。

第三十三章

导读

本章的主旨承接前文，是第二个方面，劝导地上菩萨修行如实遍智，成就观名色自在行住清净的功德。地上菩萨要安住无住涅槃，度化一切众生，需要圆满真观根本智、俗观后得智，入真观而与真如相应，入俗观而如实了知一切诸法皆是如幻影像，从而破除微细的烦恼习气。

这里，以根本智、后得智为依据，以无所得之方便善巧，断除微细的烦恼习气。

首先，是观色法自在行住清净。菩萨即依据根本智，以后得智的如实遍智，在出世的禅定心中，借助禅定所起的天眼等，正观自身以及一切众生的色身，皆可分析安立为无量的极微，都是因缘而起的如幻影像，毫无实体可得，从而破除对自身及一切众生色身的微细实体执。

其次，是观名法自在行住清净。菩萨同样依据根本智、后得智，在出世的禅定心中，正观自身以及一切众生受、想、行、识四蕴，皆是无形无相、因缘而起的如幻影像，毫无实体可得，从而破除对自身及一切众生受、想、行、识四蕴的微细实体执。

再次，是合观名、色自在行住清净。色是所取相分，名是能取见分，将色法极微执著为实体和将名法执著为实体，都是一合相之妄执，或者一合执。菩萨在出世禅定心中，正观自身以及一切众生的名、色二法，都是因缘而起的如幻影像，毫无实体可得，从而破除对自身以及一切众生名、色二法的微细实体执。

再次，是观我相、我见等不可得。菩萨在出世禅定心中，正观自身以及一切众生皆无我等四相、四见可得，我等四相、四见本来皆空，皆是因缘而起的如幻影像，从而破除对自身以及一切众生四相、四见的微细实体执。

再次，是观法相不可得。佛陀为破除凡夫、外道的我等四相、四见等人我执，而宣说无我等正法言教，小乘人即随言执实，以我等四相、四见为实体有，以无我等见为真实有，进而执著生死和二种涅槃为实体有，这就是法我执，具体落实到五蕴、十二处、十八界等言教，则对一切能取、所取之法产生实体执。菩萨在出世禅定心中，正观自身以及一切众生不仅没有我等四相、四见可得，也没有无我、苦、空、无常等相、见可得，我与无我等相、见皆非真实，远离我与无我等二边，不见有我与无我等二边可得。

这个过程可分为三个阶段，首先是依据禅定心以及禅定心所起之天眼等正观，侧重在定，是为俗智，这是“如是知”。其次是依据慧观，正观诸法理体和事相，彻见明了，超过定中之知，是为真智，这是“如是见”。最后是定慧平等，入正观则离一切相，入俗观则如实了知一切相犹如影像，如幻不实；真、俗二观不二一如，自在无碍，同时并起，这是“如是胜解”。如此真正不起一切二见分别，才是真正得入真如实相相应之三昧，从而破除对自身以及一切众生乃至一切诸法的微细法我执，真正做到无所住而住于无相智慧。

原文

“须菩提！若善男子、善女人以三千大千世界[1]碎为微尘[2]，于意云何？是微尘众宁为多不？”

“甚多，世尊！何以故？若是微尘众实有者，佛则不说是微尘众。所以者何？佛说微尘众，则非微尘众，是名微尘众。世尊！如来所说三千大千世界，则非世界，是

译文

“须菩提！如果善男子、善女人把三千大千世界粉碎为极微，你心里是如何想的？这些极微是不是非常多啊？”

“是非常多的，世尊！为什么呢？如果极微是真实有的，佛就不会说是极微。为什么这么说呢？佛陀宣说的极微，不是实体性的极微，而是因缘而有的极微。世尊！如来所说的三千大千世界，不是实体的世界，而是因缘而

名世界。何以故？若世界实有者，则是一合相[3]。如来说一合相，则非一合相[4]，是名一合相[5]。”

有的世界。为什么呢？如果世界是实体有的，那么就是众生所执著的一合相。如来所说的一合相，不是实体的一合相，而是因缘而有的一合相。”

注释

1 **世界**：这里指众生世界的受、想、行、识四蕴。

2 **微尘**：指极微，这里指菩萨及一切众生的色身。

3 **一合相**：极微由因缘而成，无有实体，众生妄想分别，以之为实体，这就是一合相（或译为“一合想”、“一合执”等）。极微是如此，受、想、行、识四蕴也是如此。

4 **则非一合相**：并没有凡夫所执取的极微、四蕴的实体可得，乃至一切诸法皆是因缘而起，无有实体。

5 **是名一合相**：这就是世俗谛意义上极微、四蕴乃至一切诸法的缘起相。

原文

“须菩提！一合相者，则是不可说[1]，但凡夫之人贪著其事。须菩提！若人言，‘佛说我见、人见、众生见、寿者见’。须菩提！于意云何？是人解我所说义不？”

“世尊！是人不解如来所说义。何以故？世尊说我见、人见、众生见、寿者见[2]，即非我见、人见、众生见、寿者见[3]，是名我见、人见、众生见、寿者见[4]。”

译文

“须菩提！所谓一合相，就是不可宣说的真如实相，但是凡夫却执著有实体的一合相。须菩提！如果有人说，‘佛陀说有我见、人见、众生见、寿者见’。须菩提！你心里是如何想的？此人理解我所说的道理吗？”

“世尊！此人没有理解如来所说的道理。为什么呢？世尊说我见、人见、众生见、寿者见，并非有真实的我见、人见、众生见、寿者见，而是因缘而有的我见、人见、众生见、寿者见。”

注释

1 **则是不可说**：世尊假名安立一合相之说，实际上一合相无有实体，体性即是不可思议的真如实相。

2 **世尊说我见、人见、众生见、寿者见**：世尊根据众生虚妄分别执著有实体之我、人、众生、寿者等，从而假名安立我见、人见、众生见、寿者见。

3 **即非我见、人见、众生见、寿者见**：其实众生所虚妄分别执著的我、人、众生、寿者等，并无实体，与之相应的虚妄分别执著也无有实体。

4 **是名我见、人见、众生见、寿者见**：这就是因缘而有、识所变现的我、人、众生、寿者，对此我、人、众生、寿者的分别即是我见、人见、众生见、寿者见，同样是因缘而有、识所变现的。

原文

"须菩提！发阿耨多罗三藐三菩提心者，于一切法应如是知[1]、如是见[2]、如是信解[3]，不生法相[4]。须菩提！所言法相者，如来说即非法相[5]，是名法相[6]。"

译文

"须菩提！发了无上正等正觉心的菩萨，对于一切诸法都应当如此地了知、如此地明见、如此地产生信解，而不住著于任何的法相。须菩提！所说的法相，如来说并非有实体的法相，而是缘起的法相。"

注释

1 **如是知**：菩萨修行无分别禅定，应依据禅定以及禅定所起的天眼等，如实了知禅定心、禅定境以及所分别的一切诸法，都非实体，不真实。

2 **如是见**：菩萨修行无分别慧观，也应依据如实遍智而如实明见一切诸法，都非实体，不真实。

3 **如是信解**：菩萨均衡地修行定、慧，入真观与真如相应，以及入俗观而见一切诸法乃识内诸法，犹如影像。

4 **不生法相**：不产生种种微细执著，对于一切法皆无所住，而与真如相应。

5 **即非法相**：并非有实体的法相可得。

6 **是名法相**：这就是随因缘而有、识所变现的法相。

第三十四章

导读

本章的主旨承接前文，是第三个方面，劝导地上菩萨成就不染行住清净的功德，具体又分为两个方面，说法不染行住清净功德与流转不染行住清净功德。

说法不染行住清净，即地上菩萨以无染浊心为众生说法，一是与般若智慧相应，远离一切能所分别，不为一切境相、烦恼所动，是为无倒说法；一是与慈悲相应，远离一切利养恭敬，是为清净说法。如此说法，是真正的法布施，是对众生最彻底、最圆满的利益，超过一切珍财布施，乃至超过一切取相的法布施。

流转不染行住清净，即地上菩萨通达法无我，观一切有为法皆为虚假，无有真实，而入于与真如相应的无相三昧，于生死流转中不为一切有为法所染污，而安住于无住涅槃。

原文

“须菩提！若有人以满无量阿僧祇世界七宝持用布施，若有善男子、善女人发菩萨心者，持于此经乃至四句偈等，受、持、读诵、为人演说[1]，其福胜彼。云何为人演说？不取于相，如如不动[2]。何以故？

译文

“须菩提！如果有人把遍满无量阿僧祇世界的七宝拿来布施，又如果有善男子、善女人发了菩提心的，对于此经乃至少到四句偈的法义，能领受、明记、读诵并为他人解说，其福德远远超过前面以珍财布施之福德。如何为他人解说呢？不执取一切境相，犹如证得真如一样无有能所，不为一切境相、烦恼所动［，

"一切有为法，如梦[3]、幻[4]、泡[5]、影[6]，如露[7]亦如电[8]，应作如是观。"

佛说是经已，长老须菩提及诸比丘、比丘尼、优婆塞、优婆夷，一切世间天、人、阿修罗，闻佛所说，皆大欢喜，信受奉行。

如此而为他人解说]。为什么呢？

"一切有为法，如梦、幻、泡、影，如露亦如电，应作如是观。"

佛陀宣说此经之后，须菩提长老，以及其他的比丘、比丘尼、优婆塞、优婆夷，一切世间的天、人、阿修罗，听闻佛陀所说的言教，都非常欢喜，深信、领受、信奉而修行。

注释

1 **受、持、读诵、为人演说**：这里主要是强调菩萨为众生无倒说法，受、持、读诵是说法之因，所以并列于此。

2 **如如不动**：菩萨说法时，如同证得真如，获根本智时，远离能所，不为境相、烦恼所动。"如如"，第一个"如"字是比喻，犹如；第二个"如"字指真如。

3 **梦**：菩萨观过去一切诸法犹如梦境，无有停留。

4 **幻**：菩萨观所住的外在世界犹如幻术所变幻的事物，虽然有种种差别变化，但是都是虚假无实的。

5 **泡**：菩萨观所受用认识的境相犹如雨中的水泡，倏起倏灭，无法安住。

6 **影**：菩萨观虽然没有真实的境相，但是仍然会引生种种的心识，犹如灯光下双手弄出的影子，并非真实。

7 **露**：菩萨观色身犹如朝露，暂时存在，不能久住。

8 **电**：菩萨观现在的一切诸法才生即灭，犹如闪电，不能刹那停留。

后 记

一般来说，佛教徒也好，佛学研究者也好，对于《金刚经》《心经》《坛经》都是比较熟悉的，但是要想对此三经的义理有深入的了解，却并非易事。我学佛二十余年，直到去年写此拙作之前，一直都以为自己能大体把握得住此三经的大意，但是后来整理了历史上高僧大德十一种注释《金刚经》、三种注释《心经》的著作之后，才发现自己的很多理解实际上都是望文生义、自以为是的。所以，后来有位朋友说他诵读《金刚经》四千多遍，但对此经的义理还是基本上不明白的时候，我就并不感到意外了。我通过自己的经验知道，所谓"读书百遍，其义自见"的说法，在佛经这里也许并不适用。因为佛陀所说的经典都有其非常切实的针对性，其中般若系经典是针对上根利机说的，语言极为精炼，义理极为深邃，如果不具备六祖惠能大师那样的根性，而是像我们这样的根性，那真的是很难直接通过诵读经典而了解其大意的。这就必须要研读注释了，尤其是要研读历史上高僧大德的注释，而且要多研读几种，彼此互相补充、互相发明。这一点，近代太虚大师在《各宗经教修学法》一文中，就说修学任何一种佛经，都需要"端坐澄心照览之，如镜光之显像，字句义相，亲切分明，了了现前，而于其中不起分别"（诵读），同时需要"研究此经普通之注解"（研读），乃至达到"务使字句义相，一一皆烂熟明彻"的程度，这样诵读与研读结合，直觉与理解相应，修定与修慧统一，不偏执一端，循中道而进，才能做到"如理而解，如解而行"。可以说，高僧大德的注释就犹如梯子，此三种经典的义理犹如高树上的苹果，要借助梯子的帮助，我们才能摘到果实。

本书对《金刚经》《心经》的解读，主要依据前人所整理的十四种注释，以及太虚大师、罗时宪等人的著作，大体能做到言出有据。至于《坛经》，虽然古今对于《坛经》注解比较多，前些年我的恩师陈兵老师、洪修平老师等也有相关注疏面世，但相比之下，我们对于历史上出现的《坛经》注解的发掘和研究还是比较少。在这种情形下，除了具体字词的注释对已有成果有所参考之外，对《坛经》的导读和翻译大体上是依据自己的体会和理解而进行。其间曾就一些具体的问题向哈磊师兄请教，并请刘朝霞师姐审阅稿子和批评指正，师姐提出了许多宝贵而中肯的建议，在此特别表示感谢。

在解读此三经的过程中，感受特别深的就是，无著菩萨对《金刚经》的注释，跟他的代表作《摄大乘论》思想非常一致，不过表述得更自由灵活而已。《摄大乘论》中的“入所知相分第四”、“增上慧学分第九”、“彼果断分第十”、“彼果智分第十一”等四品，对于理解此三经，非常有帮助。我跟哈磊师兄交流过这一看法，他认为禅宗是真唯识量，所以读了唯识才能真正明白祖师在说什么。当年杨仁山认为，学唯识可以救狂禅之偏，而达到对禅宗的正确理解。本书在解读三经的时候，也经常用一些唯识的观点，目的即在此。

岳麓书社的“古典名著普及文库”，是弘扬优秀传统文化非常有意义的举动，本书如果能在对此三经的理解上提供一得之见，对读者有所帮助的话，那将是很荣幸的事情。

是为记。

丁小平

2016年初夏于岳麓山下

参考文献

一、无著《金刚般若波罗蜜经论》

二、世亲《金刚般若波罗蜜经论》

三、窥基《金刚般若论会释》

四、窥基《金刚般若论赞述》

五、金刚仙《金刚仙论》

六、功德施《金刚般若波罗蜜经破取著不坏假名论》

七、智颉《金刚般若经疏》

八、吉藏《金刚般若疏》

九、宗泐《金刚般若波罗蜜经注解》

十、憨山《金刚决疑》

十一、蕅益《金刚般若波罗蜜经破空论》

十二、太虚《金刚般若波罗蜜经讲录》

十三、罗时宪《能断金刚般若波罗蜜多经纂释》

十四、窥基《般若波罗蜜多心经幽赞》

十五、圆测《佛说般若波罗蜜多心经赞》

十六、法藏《般若波罗蜜多心经略疏》

十七、太虚《般若波罗蜜多心经释义》《般若波罗蜜多心经讲录》

十八、罗时宪《般若波罗蜜多心经讲录》

十九、陈兵导读、哈磊整理、丁福保笺注《坛经》，上海古籍出版社，2011年版

二十、洪修平、白光注评《坛经》，凤凰出版社，2010年版

二十一、贾题韬《转识成智——贾题韬与佛学》，四川人民出版社，1999年版

二十二、净因法师《六祖坛经》，中信出版社，2013年版

二十三、王孺童《坛经释义》，中华书局，2013年版

二十四、广东新兴国恩寺编《六祖坛经研究》（全五册），中国大百科全书出版社，2003年版

图书在版编目(CIP)数据

坛经·心经·金刚经/丁小平导读、注译.—长沙:岳麓书社,2018.8
(2021.7 重印)
(古典名著普及文库)
ISBN 978-7-5538-0979-3

Ⅰ.①坛… Ⅱ.①丁… Ⅲ.①佛经②《六祖坛经》—译文③《心经》—译文④《金刚经》—译文 Ⅳ.①B942.1

中国版本图书馆 CIP 数据核字(2018)第 107312 号

TANJING XINJING JINGANGJING

坛经·心经·金刚经

作　　者:〔唐〕惠能　等
导读注译:丁小平
丛书策划:刘　文
责任编辑:刘　文　刘书乔
责任校对:舒　舍
封面设计:陈　酌

岳麓书社出版发行
地址:湖南省长沙市爱民路47号
直销电话:0731-88804152　0731-88885616
邮编:410006

版次:2018年8月第1版
印次:2021年7月第2次印刷
开本:890mm×1240mm　1/32
印张:10.375
字数:277千字
印数:10 001—15 000
书号:ISBN 978-7-5538-0979-3
定价:42.00元

承印:北京一鑫印务有限责任公司

如有印装质量问题,请与本社印务部联系
电话:0731-88884129